AF357459

TRAITÉ

DES

APANAGES,

AVEC

LES LOIS SUR LA LISTE CIVILE,

ET

LA DOTATION DE LA COURONNE.

Par M. Dupin,

DOCTEUR EN DROIT, ANCIEN BATONNIER DE L'ORDRE DES AVOCATS,
PROCUREUR-GÉNÉRAL A LA COUR DE CASSATION, PRÉSIDENT DE LA CHAMBRE DES DÉPUTÉS.

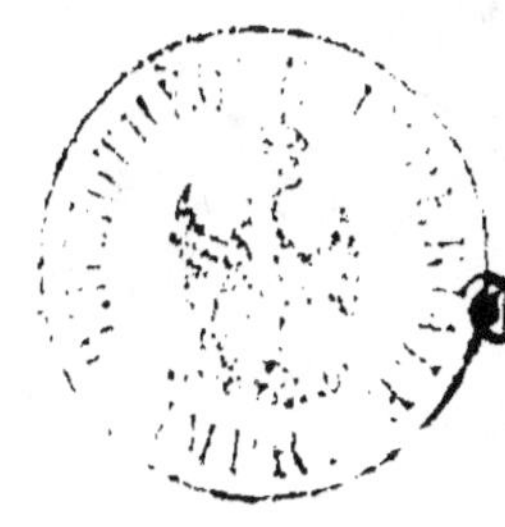

Troisième Édition.

PARIS.

JOUBERT, LIBRAIRE-ÉDITEUR,

Rue des Grès, 14, près l'Ecole de Droit.

1835.

INTRODUCTION.

Sous la restauration , j'ai défendu l'*Apanage d'Orléans*, d'abord comme *avocat* du Prince [1], ensuite comme membre de son *conseil*, sous la présidence du savant et vertueux Henrion de Pansey.

Fidèle à ses rancunes, le parti de l'émigration avait vu avec peine l'apanage rendu à la branche d'Orléans. Les hommes de ce parti auraient voulu que le duc d'Orléans, réduit à une simple pension en argent, fût tenu par là sous une dépendance plus étroite de la branche régnante : ils auraient voulu séparer la *branche cadette* de l'importance et de l'éclat que lui donnait la possession de ces magnifiques domaines, dont la jouissance pour elle date du grand règne de Louis XIV.

Il ne suffisait pas d'avoir défendu l'apanage devant les tribunaux [2], de l'avoir accru et affermi par des transactions [3], il fallait encore le faire inscrire dans la législation [4],

---

[1] Dans l'affaire du *Théatre-Français*, en 1817, ce fut M.Laffitte qui me proposa, de la part de S. A. R., de me charger de sa défense.

[2] Voyez dans les *Annales du Barreau français*, tome X, 2ᵉ partie, p. 123, le plaidoyer en réponse aux avocats du sieur Julien. (MM. Bonnet et Tripier), qui soutenaient *qu'il n'y avait plus d'apanages*. Voyez ci-après, p. 39.

[3] Voyez ci-après, p. 51.

[4] Loi du 15 janvier 1825.

et pour cela, faire l'éducation des hommes politiques du
jour, qui n'avaient jamais eu occasion ni intérêt d'étudier l'origine, l'histoire et la nature des apanages, qui les
croyaient même abolis, ou qui, du moins, les voyaient
avec prévention, supposant, mal à propos, qu'ils conser-
vaient l'empreinte de la féodalité.

Il était urgent de les désabuser. Pour y parvenir, il fallait
remonter aux sources, explorer les anciens monumens de
notre droit public et de notre jurisprudence domaniale; en
extraire les véritables principes de la matière, les mettre
en ordre, et leur donner l'évidence nécessaire pour con-
vaincre les esprits les moins favorablement disposés. Il s'a-
gissait d'être exact, clair et surtout précis : car il fallait se
faire comprendre et par conséquent se faire lire de gens
qui n'avaient aucun intérêt à vous étudier.

Telle fut l'origine de ce *traité des Apanages*, fruit pénible de la lecture de plusieurs volumes in-folio et in-4°, réduits aux dimensions d'un faible in-18. — Je n'ai jamais
mieux compris que rien ne demande plus de temps que
d'être très-court.

A peine ce petit volume eut-il paru que les hommes politiques et les magistrats s'en emparèrent, les préventions
disparurent; plusieurs qui voyaient auparavant les apanages avec défiance, s'en constituèrent les apologistes; et
quand la question arriva devant la chambre des députés,
ce furent les orateurs de l'opposition, et à leur tête l'illustre général Foy, qui défendirent l'apanage contre les orateurs de la droite, parmi lesquels se signalèrent principalement MM. Dudon et de La Bourdonnaye.

L'apanage d'Orléans entra ainsi dans la loi du 15 janvier
1825; il y entra, non à titre nouveau, mais *à titre ancien*,
et seulement par forme de *confirmation* du droit préexistant, tel que ce droit résultait des titres qui l'avaient originairement constitué [1].

Il a continué de subsister jusqu'en 1832, époque à laquelle, ne pouvant plus consister comme apanage sur la
tête du duc d'Orléans, puisque ce prince était devenu roi [2],
il fut réuni à la dotation de la couronne, par l'article 4 de
la loi du 2 mars 1832, sous la seule réserve de l'*indemnité*

----

[1] Voyez *Traité des apanages*, p. 42.
[2] Voyez page 102, du *Traité des Apanages*.

éventuelle stipulée dans les lettres patentes de 1692, et rappelée dans le § 2 de l'article précité [1].

Deux éditions du *Traité des Apanages* données en 1825 et 1829 se trouvaient épuisées, lorsque, dans ces derniers temps, mon libraire me proposa d'en donner une troisième.

J'en compris l'utilité, non-seulement sous le point de vue historique, mais aussi par cette considération que si, de fait, il n'existe en ce moment aucun apanage, le droit d'en réclamer s'ouvrira naturellement à l'avenir pour les princes de la maison royale [2]. Sous ce point de vue la matière des apanages continue à faire partie de notre droit public et l'on peut dire que c'est encore une des lois de la monarchie [3].

Mais, en donnant aujourd'hui une nouvelle édition du *Traité des Apanages* [4], il m'a paru que l'ouvrage ne serait pas complet si je n'y rattachais en même temps les lois relatives à la *dotation de la couronne* et à la *liste civile*.

L'établissement politique fondé par la Charte de 1830 est une monarchie constitutionnelle, un gouvernement représentatif au sommet duquel est la *royauté*. La Charte a pourvu à ce qu'on peut appeler l'*établissement royal*, la manière d'être et de vivre de la royauté, avec un éclat proportionné à la grandeur nationale et à l'élévation d'un rang dont la suprématie s'exprime par le titre de *Majesté*.

L'article 19 porte que « la liste civile est fixée pour « toute la durée du règne, par la première législature as- « semblée depuis l'avénement du roi »

---

[1] Voyez ci-après pages 205, 206 et 264, et encore pages 98 et 99.

[2] Le projet de loi, sur la liste civile, présenté par M. Laffitte à la Chambre des députés, le 15 décembre 1830, poussait même la prévision plus loin, car il voulait que l'ancien *apanage d'Orléans* continuât de subsister, pour former à l'avenir la *dotation particulière de l'héritier de la Couronne*, dès qu'il aurait atteint l'âge de 18 ans. Voyez ci-après, p. 157, et aussi la note au bas de la page 37. — D'après la loi du 2 mars 1832, art. 19, la dotation actuelle du prince royal n'est que provisoire, et devra être augmentée lorsqu'il se mariera; il est probable qu'à cette époque on le dotera en biens fonds; par exemple: *Rambouillet*, etc.

[3] Voyez lettres patentes du 7 septembre 1766.

[4] Cette édition est identique avec les précédentes, je n'y ai fait aucun changement.

La liste civile établie, en vertu de cet article, par la loi du 2 mars 1832 [1], l'a été sur les mêmes erremens que les listes civiles précédentes, c'est-à-dire les listes civiles de 1791 [2], 1810, 1814 et 1825.

A l'exemple des premiers établissemens, la liste civile se compose :

1° D'une dotation mobilière et immobilière appelée *dotation de la couronne.*

2° D'une somme annuelle en deniers assignée sur le trésor public.

La dotation immobilière de la couronne se compose de palais et de grands corps de forêts et de domaines. Elle comprend traditionnellement les mêmes immeubles que les anciennes listes civiles [3], à quelques distractions près d'édifices, d'hôtels et de bâtimens de service, dont plusieurs cependant, parmi ces derniers, étaient si nécessaires à l'administration de la liste civile, qu'elle s'est vue obligée de les reprendre à bail des mains du domaine de l'Etat.

Il est à regretter que cette dotation immobilière n'ait pas été constituée d'une manière permanente [4] ; dans cette hypothèse, les chambres n'auraient eu à voter, à chaque règne, que le chiffre de la liste civile en deniers; et les rois, mieux assurés de voir cette dotation passer à leurs successeurs sans incertitude et sans variation, auraient pris plus d'intérêt à y faire des améliorations. Mais on n'a pas étendu la prévision si loin ; on a voulu que le tout ne fût fixé que pour la durée du règne [5].

---

[1] Deux projets avaient été présentés : l'un, par M. Laffitte, le 15 décembre 1830, ne put être discuté dans la session ; l'autre par M. C. Périer, le 3 octobre 1831, a servi de base à la loi de 1832.

[2] Cette première loi, en réunissant au domaine de l'État, tout ce qui précédemment s'appelait domaine de la couronne, ne l'a fait qu'en chargeant l'Etat de pourvoir non-seulement à l'entretien de la maison du Roi, mais à l'établissement de ses enfans (enfans de l'Etat), ou comme on disait alors *Fils de France*, ainsi que le Roi lui-même eût pu le faire quand il était le dispensateur du domaine. Voyez la discussion qui a précédé cette loi.

[3] Loi du 2 mars 1832, art. 2. Voilà pourquoi j'ai fait imprimer les états joints au sénatus-consulte du 30 janvier 1810.

[4] Le projet de M. Laffitte était rédigé en ce sens.

[5] Voyez la discussion, page 241 et 244.

Et cependant, malgré ce caractère précaire assigné à la *dotation de la couronne*, il est à remarquer que les immeubles dont elle se compose, c'est-à-dire les biens des précédentes listes civiles (moins les distractions dont on a parlé) et ceux de l'ancien apanage d'Orléans qui y ont été réunis, constituent bien réellement un *domaine à part*. Sans doute cette dotation, sous le rapport du domaine éminent, ou si l'on veut de la souveraineté, fait partie du *domaine de l'Etat*; mais il n'en porte pas moins le titre spécial de *domaine de la couronne*: à ce titre, il a des priviléges que n'a même point le domaine de l'Etat; il est imprescriptible et inaliénable; et du reste, il est assujetti à certaines conditions de régime et d'administration qui forment exception au droit commun.

Le roi jouit pendant son règne du domaine de la couronne, il en perçoit les fruits[1]. Les biens dont il se compose ne sont pas soumis à l'impôt; seulement ils supportent les charges communales et départementales; d'un autre côté, la seule condition de les entretenir en bon état, est une charge immense, et constitue à elle seule un rude impôt. Que l'on se figure, en effet, ce qu'a d'énorme l'obligation d'entretenir des bâtimens dont l'ensemble offre une superficie de 1500 arpens de toitures.

Mais il ne suffirait pas à la royauté de faire, comme un usufruitier ordinaire, des réparations locatives : il faut *jouir en roi;* et pour cela augmenter, orner, embellir les édifices; entretenir, renouveler, accroître le mobilier, en meubles meublans, tableaux, statues et autres objets d'art.— Sous ce point de vue, la royauté de 1830, quoiqu'elle n'ait pas encore cinq années d'existence, a déjà fait infiniment plus, et surtout avec plus d'intelligence et de bon goût, que la dynastie de la restauration pendant ses deux règnes de quinze ans[2]!

[1] Voyez ce que nous disons aux pages 54, 55, 58 et suiv., du mode de jouissance et des droits de l'apanagiste.

[2] Pour en avoir une juste idée, il faut lire la note imprimée à la fin de ce volume, page 295 et suivantes ; elle contient le détail de tout ce qui a été fait par ordre du Roi et aux frais de la liste civile depuis 1830.

Sous Richelieu, on citait comme une merveille

Le superbe fronton du Palais-Cardinal !

qu'est-ce à dire, aujourd'hui que le Palais-Royal, successivement rebâti dans toutes ses parties par les ducs d'Orléans, a été enfin terminé par Louis-Philippe [1]?

Le nouvel *escalier* du Palais des Tuileries, et la magnifique *galerie d'Orléans* ont noblement accru les moyens de représentation, et permis de donner ces fêtes royales où toutes les classes de citoyens sont appelées à fournir un ample contingent.

Le Palais de Versailles, au lieu de présenter le triste spectacle d'un vide que les visiteurs essayaient en vain de combler avec leurs souvenirs, va se trouver transformé comme par enchantement en un vaste *Musée historique*, véritable Panthéon de toutes nos gloires nationales, où tous les âges de la monarchie, toutes les grandes époques de nos Annales auront fourni les grands hommes et les grandes actions qui les ont illustrés !

Ce n'est point sans une vive satisfaction que je parle de ces résultats, car je les avais prédits, ou du moins je les avais pressentis, lorsque, parlant devant la chambre des députés de la nécessité de fixer une liste civile convenable, je disais [2] : « il faut à la France une royauté qui puisse donner avec intelligence des *encouragemens aux arts*..... » —j'ajoutais encore : « La liste civile, comme complément » de la royauté, *doit être employée royalement....* Voilà » ma profession de foi sur la liste civile ; et ce n'est qu'à » ce titre que je l'ai défendue [3]. »

Que serait-ce s'il nous était donné de voir achever le Louvre [4] ! Si la chambre des députés se décidait à consa-

---

[1] La galerie de l'Ouest et la colonnade de la cour de Nemours ont été terminées depuis 1830 ; — et, sous la restauration, on sait que le duc d'Orléans y a consacré notamment *tout ce qui lui a été attribué par la loi d'indemnité.* Voyez page 219.

[2] Voyez ci-après , p. 197.

[3] Voyez p. 220.

[4] Voyez à ce sujet le rapport de M. de Schonen , p. 180 , et la discussion de la loi présentée en 1833 pour l'achèvement des monumens publics de la capitale. — On verra même que par

crer à l'achèvement de ce noble édifice quelques millions, ce
ne serait en définitive qu'un fonds voté au profit des ouvriers et des artistes français dans tous les genres ! Tous
en effet seraient appelés à concourir à sa perfection ; au
lieu que, dans l'état actuel des choses, les parties achevées
sont déshonorées par le hideux contraste de maisons en
ruines et à moitié démolies. Le sol même compris dans
l'enceinte de ce vaste parallélogramme offre de choquantes
inégalités. Qu'on se représente, au contraire, la place du
Carrousel close enfin et régularisée ! Et en face de la colonnade, chef-d'œuvre de l'illustre Perrault, qu'on se
figure une immense rue, *via sacra*, qui se prolongerait
jusqu'à la barrière du Trône, ouvrant sur toute la ligne le
plus beau développement à la circulation, au commerce,
aux travaux de toute nature ! Idée vraiment grande, vraiment nationale ; idée impériale, conçue au milieu des
embarras de la guerre, et digne d'être accomplie au sein
de la paix !

son second décret du 26 mai 1791 , devenu loi le 1er juin , l'assemblée constituante avait, dès cette époque, contracté une
sorte d'engagement pour l'achèvement du Louvre. (Voyez page
107, art. 1 et 2.)

                                        Mai 1835.

DES

APANAGES

EN GÉNÉRAL;

ET EN PARTICULIER

de l'Apanage d'Orléans.

> « L'institution des Apanages, par son
> » principe et par sa longue observance,
> » a mérité d'être placée au rang des lois
> » fondamentales de la Monarchie. »
> (*Lettres patentes du 7 sept. 1766.*)

1re ÉDITION EN 1827. — 2e ÉDITION EN 1829.

DES
APANAGES.

PREMIÈRE PARTIE.

DES APANAGES EN GÉNÉRAL.

§ Ier.

Ancien partage de la Monarchie. — Origine des Apanages.

La monarchie de Clovis était *élective* : à la mort de chaque roi, les chefs de la nation qui avaient élevé le père sur le pavois, pouvaient *choisir* celui qu'ils jugeaient le plus digne de lui succéder.

Ce choix se fixait ordinairement dans la famille même du monarque : mais il pouvait tomber indifféremment, au gré des électeurs, sur l'aîné ou sur les cadets. Ce qu'on a depuis appelé *l'ordre légitime de succession à la couronne* n'existait pas encore dans le sens qu'on lui donne aujourd'hui.

Seulement on tenait dès-lors pour maxime que les *mâles seuls, à l'exclusion perpétuelle des filles et de leurs descendans*, étaient capables de succéder à la couronne. Telle était la *loi salique*, le pacte fondamental des Francs.

Pour prévenir les cabales, les rois eurent presque toujours la précaution de désigner leurs successeurs de leur vivant, ou à leur lit de mort.

Ces choix, souvent respectés, quelquefois aussi méconnus, pouvaient bien, pour un instant, prévenir les embarras d'une élection; mais ils ne détruisaient pas le droit qu'avait la nation de choisir elle-même, et surtout ils n'étouffaient pas l'ambition des princes qui en étaient l'objet.

Rarement satisfaits du lot qui leur était échu en partage, la guerre, et toujours une guerre civile, ne manquait jamais d'éclater entre les frères; l'aîné voulant dépouiller les cadets dont les parts étaient ordinairement les plus faibles [1]; ceux-ci se coalisant quelquefois entre eux, ou même avec l'étranger, soit pour résister, soit pour envahir à leur tour.

C'est ce malheureux état de choses qui rend la lecture des premiers temps de notre histoire si rebutante et si difficile à saisir.

On ne conçoit pas que Charlemagne, dont la maison ne dut son élévation qu'à l'affaiblissement progressif des Mérovingiens, causé par ce funeste système de partage, n'ait pas cherché à soustraire sa propre race aux suites désastreuses de ce mode de succession.

Quoi qu'il en soit, la même cause ne tarda pas à produire des effets semblables; et les Carlovingiens, également divisés entre eux, se perdirent, comme l'empire même que leur chef avait fondé, au sein de l'anarchie née de ces partages inconsidérés.

Hugues-Capet monta sur le trône; non par droit de naissance, mais aussi par élection [2]. Il était le plus puissant de ces fiers vassaux qui, à force d'usurpations particulières, s'étaient mis en état de braver les derniers descendans de Charlemagne. Ses égaux en firent leur supérieur : *primus inter pares.*

Mais Hugues-Capet, jusque-là seigneur féodal, apportait sur le trône les secrets de la féodalité. Il savait par son expérience propre, que ce qui faisait la force de celle-ci, causait précisément la faiblesse du trône.

Il ne voulut pas qu'il en fût de lui et des siens comme des rois qu'il avait vus tomber.

Alors commença un autre système : affaiblir la féodalité; fortifier le trône; et, pour cela, ne plus le partager.

Comme la succession à la couronne n'était pas établie par une *loi précise*, les six premiers rois de la troisième

---

[1] «Sous la première race, les princes, qui étaient simplement » *apanagistes*, portaient cependant le titre de *rois.* » PIGAULT-LEBRUN; *Histoire de France*, tome 1, page 111, note 2; *ibid.* p. 153 et 221, note. Le mot *apanagiste* est employé ici prématurément.

[2] Voy.   dans l'*Appendice* à la fin du volume.

race eurent la précaution de faire sacrer de leur vivant, en les associant à leur empire, l'aîné de leurs fils, héritier présomptif de leur couronne. Au bout de ce temps, la coutume parut avoir passé en loi ; elle fut depuis invariablement observée ; et le royaume fut constamment dévolu au plus proche héritier *mâle par les mâles* du roi décédé [1].

Dans ce nouvel ordre de succession, si un roi laissait plusieurs enfans, l'aîné était préféré aux cadets.

Mais si ces derniers étaient exclus de toute participation au pouvoir politique, n'était-il pas juste qu'ils eussent, comme *enfans*, une part de l'héritage de leur père [2] ; et comme *princes*, un établissement conforme à l'élévation de leur rang ?

De là, l'établissement des *apanages*.

Et c'est en s'arrêtant à ce dernier état de choses que Ragueau dit [3] : « En la maison de France, n'y a *partage*, mais *apanage* à la volonté et arbitrage du roi père ou du roi frère régnant ; et ce, depuis le commencement de la troisième lignée des rois de France ; car auparavant l'empire s'est partagé.... »

§ II.

Définition des Apanages.

Si nous interrogeons les plus vieux auteurs sur ce qu'on entendait par *apanage*, ils nous feront différentes réponses, qui toutes [4] aboutiront à cette définition, « que l'*apanage* d'un prince est ce qui lui est attribué pour vivre convenablement suivant son état. »

Ragueau, dans son *Glossaire du Droit français*, rapporte plusieurs étymologies du mot *apanage*. « Aucuns, dit-il, estiment que ce mot *apanage* vient de *panis*. »

---

[1] Voyez dans l'*Appendice* la note sur la *loi salique*.

[2] Quelques-uns n'eurent rien en effet, et, par cette raison, furent nommés *sans terre*. Voyez dans l'*Appendice*.

[3] *Glossaire du Droit français*, au mot *Apanage*.

[4] Celle donnée par Loysel, *Opuscules*, p. 68, offre une variété ; il fait dériver « Apennage, à *pennis*. C'est, dit-il, donner des » plumes et moyens aux jeunes seigneurs, sortant du nid de la » maison de leur père, pour commencer à voler, et faire quel- » que fortune par quelques exploits. »

Apanare, selon Ducange, *id est, panem ac cibum porrigere.*

Laurière, dans ses notes sur Ragueau, dit que « nos meilleurs auteurs ont préféré avec raison cette étymologie à toutes les autres, parce que nous avons des coutumes qui, pour *apanager*, usent du mot *appaner* qui vient certainement de *panis*; et que, dans les anciens livres, *empaner*, qui vient aussi de *panis*, se trouve souvent pour nourrir et doter. »

C'est en ce sens que la coutume de Nivernais, titre XXIII, article 24, dispose que « fille mariée et *appanée* ou *dotée* par père et mère.... ne peut retourner à la succession desdits père et mère, etc. »

Suivant Bretonnier [1], APPANER *une fille, c'est la doter, lui donner une dot suffisante, suivant sa condition.* Et il ajoute: *appaner*, dans sa véritable signification, *se prend pour alimens.*

Ainsi l'*apanage* est la *dotation* des princes. Dans l'ancien langage français, ces deux mots étaient synonymes : et si depuis, le mot *apanage* a cessé d'être usité pour les simples particuliers, il n'en a pas moins conservé son sens primitif, en ce qui regarde la personne des princes.

« Dans l'usage le plus ordinaire (disent les auteurs du nouveau Denisart, au mot *apanage*, § 1er, no 4), on ne se sert du mot *apanage*, que pour désigner ce que nos rois donnent à leurs frères, ou à leurs fils, et à leurs petits-fils à défaut de fils, *pour leur subsistance.* »

On conçoit que les apanages, réduits à ces termes, n'offraient plus les inconvéniens attachés au partage de l'ancienne monarchie.

Cependant on ne peut se dissimuler que les apanages, eurent encore leur danger, quand les rois, cédant à quelque prédilection peu réfléchie, commirent l'imprudence de donner à leurs enfans puînés ou à leurs frères, non pas de simples domaines, mais des provinces entières, telles par exemple, que la Bourgogne [2].

---

[1] Sur Henrys, suite du livre 5, question 107, tome III, page 522, édit. de 1738.

[2] Le roi Jean (en 1363) donna en apanage à Philippe, son quatrième fils, le duché de Bourgogne. Le Président Hénault, années 1361 — 1363, appelle cette donation apanagère, *une im-*

En effet, les princes possédant alors leurs apanages *suivant la loi des fiefs*, et ne percevant pas seulement les droits utiles des domaines qui leur étaient concédés, mais y joignant, à l'exemple des hauts barons, la plénitude des droits féodaux, et une sorte de souveraineté, moyennant la vaine cérémonie de l'hommage et des devoirs dont ils savaient trop bien s'affranchir, ils trouvèrent souvent dans les troupes et l'argent de leurs vassaux des moyens d'attaquer le roi, soit en lui faisant directement la guerre, soit en se liguant avec ses ennemis, et en entretenant dans l'État des brigues et des divisions intestines.

§ III.

Loi des Apanages.

La condition des apanages ne fut pas d'abord bien définie.

On flottait entre ces deux idées, qu'il ne fallait plus *partager la monarchie*, et que cependant les fils puînés du feu roi ne devaient pas être privés d'*établissement :* — à côté du *droit politique* qui les excluait du trône, se trouvait le *droit naturel* qui les appelait à la possession d'une partie du patrimoine.

Les rois donnèrent donc à leurs fils ou à leurs frères, des biens, des domaines ; mais la condition de cette possession ne fut d'abord subordonnée à aucune règle fixe et uniforme. Tout dépendait du caprice des donateurs, et des clauses de l'acte de concession.

Ce n'est qu'à la longue, par trait de temps, et en réunissant un certain nombre de *précédens*, que l'on est arrivé à déterminer d'une manière précise la *loi des apanages.*

Les historiens et les jurisconsultes se sont accordés à distinguer trois âges, dans la législation des apanages :

1° Depuis Hugues-Capet en 987, jusqu'à Philippe-Auguste en 1180 ;

---

prudence que les enfans de Jean payèrent bien cher. La principale faute du roi Jean avait été, non pas seulement de céder la Bourgogne, mais d'oublier de stipuler le retour. *V.* DUPUY, *Traité du duché de Bourgogne,* chap. 1er et 3, et l'*Essai sur les apanages,* par de VAUXELLES, chap. 2, n° 21 avec la note, et n°s 22, 23, 65 et 66.

2° Depuis Louis VIII en 1223, jusqu'à Philippe-le-Bel en 1285 ;

3° Enfin, depuis Philippe-le-Bel.

Nous serons obligés de poursuivre cette division et de distinguer encore trois autres époques :

1° La législation de 1790 et 1791 ;

2° Celle de l'empire ;

3° Celle de la restauration.

PREMIÈRE PÉRIODE.

Depuis Hugues-Capet, en 987, jusqu'à Philippe-Auguste, en 1180.

Durant cette première période, on voit les apanages passer aux *collatéraux* ainsi qu'aux *filles*.

Ainsi, Hugues, fils de Henri I, ne fut comte de Vermandois que *par sa femme*.

Le comté de Dreux, donné en 1137 à Robert, fils de Louis-le-Gros, n'est revenu à la couronne que par l'acquisition qu'en fit Charles V des filles à qui il était échu [1].

Le duché de Bourgogne, donné à Robert, fils de Robert, « pour le tenir en pleine propriété, et pour passer à ses hé- » ritiers, successeurs et ayant cause, » ne revint à la couronne, après plus de trois siècles, que par la mort sans enfans de Philippe, dit de Rouvre, dernier prince de la première maison de Bourgogne ; et ce à titre de *succession*, et non de *réversion* [2].

SECONDE PÉRIODE.

Depuis Louis VIII, en 1223, jusqu'à Philippe-le-Bel, en 1285.

Nous allons voir les *collatéraux* exclus de la succession aux apanages, mais les filles maintenues dans le droit d'y succéder.

---

[1] *Histoire de la Maison de France*, liv. 33, chap. 4. — Du-CHESNE, *Histoire de Dreux*, aux preuves, n° 301. — DUPUY, au mot *Dreux*, page 517.

[2] *Mémoire de Husson*, à la fin du tome II des Œuvres de Du-plessis.

En 1225, Louis VIII, par son testament, déclara son fils aîné roi ; donna l'Artois, l'Anjou, le Maine, le Poitou et l'Auvergne à Robert, Charles et Alphonse, ses trois autres fils ; à l'égard du cinquième, et de ceux qui naîtraient après lui, ordonna qu'ils *entreraient en cléricature* ; et quant au comté de Clermont qu'il avait donné [1] en apanage à Philippe, son frère, quelques années auparavant, il ordonna qu'à défaut d'héritiers il retournerait franchement et quittement à la couronne [2].

Philippe mourut en 1233, ne laissant qu'une fille appelée Jeanne, qui lui succéda dans l'apanage, et qui mourut en 1251, sans postérité.

Saint Louis et ses frères étant héritiers au même degré, il y eut grand procès entre eux..... Arrêt du parlement de 1258 qui adjugea le comté à saint Louis *comme roi* [3].

Dans cette circonstance, on voit les filles succédant, et les collatéraux exclus. Cependant ceux-ci avaient été écartés, moins par l'effet d'une règle constante, que par la vertu de la stipulation particulière portée au testament du feu roi.

Saint Louis, averti par le procès qu'il avait eu à soutenir, dut prendre ses précautions. Et lorsqu'en 1268, il donna 1° à Jean, son quatrième fils, le comté de Valois, avec Crépy, etc. ; 2° à son cinquième fils, les seigneuries de Mortagne, Bellême et tout ce que le roi possédait dans le comté d'Alençon et du Perche, avec les forêts et droits, et la *haute justice* appelée *plaid d'épée* [4], pour en jouir en apanage et *pairie* avec *droit d'échiquier* ; 3° à Robert, sixième fils (auteur de la branche de Bourbon [5] actuellement régnante), le comté de Clermont revenu à la couronne par l'arrêt de 1258 ; il eut soin d'exprimer dans les lettres de concession, que tous ces *apanages* étaient à *charge de*

[1] Les lettres de donation, indiquées par Dutillet, ne se trouvent pas ; mais on a la reconnaissance donnée par Philippe à son frère, en 1223, deux ans avant le testament de ce dernier.

[2] Quod si idem qui Atrebatesium tenebit, *sine herede decederet*, volumus quod tota terra Atrebatesii et alia terra quam teneret, ad filium nostrum *regni* nostri successorem *liberè et integrè redeat*.

[3] Voyez, dans l'*Appendice*, une note explicative sur cet arrêt.

[4] *Placitum ensis, jus gladii.*

[5] *Voyez*, dans l'*Appendice*, la généalogie des Bourbons, depuis Robert de Clermont jusqu'à Henri IV.

retour au domaine de la couronne, au défaut *d'hoirs en ligne directe :* ce que signifient énergiquement ces mots : *sine herede de corpore suo* [1].

En conséquence, dans le procès qui fut discuté au parlement de la Toussaint en 1283, les duchés de Poitou et d'Auvergne furent adjugés à Philippe-le-Hardi *comme roi de France*, par préférence à Charles d'Anjou, roi de Sicile, frère germain de l'apanagiste, et, à ce titre, son plus prochain héritier. Philippe lui dit : « Que, *par la loi de sa couronne*, tels duchés anciennement estant du patrimoine et domaine de son royaume, luy sont *retournés :* puisque Alphonse, qui les tenoit par *apanage*, est mort *sans enfans descendans de lui*, et que les frères et autres collatéraux [2] n'y peuvent succéder. » — Cette matière, disent les arrétistes [3], bien poursuivie et débattue d'une part et d'autre, fut examinée en compagnie des princes, pairs de France, présidens et conseillers de la cour. »

Dans cette affaire, on interpréta les mots *sine herede* du testament de Louis VIII, dans le même sens que les mots bien autrement précis des actes de saint Louis, *sine herede de corpore suo* [4], c'est-à-dire sans enfans de lui, sans héritiers en ligne directe.

Au moins est-il certain que ces termes n'excluaient pas les filles du droit de succéder à l'apanage de leur père. — On en a la preuve dans le fameux procès du comté d'Artois.

Louis VIII avait donné le comté d'Artois à Robert I, son second fils ; à celui-ci succéda Robert II, son fils unique, qui eut deux enfans, Mathilde ou Mahault qui lui survécut ; et Philippe, mort avant lui, laissant un fils, Robert III.

Il est à remarquer que la représentation, même en ligne

---

[1] Quod si forté etiam contigerit, eumdem filium nostrum, vel heredem suum, aut heredes *sine herede de corpore suo decedere*, prædicta omnia ad heredem seu successorem nostrum, quicumque pro tempore regnum Franciæ tenebit, liberè revertantur.

[2] Cela s'entend des frères et collatéraux du premier apanagé. Voyez ci-après, 3e partie, section 4, paragraphe 1er.

[3] PAPON, livre 5, titre 10, n° 1. — DULUC, liv. 5, tit. 1, chap. 6, p. 16.

[4] *Sans hoirs de son corps*, disent les lettres de mars 1269. *Recueil des Ordonnances*, tome XI, page 342.

directe, n'avait pas lieu en Artois, comme l'atteste l'article 18 de la coutume ; non plus que dans celle de Boulogne et de Ponthieu (art. 8) dont l'Artois avait été arrière-fief. Robert ne pouvait donc se dire *héritier par représentation* de son père. Mais il soutint que *les filles* ne pouvant pas succéder à la couronne, ne pouvaient pas succéder à l'apanage, partie du domaine de la couronne. Il fut débouté par sentence arbitrale de Philippe-le-Bel, du 13 octobre 1309, et ensuite par arrêt de 1315. Désespéré, il voulut se créer un titre, et lit fabriquer de prétendues lettres patentes, *qui excluaient les filles de l'apanage* ; mais sur la poursuite de Mathilde, et, après elle, de Jeanne, sa fille unique et héritière, ces prétendues lettres furent déclarées fausses par arrêt du 13 mars 1330. Un second arrêt du 19 mars 1331, condamna Robert au bannissement avec confiscation de tous ses biens [1].

TROISIÈME PÉRIODE.

Depuis Philippe-le-Bel.

Philippe-le-Bel, en jugeant comme arbitre le procès du comté d'Artois contre Robert en faveur de Mahault, s'était conformé au droit existant. Mais il sentit le besoin de le changer pour l'avenir. Saint Louis avait fait un premier pas en excluant les *collatéraux* ; Philippe-le-Bel prononça l'exclusion des *filles*.

Il avait donné le comté de Poitiers à son fils Philippe (dit le Long). Par son *codicille*, en date du jeudi, veille de la Saint-André 1314, il disposa en ces termes : « que à défaut d'*hoirs mâles* dudit Philippe-le-Long, le comté de Poitou retourne à la couronne, à la charge que le roi, qui lors régnera, sera tenu de *marier les filles* au dire des dénommés [2], et qu'elles auront les autres biens de la succession de leur père. »

Ce *codicille*, que Dutillet (*Rois de France*, p. 296), ainsi que le président Hénault (année 1314), qualifient d'*ordonnance*, n'est pas dans le recueil des ordonnances du Louvre.

---

[1] *Causes célèbres* de RICHER, tome XVII. — V. *Résumé de l'Histoire de Bourgogne*, par DUFEY, t. II.

[2] Philippe et Charles, dénommés aux lettres de donation.

Dutillet n'en rapporte que le sommaire, tel qu'il est ci-dessus transcrit.

Mais des auteurs plus modernes ont publié le texte entier d'un autre acte que l'on avait sans doute confondu avec le premier, et qu'on a trouvé transcrit dans le volume in-folio, coté 420 de la bibliothèque de Séguier, déposée en l'abbaye de Saint-Germain-des-Prés. Cet acte était peu connu (on le voit bien par la manière dont en parlent les anciens auteurs); et c'est pour cela que Charles VII en fit faire une copie authentique sur l'original étant dans le trésor des chartes. Cet acte, qui est en forme de lettres-patentes, signées et scellées, est conçu en termes bien autrement explicites que le codicille. On y lit ce qui suit : « Philippe... etc., etc. Nous, regardant qu'il pourroit advenir que ledit Philippe, ou aucun de ses hoirs ou successeurs, comtes de Poitiers, pourroient mourir *sans hoirs* MALES *de leur corps*, laquelle chose nous ne voudrions pas, ni que le comté fût *en main de femelle*; sur ce avons ordonné, ainsi comme il en suit, c'est à savoir, qu'au cas que ledit Philippe, ou aucuns de ses hoirs, comtes de Póitiers, mourroient sans laisser *hoirs* MALES *de son corps*, nous voulons et *ordonnons* que le comté de Poitiers retourne à notre successeur, roi de France, et soit *rejoint au domaine du royaume*; et, en ce cas, voulons ledit notre successeur être tenu et obligé à dónner deniers suffisans, pour marier les filles, si aucunes y en avoit...., etc., etc. »

Voilà ce qu'on peut appeler véritablement *l'ordonnance de Philippe-le-Bel sur les apanages*, quoiqu'elle ne concerne que le comté de Poitiers.

A la mort de Philippe-le-Long, Jeanne, sa fille, duchesse de Bourgogne, voulut réclamer *l'apanage* de son père, alléguant la règle vulgaire : *le mort saisit le vif*, son hoir le plus proche : mais elle fut déboutée de sa demande par arrêt du 22 janvier 1322 [1]. Cependant en lisant le texte entier de cet arrêt, on remarque que le procureur-général, dans ses défenses, ne fit aucune mention ni du codicille, ni de l'ordonnance de Philippe-le-Bel, quoique assurément les termes en soient très-précis. Il se contenta d'opposer « qu'encore bien que Philippe, dans le temps qu'il étoit comte de Poitou, eût possédé son apanage comme comte,

____

[1] CHOPIN, *du Domaine*, liv. 3, titre I.

il avoit néanmoins cessé de le posséder en cette qualité au moment où il étoit devenu roi ; tellement qu'il étoit mort étant saisi et possesseur desdits comté et terres, *comme roi et non comme comte*, et qu'ainsi il les avoit transmises à son successeur roi. » Cette raison était effectivement péremptoire ; mais, à son défaut, celle tirée des lettres de 1314 eût certainement suffi pour assurer le retour à la couronne [1].

Charles V, dit le Sage, alla encore plus loin que ses prédécesseurs. Il rendit, au mois d'octobre 1374, un édit remarquable, en ce qu'il n'assigne plus aux princes des provinces et seigneuries pour apanage, mais seulement *un revenu fixe en fonds de terre*. Voici le texte de cet édit.

Art. Ier. «... Que comme notre fils *Charles* doit être roi de France après nous, et succéder en notre royaume....., notre fils *Loys* ait *pour tout droit de partage ou apanage* à lui appartenant en nos terres et seigneuries, pour raison de notre succession ou autrement... *douze mille livres de* TERRES *au tournois*, avec titre de comte, et 40,000 liv. en deniers *pour lui mettre en état.* »

Par les articles suivans, Charles statue à l'égard des filles, « que l'aînée sera contente de 100,000 livres qu'il lui donne en mariage, avec tels estoremens [2] et garnisons, comme il appartient à fille de roi de France. » Les cadettes auront 60,000 fr. et le même mobilier.

Cette loi se rapproche du système anglais. Les États-généraux ne la perdront pas de vue ; mais elle restera long-temps sans exécution.

Je passe ici sous silence les dispositions des lettres d'apanage accordées en 1386, 1392, 1394, 1400 et 1407, qui n'offrent rien de remarquable [3] ; et j'arrive à celles de novembre 1461, par lesquelles Louis XI donne en apanage à Charles de France, son frère, ses enfans mâles *et les descendans de ces enfans mâles*, en droite ligne et loyal mariage, *perpétuellement et à toujours* [4] le duché de Berri....

---

[1] Le roi Jean aurait dû en profiter, sinon pour ne plus céder la Bourgogne ; du moins, en la cédant, pour ne pas oublier de stipuler le retour. Voyez ci-devant, page 6, la note.

[2] Meubles, joyaux, ustensiles. (*Glossaire de Roquefort.*)

[3] Voyez-en l'analyse dans l'*Appendice.*

[4] C'est-à-dire tant et si long-temps qu'il y en aura.

(Suit une longue énumération des droits y attachés) pour lesdits duché, etc... avoir et tenir en *apanage de France, et en pairie...* « Voulons toutefois que, s'il advenoit que notre-dit frère Charles n'eût aucuns *enfans mâles*, et qu'au temps à venir sa lignée cheût en *ligne femelle*; en ce cas ledit duché et seigneurie de Berri reviendroient à nous et à nos successeurs rois, et au domaine de la couronne de France, *tout par la forme et manière que font et doivent faire en semblable cas les autres terres et seigneuries baillées en apanage de France* [1]. »

On voit, par cette dernière clause, que l'on regardait alors comme *droit commun* des apanages, la transmission en *ligne directe* seulement, et le retour à défaut de descendans *mâles*.

Les Etats-généraux tenus à Tours en 1467, vont nous offrir quelque chose de plus remarquable encore. Dans une des séances, « le chancelier proposa, entre autres choses, *le grand danger*, si la Normandie était séparée de la couronne : les Etats répondirent que ladite duché ne devait être séparée de la couronne, le roi *ayant juré de ne séparer* RIEN; qu'à la journée qui se tiendra à Cambray pour accorder le différend entre le roi et son frère pour le fait dudit duché, lesdits Etats donneront leur avis pour l'en divertir : *qu'il faut* que le duc Charles *se contente* de l'apanage que le roi lui promet, de 48,000 livres par chacun an, outre 12,000 livres qu'il a par ladite ordonnance [2], par laquelle il n'est obligé que de lui donner des terres en titre de comté; promettant d'assister le roi contre son frère, en cas qu'il ne se contente [3]. »

Cette pièce est précieuse en ce qu'elle prouve : 1° que nos rois juraient *de ne séparer* RIEN de la couronne; 2° en ce que les états-généraux pensaient qu'il fallait observer la loi de Charles V, qui réduisait les apanagistes en une *rente en fonds de terre*; 3° qu'il y avait *grand danger* à séparer une province telle que la Normandie.

Je citerai encore (en omettant plusieurs pièces intermé-

---

[1] *Mémoires de Commines*, tome II, page 358, *aux preuves.*
[2] De Charles V, ci devant rapportée.
[3] COMMINES. tom. III, page 50. — *Recueil* de l'abbé LE-GRAND.

diaires) le traité de Crespy du 18 septembre 1544, entre
François Ier et Charles-Quint. On y stipule que le duc
d'Orléans épousera Marie d'Autriche, et *aura pour son
apanage* les duchés d'Orléans, de Bourbonnais, de Cha-
tellerault et d'Angoumois. — Lettres-patentes conformes
de décembre 1544, registrées le 9 janvier suivant [1]... Nos
historiens remarquent avec douleur que *c'est la première
fois qu'on voit l'apanage entrer dans les conventions du
droit des gens.* C'était une suite de l'injustice commise
par François Ier envers le brave et malheureux connétable
de Bourbon, dont il avait confisqué les biens. Force lui fut
de subir la clause qui l'obligeait à les restituer à l'héritier
de ce grand capitaine.

Nous arrivons à une loi fondamentale, je veux dire l'ordonnance de Charles IX, de février 1566, sur le domaine
dont l'article 1er porte ce qui suit : « Le domaine de notre
couronne *ne peut être aliéné* qu'en deux cas seulement :
l'un pour apanage des puînés mâles de la maison de
France; auquel cas y a *retour à notre couronne* par leur
décès *sans mâles, en pareil estat et condition* qu'estoit
ledit domaine *lors de la concession de l'apanage*, nonobstant toutes disposition, possession, acte exprès ou taisible,
fait ou intervenu pendant l'apanage; — l'autre pour la nécessité de la guerre, etc. »

Depuis ce temps on voit les apanages prendre la forme
régulière qu'ils ont conservée depuis. Ainsi, dans son édit
de la même année 1566, Charles IX, constituant *un apanage jusqu'à concurrence de cent mille livres de rente* à
Henri de France, duc d'Anjou, depuis Henri III, alors
âgé de quinze ans, s'exprime en ces termes : « *désirant
bien et favorablement traiter iceluy nostredit frère, et lui
donner tout moyen et pouvoir d'entretenir plus honorablement sa maison, et selon la dignité du sang dont il est,
ensemble pourvoir aux enfans mâles qui descendront de
luy en loyal mariage:* pour ces causes,.... octroyons,
ordonnons et délaissons à nostredit frère et à ses *enfans
mâles, descendans en loyal mariage, pour leur apanage,*

____

[1] *Mémorial de la Ch. des Comptes*, cote 2, M. fol. 233. — *Recueil des traités de paix*, tom. II, page 227. — Voyez dans
l'*Appendice.*

pourvoyance et entretennement, selon l'ancienne nature des apanages de la maison de France et loy de notre royaume [1].... — (Quatre articles sont consacrés à énumérer les droits de l'apanagiste : et l'article 6 reprend :) « et afin qu'il n'y ait plus *de doute, ambiguité et question à l'avenir* au fait de ce présent apanage, nous disons et déclarons.... que suivant la nature desdits apanage et loy de notre royaume, où nostredit frère, ou ses descendans mâles en loyal mariage iroient de vie à trépas *sans enfans mâles, descendans de leur corps en loyal mariage, en manière qu'il ne demeurât aucun enfant mâle descendant par la ligne des mâles de nostredit frère*; bien qu'il y eût fils ou filles des filles descendans d'iceux; audit cas lesdits duchés et comtés par nous donnés à nostredit frère pour son apanage, retourneront librement à notre couronne, sans autre adjudication ou déclaration : et s'en pourront, nos successeurs en la couronne, emparer, et prendre la possession et jouissance, ledit apanage fini et éteint, comme dessus est dit, à leur plaisir et volonté, et sans aucun contredit ou empêchement, et qu'on puisse objecter aucun laps de temps ne prescription [2]. »

Les apanages concédés en ces termes, étaient une institution si légale et si bien reconnue, que dans l'ordonnance de Blois, rendue *à la réquisition des États*, en 1579, le législateur, s'occupant de rattacher au domaine tout ce qui en avait été illégalement distrait, dispose ainsi qu'il suit à l'égard des apanages :

Art. 332. « Et afin de remettre et réunir notre domaine en son état, *suivant la réquisition qui nous en a été faite par nosdits États*, avons révoqué et révoquons les rentes, cessions.... N'entendons néanmoins comprendre en la présente révocation, les concessions et délaissemens faits, tant à titre d'*apanage*, que le douaire et assignation de deniers dotaux à la reine, notre très-honorée dame et mère, notre très-cher et très-amé frère, le duc d'Anjou,

---

[1] Les lettres ajoutent : *toujours gardée en iceluy*, ce qui est une erreur; car cette loi, quant à la succession des mâles, ne date que de Philippe-le-Bel; aussi cette énonciation ne se retrouvera plus dans les lettres subséquentes, notamment dans l'édit d'avril 1771, au profit de Louis (XVIII).

[2] FONTANON, tome II, page 855.

nos très-chères et très-amées belles-sœurs, les reines douairières de France, notre très-chère et très-amée sœur, la reine de Navarre, notre très-chère et très-amée tante, la feue duchesse de Ferrare, et notre très-chère et bien-amée sœur la duchesse de Montmorenci. Voulons que pour l'avenir l'ordonnance faite par le feu roi Charles (IX) notre très-cher seigneur et frère, sur le fait du domaine, soit gardée et observée, et mêmement que les douairières de notre royaume jouissent de leur douaire en terres et domaines : mais que demeurant la possession du domaine à nos successeurs, elles perçoivent ce qu'elles devront avoir de leurdit douaire par les mains des fermiers. »

Depuis ce temps nous trouvons cinq édits principaux [1] qui ont constitué des apanages ; savoir :

1° Édit de juillet 1626, portant don à Gaston, Jean-Baptiste de France, frère de Louis XIII, des duchés d'Orléans et de Chartres, et des comtés de Blois, pour en jouir en apanage et les tenir en pairie ;

2° Édit de mars 1661, pour l'apanage de *Monsieur*, Philippe de France, frère unique du roi, composé des duchés d'Orléans, Valois et Chartres, avec la seigneurie de Montargis ;

3° Édit de juin 1710, pour l'apanage de Charles de France, duc de Berry [2], petit-fils de Louis XIV, accordé en présence de Louis, dauphin, son père, et du duc de Bourgogne, son frère aîné, composé notamment des duchés d'Alençon et d'Angoulème, du comté de Ponthieu, etc.

[1] Nous disons cinq édits *principaux*, parce que chaque apanage, outre l'édit de création, a entraîné une foule d'autres édits secondaires, lettres-patentes, déclarations et arrêts, portant explication, ampliation, ou supplément d'apanage.

[2] Philippe, frère du duc de Berry et son aîné, eût aussi obtenu un apanage, s'il fût resté prince *français*. Mais ayant accepté la couronne d'Espagne, il est devenu *étranger*, ainsi que tous ceux de sa descendance, qui depuis sont nés en Espagne ; et cette qualité d'*Espagnols* imprimée à Philippe V par l'acceptation qu'il en a faite, aux autres par la naissance, à tous par les mœurs et l'éducation, a fait qu'ils n'ont pas plus conservé de droit à un apanage en France, qu'à la couronne même de France, à laquelle d'ailleurs Philippe V a renoncé expressément en face de toute l'Europe, de la manière la plus formelle, la plus absolue et la plus irrévocable.

2.

4° Édit d'avril 1771, donné par Louis XV pour l'apanage de son petit-fils Louis-Stanislas-Xavier, fils de France, comprenant le duché d'Anjou, le comté du Maine, le comté du Perche, etc.

5° Edit d'octobre 1773, registré, qui constitue en apanage à M. le comte d'Artois, les duché et comté d'Auvergne, le *duché d'Angoulême*, et autres seigneuries auxquelles on a encore ajouté le *duché de Berry*, par lettres patentes de juin 1776.

Nous ne pouvons mieux terminer cette analyse de l'ancienne législation sur les apanages, qu'en transcrivant ici le préambule des lettres patentes du 7 décembre 1766, dans lesquelles on trace en ces termes l'historique de cette institution :

« L'apanage des enfans puînés de la maison de France a toujours été considéré comme représentant [1] le partage de la monarchie qui a subsisté pendant les deux premières races. Si les inconvéniens de ce partage destructif de la souveraineté, par les jalousies et la rivalité des princes, par l'affaiblissement des forces de l'autorité, ont persuadé, au commencement de la troisième race, que la couronne, le plus éminent de tous les fiefs [2], devait être *indivisible*, ainsi que les fiefs que les maximes du gouvernement féodal, alors en vigueur, déféraient en entier à l'aîné des mâles : la nature, qui ne parle pas moins au cœur des rois qu'à leurs sujets, leur a inspiré de *doter* leurs enfans puînés, et de leur procurer une subsistance proportionnée à la splendeur de leur origine et propre à les dédommager de la perte de la souveraineté dont ils étaient privés. *Enfans de l'État*, ils ont pris dans les fonds de l'État même, par les mains des rois nos prédécesseurs, les parts et portions qui leur ont été assignées. Le vœu de la nature a été rempli, et la royauté a acquitté ses obligations. *Cette institution par son principe et par sa longue observance qui n'a souffert aucune interruption, a mérité*

---

[1] Non au même titre, ni surtout avec les mêmes inconvéniens; mais comme ayant remplacé ce partage, comme en tenant lieu.

[2] C'est-à-dire, dominant tous les fiefs; car je ne puis admettre que la couronne elle-même fût un fief, à moins qu'il ne relevât de la nation.

d'être placée au rang des lois fondamentales de notre monarchie. »

§ IV.

Prérogatives attachées aux anciens Apanages.

Une foule de monumens nous attestent que les premiers princes apanagés sous la troisième race , sans avoir la souveraineté, jouissaient cependant , dans leurs apanages, de la majeure partie des *droits régaliens*, à l'exemple des hauts barons et des grands vassaux de la couronne [1].

Ils entretenaient des troupes, faisaient la guerre et la paix, donnaient des lettres de grace , concedaient des priviléges et les révoquaient, faisaient des fondations et ont même disposé à perpétuité de quelques domaines.

Jusqu'au règne de saint Louis, ils jouissaient du droit d'imposer des tailles sur leurs vassaux et sujets, tandis que le roi ne pouvait lever, sans leur consentement, aucun subside dans leurs apanages.

Même depuis le règne de ce sage monarque , et malgré les restrictions qu'il apporta aux apanages , les princes apanagés conservèrent encore pendant long-temps plusieurs droits régaliens.

Les chartes du temps, les lettres patentes des rois , celles des princes apanagés eux-mêmes, prouvent en effet :

1° Que les ducs d'Alençon y érigeaient, sous le nom *d'échiquier*, un tribunal qui fut long-temps égal, en pouvoir et en autorité à l'échiquier du roi, établi à Rouen [2], sauf pour les cas royaux [3] ;

---

[1] « Ces priviléges n'étaient point particuliers aux princes apanagistes : ils étaient anciennement attachés à toutes les hautes baronnies. » (M. HENRION DE PANSEY.) C'est ainsi que Charles IX, dans les lettres d'apanages des princes ses frères, dit d'une manière générale, qu'ils jouiraient des domaines à eux concédés, en tous droits de pairie, avec toutes les prééminences et prérogatives qu'ont accoutumé d'avoir les princes de la maison de France, *et autres tenant de la couronne en pairie;* par exemple, de relever directement de la couronne; d'avoir leurs causes commises au parlement pour l'état de leur personne et de leur pairie.

[2] Lettres pat. de 1268 et 1550. Arrêt du parlement de Paris, du 9 juillet 1487.

[3] Ce droit exorbitant de juridiction fut accordé, même pour les

2° Qu'à l'égard des autres princes apanagés, ils avaient la prérogative d'établir dans celles des villes de leur apanage qu'ils voulaient choisir, ces tribunaux appelés *Grands-Jours*, dont le ressort et la compétence s'étendaient sur tous leurs justiciables sans exception, tribunaux qui jugeaient presque toujours en dernier ressort[1];

3° Que les princes apanagés pouvaient lever sur les sujets, notamment sur les Juifs de leurs apanages, des tailles et des taxes[2];

4° Que les princes apanagés jouissaient dans leurs apanages, des droits de francfief, échange, amortissement et nouveaux acquêts[3]:

5° Qu'ils accordaient des lettres de grace, de sauvegarde et de privilége[4];

6° Qu'ils plaidaient *par procureur*, dans toutes les cours du roi, même au parlement de Paris, où leurs procureurs étaient tenus présens, comme le procureur général du roi[5];

7° Qu'aussitôt après qu'un apanage était érigé, les juges des exempts[6] et cas royaux étaient obligés d'en sortir, parce que la justice ne devait y être rendue qu'au nom du prince apanagé et par ses officiers dont il avait la pleine institution[7] avant comme depuis la vénalité des offices. Cependant, plus tard, on établit que, vacation avenant dans les offices de l'apanage, le prince apanagé nommerait[8], et que l'institution et les provisions seraient données

cas royaux, à Gaston, frère de Louis, XIII, par déclaration du 27 avril 1627, registrée le 15 juin suivant.

[1] Lettres pat. des années 1337, 1366, 1370, 1433 et 1540.

[2] Décl. et lettres pat. de 1281; DUTILLET, p. 304. Octobre 1615; DUTILLET, p. 306.

[3] Lettres de Charles V, des 13 août 1374 et 9 juillet 1375.

[4] Lettres pat. de 1327. DUTILLET, p. 297.

[5] Lettres pat. de 1337, 1344. Arrêt du parlement du 13 juin 1373. Lettres-pat. de 1366. Autres lettres du 24 octobre 1680.

[6] On entend par *exempts*, ceux qui avaient obtenu le privilége de n'être jugés que par les officiers du roi, et d'être ainsi *exempts* de la juridiction ordinaire des princes apanagés.

[7] Lettres pat. de 1374.

[8] C'est ainsi que le savant Pothier fut nommé par le feu duc d'Orléans, membre de sa chambre des comptes à Orléans. Voy. ma *Dissertation sur Pothier*. p. 53.

par le roi[1]; « expédient certes très-beau, dit Loyseau, auquel l'un et l'autre gagnoient, pour ce que l'apanage avoit l'émolument des cas royaux, dont les juges, par lui nommés, connoissent; et, la justice demeurant *toujours royale*, le roi retenoit davantage son autorité en l'apanage, où cette marque bien signalée demeuroit pour le distinguer d'avec une seigneurie patrimoniale[2]; »

8° Les princes apanagés ont eu aussi le droit de faire battre monnaie, même d'or[3];

9° Comme aussi le droit de nommer et présenter aux abbayes, prieurés, et tous autres bénéfices consistoriaux, excepté aux évêchés[4];

10° Jusque dans les derniers temps, on voit nos rois concéder aux princes apanagistes tous les droits de maison, terre, justice et seigneurie, sans aucune chose en retenir, ne réserver à eux ni à leur couronne, *fors* seulement les foy et hommages-liges, droit de ressort et souveraineté[5];

11° Ils tenaient leurs apanages à titre de pairie, avec prééminence et préséance sur les autres pairs, suivant leur degré de consanguinité[6];

12° Enfin, les princes apanagés étaient vrais seigneurs et propriétaires utiles, comme dit Loyseau[7], *ne connaissant de bornes à leur jouissance que celle qu'aurait le roi lui-même.*

§ V.

En quoi les Apanages étaient féodaux, et ce qu'ont statué à leur égard les lois de la Révolution.

Si les apanages étaient empreints de féodalité, ce n'était point quant à l'institution en elle-même; car il ne faut

---

[1] Voyez Déclaration d'avril 1627, en faveur de Gaston.

[2] *Des Offices*, liv. 1, chap. 9, n° 59.

[3] Ce droit fut nommément confirmé par Charles V, à Jean, duc de Berry, son frère, dont l'apanage avait été établi en 1357 (CHOPIN), et par Louis XIII à Gaston, son frère, en 1626.

[4] Ce droit se retrouve jusque dans les lettres de 1771, constitutives de l'apanage de Louis-Stanislas-Xavier.

[5] Cette clause se trouve textuellement dans l'édit de février 1566, qui crée l'apanage du duc d'Anjou.

[6] Déclaration de décembre 1576, édit de 1714.

[7] Loyseau, liv. 5, chap. 9, n° 7.

pas perdre de vue que le seul objet de cette institution était de procurer aux princes une sorte de légitime dans les biens du père commun dont la succession passait exclusivement à l'aîné ; que c'était payer envers eux la dette de l'État comme *fils de France*, et leur procurer le moyen de pouvoir entretenir honorablement leur maison selon la dignité de leur rang.

Fournis en simples rentes, les apanages n'auraient procuré qu'une revenu ordinaire.

Mais constitués en grandes terres, en seigneuries, en fiefs d'où dépendaient des droits féodaux ; tenus eux-mêmes à la foi et hommage envers le souverain, les apanages étaient, je ne dirai pas féodaux, mais *imprégnés de féodalité*.

Est-ce à dire pour cela qu'il fallait *les abolir ?* — Non sans doute : et la preuve qu'il n'y avait pas connexion entre les *apanages* et la *féodalité* c'est que celle-ci avait été radicalement abolie par les décrets de 1789, et les apanages subsistaient encore en 1792[1].

Il suffisait que les lois abolitives de la féodalité les eussent dépouillés de tout ce qu'ils avaient de féodal. Cette abolition même, importait fort peu aux princes apanagés. S'il ne leur était plus dû de devoirs féodaux, eux-mêmes n'en avaient plus à rendre : et, en pareil cas, ce qu'on reçoit dédommage faiblement de ce qu'on rend.

Il convenait assurément de ne pas faire participer les princes apanagés aux droits du souverain, et de retrancher les prérogatives exorbitantes que les anciens usages avaient attachées à la possession des apanages : mais ce résultat était obtenu ; et les apanages n'étaient plus, par le fait, en 1790, que *de vastes domaines territoriaux qui assuraient aux princes un revenu immuable en fonds de terre, à la décharge perpétuelle du trésor public, comme l'avaient souvent demandé les États-généraux.*

Il est à remarquer au surplus que, même alors, le principe de l'apanage en soi ne fut pas contesté ; voici, en effet, ce que disait Enjubault, rapporteur de la loi du 13 août

---

[1] C'est ainsi que les mêmes lois, en supprimant les droits féodaux, ont néanmoins laissé aux seigneurs la propriété de leurs terres, dégagée seulement de toute prééminence sur les terres d'autrui.

1790 [1] : « Nous avons tous reconnu que la nation unissant irrévocablement à son domaine le patrimoine de ses rois, contractait, par cela même, *l'obligation* de fournir à leurs enfans puînés une subsistance proportionnée à l'état de leur rang et à la splendeur de leur origine ; que, comme tout autre débiteur, elle avait le droit de s'acquitter de cette dette de la manière la plus convenable à son intérêt, en leur abandonnant des jouissances *foncières*, ou bien en leur assignant des *rentes* annuelles sur le trésor public. »

Cette dernière phrase n'a pas de justesse si on l'applique à des apanages déjà constitués ; car, dans ce cas, il n'est pas vrai de dire que le débiteur ait le choix de payer une autre chose à la place de celle qu'il doit [2] ; c'est-à-dire, de révoquer l'apanage, et de détruire un droit acquis. Mais elle est juste, s'il s'agit d'un établissement à faire ; car alors l'État peut le constituer *ab origine*, de la manière qui lui convient le mieux. Il faut seulement alors retenir le principe posé par M. le rapporteur, savoir, que L'APANAGE EST DU, en *fonds de terre* ou en *rente*.

Aussi, la loi du 22 novembre 1790 s'était contentée de dire, par son article 16, « qu'il ne sera concédé *à l'avenir* aucun apanage *réel* ; » — elle avait ajouté : « les fils puînés seront élevés et entretenus aux dépens de la liste civile jusqu'à ce qu'ils se marient, ou qu'ils aient atteint l'âge de 25 ans accomplis » : — alors, disait encore le même article, « il leur sera assigné, sur le trésor national, des *rentes apanagères* dont la quotité sera déterminée à chaque époque par la législature en activité. »

Voyons ensuite ce que porte la loi du 6 août 1791 : elle est intitulée : *loi portant suppression des apanages*. Mais il ne faut pas s'arrêter au titre. Dans la réalité, cette loi ne révoque pas tous les apanages ; ceux même qui sont dits *supprimés* ne sont que *remplacés* par des revenus d'une autre nature, ayant la même destination. Aussi la rente substituée aux apanages conserve-t-elle la qualification de *rente apanagère*.

Quant au Palais-Royal, et même au Luxembourg, il est positif qu'on *n'a pas voulu les envelopper dans la suppres-*

---

[1] *Moniteur*, p. 935.
[2] *Aliud pro alio, invito creditore, solvi non potest.*

sion projetée[1]. L'article 23 du décret du 13 août 1790, qui consacrait cette exception, fut alors ajourné ; mais il fut repris et converti en loi l'année suivante. On le retrouve mot à mot dans l'article 18 de la loi précitée du 6 avril 1791.

Cet article dit en termes exprès, que « le *Palais-Royal et le Luxembourg sont* EXCEPTÉS DE LA RÉVOCATION D'A-PANAGES, prononcée par le présent décret. » Or, s'ils sont *exceptés de la révocation*, il est manifeste qu'ils ne sont pas révoqués ; et s'ils ne l'ont pas été, il est évident qu'ils sont restés ce qu'ils étaient, c'est-à-dire *apanages*. Et comment en douter, puisque cet article dit positivement que « *les deux apanagistes* (le duc d'Orléans et Monsieur) et leurs successeurs *continueront* d'en jouir aux *mêmes titres et aux mêmes conditions* que jusqu'à ce jour. »

La constitution de septembre 1791 n'a rien innové à cet ordre de choses : elle s'est bornée à dire qu'à l'*avenir*, il ne serait plus concédé d'apanages *réels*.

Jetons un voile sur les violences qui vont suivre : — la mort du Roi ; — l'abolition de la royauté ; — la déclaration qu'on ne reconnaît plus de princes français ; — la proscription de leurs personnes ; — la confiscation de leurs biens.....

§ VI.

Des Apanages sous le régime impérial.

Napoléon, ayant successivement envahi l'autorité souveraine, voulut que son trône impérial fût entouré de tout l'éclat dont avait brillé le trône des rois qu'il appelait complaisamment ses *prédécesseurs*. Il s'était fait *Empereur* ; on lui donnait le titre de *maj....é* : il avait épousé la fille des *Césars*. Il prétendait même qu'avant peu *sa dynastie* fût la plus ancienne de l'Europe !... Et toutefois il n'imagina rien de mieux que de se replacer, autant qu'il était en lui, sur les erremens de l'*ancienne monarchie*.

En prenant une *liste civile*, il la composa des mêmes palais, terres et revenus que celle de Louis XVI.

Il n'oublia pas non plus les siens.

Le sénatus-consulte organique de floréal, an XII, art. 15,

[1] Texte du rapport d'Enjubault.

s'était contenté de dire que les princes français, Joseph et Louis Bonaparte, et à l'avenir les fils puînés naturels [1] et légitimes de l'empereur, seraient traités conformément aux articles 1, 10, 11, 12 et 13 du décret du 21 décembre 1790, s'enveloppant ainsi dans une formule couverte, et n'osant pas encore reproduire ouvertement la qualification d'*apanage*.

Mais un peu plus tard (*adulto jam imperio*), le sénatus-consulte du 30 janvier 1810, ne fit pas difficulté d'appeler les choses par leur nom et de reproduire les anciennes qualifications.

Ce sénatus-consulte traite des objets suivans :

Titre 1er. *De la dotation de la couronne ;*

Titre 2e. *Du domaine extraordinaire ;*

Titre 3e. *Du domaine privé ;*

Titre 4e. *Du douaire des impératrices et* DES APANAGES DES PRINCES FRANÇAIS.

Sous ce dernier titre, se trouvent les articles suivans :

Art. 55. Les *apanages* sont dus :

1° Aux princes fils puînés de l'empereur régnant, ou de l'empereur et du prince impérial décédé ;

2° Aux descendans mâles de ces princes, lorsqu'il n'a pas été accordé d'apanages à leur père ou aïeul ;

Art. 70. « La fixation des *apanages* n'est pas uniforme.

» Elle est déterminée *par l'empereur*, sans que néanmoins elle puisse être élevée à un revenu de plus de trois millions.

» Le palais du *Petit-Luxembourg* et le *Palais-Royal* sont destinés à être concédés à des princes *apanagés*, pour leur habitation, *au même titre que leur apanage*, et sans aucune diminution. »

Ainsi, voilà le *Luxembourg* et le *Palais-Royal*, ces deux mêmes palais à qui la législation de 1790 et 1791 avait *conservé le titre d'apanage*, qui, dans un sénatus-consulte, c'est-à-dire, dans la forme la plus solennelle de législation de ce temps-là, reparaissent avec cette qualification d'*apa-*

---

[1] Par opposition à adoptif ; mais cela ne veut pas dire bâtards. *Naturels* et *légitimes* sont inséparables : naturels correspond à l'ancienne condition *d'hoirs de son corps* ; et légitimes est ajouté pour exprimer enfans nés de son corps en légitime mariage.

nage, qu'aucune loi intermédiaire ne leur avait textuellement enlevée.

Lorsqu'ensuite d'autres sénatus-consultes ont réglé la composition des apanages [1] des frères de Napoléon, personne n'a prétendu que ces actes fussent illégaux, inconstitutionnels, ni sujets à révision, comme ressuscitant une institution féodale !!!

Nous verrons plus tard ce qu'a fait la Restauration.

DEUXIÈME PARTIE.

DE L'APANAGE D'ORLÉANS.

Nous ne prétendons pas rapporter ici en entier les actes relatifs à l'apanage d'Orléans : ces actes existent dans divers recueils ; ils ont même été réimprimés in-4° dans ces derniers temps. Rien ne serait plus facile que d'y recourir au besoin.

Mais il importe :

1° D'analyser le *titre constitutif* de cet apanage, et d'en bien fixer la nature ;

2° D'examiner l'effet qu'ont pu produire à son égard les actes de la *restauration*, antérieurs à la loi du du 15 janvier 1826 ;

3° Enfin, de s'arrêter à cette loi du 15 janvier 1826, en rappelant sa discussion, son caractère, et ses effets.

§ Ier.

Constitution d'Apanage de la branche d'Orléans.

Philippe de France, frère unique de Louis XIV, était encore mineur, lorsque fut porté l'édit de mars 1661, enregistré au parlement, le 10 mai de la même année, et dans lequel on remarque les clauses suivantes :

[1] Par exemple, le sénatus-consulte du 13 décembre 1810, qui *fixe* l'apanage du ROI LOUIS comme PRINCE *français*.

Après avoir parlé des « princes sortis des tiges des rois,
» auxquels, bien qu'ils soient soumis, ils ont pourtant l'a-
» vantage de *n'être pas inférieurs en la gloire de leur*
» *origine* » ; Louis XIV met au rang des motifs qui le dé-
terminent à constituer un apanage à son frère, le désir qu'il
a « de lui donner *moyen d'entretenir plus honorablement*
» *sa maison selon la dignité du sang dont il est*; mais
» aussi le mettre en état de soutenir avec éclat l'honneur
» de l'alliance qu'il pourra prendre, quelque grande qu'elle
» puisse être, et pourvoir aux enfans mâles qui descen-
» droient de lui en loyal mariage.

» Pour ces causes, et autres bonnes considérations à ce
» mouvans, de l'avis de notre conseil, où étoient la reine,
» notre très-honorée dame et mère, plusieurs princes, ducs,
» pairs, officiers de notre couronne, et autres grands et
» notables personnages de notre conseil; nous avons oc-
» troyé, donné et délaissé, donnons, octroyons, et délais-
» sons par ces présentes, signées de notre main, à notre-
» dit frère unique et à ses enfans mâles, descendans de lui
» en loyal mariage, pour leur apanage et entretenement
» selon la nature des apanages de la maison de France, et
» la loi de notre royaume, toujours gardée en ycelui. »

(Suit le détail des biens donnés en apanage.)

« Pour en jouir et user par notredit frère et ses hoirs
» mâles en droite ligne, *par forme d'apanage tant seule-*
» *ment....* Ordonnons et octroyons qu'ils aient et tiennent
» ledit apanage, *en tous droits et titres de pairies*, avec
» toutes les prérogatives et prééminences qu'ont accoutumé
» les *princes de la maison de France.*

» *Moyennant lequel présent apanage*, qui a été agréa-
» blement pris, *accepté* et reçu par notredit frère, et par
» la reine, notre très-honorée dame et mère, *sa tutrice na-*
» *turelle*, présens et acceptans, en présence desdits princes
» et autres grands et plus notables personnages de notre
» conseil; notredit frère, et elle en son nom, en ladite
» qualité, ont en ce faisant aux nom et qualité susdits, *re-*
» *noncé et renoncent au profit de nous et nos successeurs*
» *à notre couronne*, à tout droit, nom, action et portion,
» que notredit frère pourroit *dorénavant et à l'avenir*
» *prétendre* en terres et seigneuries échues par le trépas de
» feu notre très-honoré seigneur et *père*, de glorieuse mé

» moire, soit qu'elles soient unies ou non à cette couronne;
» et semblablement à tous meubles et conquêts immeubles,
» de quelque qualité, valeur et condition qu'ils soient, par
» lui délaissés; et ont promis et promettent, notredit frère et
» notredite dame et mère, au nom des susdits, de n'en faire
» jamais aucune querelle ou demande [1]; et davantage,
» notredit frère étant venu en âge, promet pareillement de
» ratifier et approuver lesdites conditions, et d'en bailler et
» passer toutes lettres nécessaires. Lesquelles acceptations
» et renonciations faites par notredit frère; Nous, par l'a-
» vis des susdits princes, grands et notables personnages
» de notredit conseil, qui ont jugé lesdites acceptations et
» renonciations être utiles et *profitables* à notredit frère,
» avons, de notre pleine puissance et autorité royale, au-
» torisé et autorisons, les déclarant être de perpétuelle fer-
» meté et effet, et, en tant que de besoin seroit, avons sur
» ce interposé notre décret; et *afin qu'il n'y ait aucun*
» *doute, ambiguité ou question à l'avenir au fait de ce*
» *présent Apanage,* Nous avons dit, déclaré et ordonné,
» disons, déclarons et ordonnons par l'avis, conseil, et dé-
» libération des susdits princes, que, *suivant la nature*
» *desdits apanages et lois de notre royaume,* où notredit
» frère et ses descendants mâles iroient de vie à trépas,
» sans enfants mâles descendus de leurs corps en loyal ma-
» riage, *en sorte qu'il ne demeurât aucun enfant mâle, des-*
» *cendant par ligne de mâles de notredit frère,* bien qu'il
» y eût filles ou fils descendans d'yceux, audit cas, lesdits
» duchés et seigneuries par nous donnés à notredit frère,
» pour son apanage, *retourneront* librement à notre cou-
» ronne, comme étant, ledit apanage, éteint et fini, sans
» autres adjudications ou déclarations...... »

Ainsi, comme on le voit par ces lettres, l'apanage de la
maison d'Orléans n'a pas été constitué *à titre gratuit* (et il
l'aurait été à ce titre qu'il n'en serait pas moins bien acquis,
suivant l'adage : *n'est si bel acquêt que de don*); mais il a

---

[1] L'étendue des termes de cette renonciation est remarquable :
François Ier s'était contenté de faire renoncer son puîné aux terres qui seraient devenues patrimoniales. Charles IX exigea que les
princes, ses frères, comme s'il eût redouté leur concurrence, re-
nonçassent en termes plus solennels. Il employa la même formule
qui se retrouve ici.

été constitué *à titre successif*, pour tenir lieu au chef de cette branche, alors mineur, *de sa part héréditaire* dans la succession du *père commun*. Cet apanage constituait la *légitime* de la branche d'Orléans ; il formait le *prix de sa renonciation* au profit de l'aîné (Louis XIV) , aux domaines, terres et seigneuries, meubles et effets mobiliers *échus par le trépas de feu leurdit seigneur et père.*

Par là, « le vœu de la nature a été rempli, et la Royauté » a acquitté ses *obligations* », comme le disent les lettres patentes du 7 décembre 1766.

§ II.

Des actes de la Restauration relatifs à l'Apanage d'Orléans.

Par ses ordonnances de 18 et 20 mai 1814, Louis XVIII a remis M^r. le duc d'Orléans en possession du Palais-Royal et de ceux de ses biens *qui n'avaient pas été vendus.*

Une autre ordonnance du 7 octobre suivant, plus explicite encore, dit « qu'il rentrera dans tous les biens non » aliénés dont son père avait joui, *à quelque titre et sous* » *quelque dénomination que ce soit.* »

Ces expressions contenaient évidemment les biens de l'*apanage*.

En effet, en exécution de ces ordonnances, M. le duc d'Orléans a été remis en possession de tous *ceux des biens de l'ancien apanage* de sa branche qui étaient encore dans les mains du domaine: les archives du royaume lui ont remis les titres qui s'y référaient comme ayant appartenu à sa maison. (Ordonn. du 7 sept. 1814.)

Quelques voix malveillantes ont osé élever des doutes sur la *légalité de ces ordonnances* : mais les raisons le plus décisives se présentaient en foule pour réfuter ces clameurs.

La première est qu'à l'époque où ces ordonnances furent rendues, la Charte n'avait pas encore été portée. Le roi tenait de fait dans sa main tous les pouvoirs réunis. Son autorité n'était provisoirement limitée par aucune autre. Tous les actes faits par le roi jusqu'à la promulgation de la charte sont donc inattaquables. On ne conçoit pas, en effet, comment ces ordonnances auraient pu être *inconstitutionnelles*, à une époque où l'ancienne constitution n'existait plus, et la nouvelle n'existait pas encore... autrement, il faudrait aller jusqu'à contester le pouvoir même en vertu duquel le roi a ensuite concédé la Charte, ce qui serait tomber dans le délit prévu par l'article 2 de la loi du 25 mars 1822.

La seconde raison est que l'objection ne pourrait trouver place que dans le cas seulement où le roi aurait par simple ordonnance *créé* un *nouvel* apanage, en le composant de biens qui, jusques-là, n'en auraient jamais fait partie ; là seulement en effet, on pourrait voir une disposition du domaine. Mais l'objection manque même de prétexte lorsqu'on fait attention que le roi n'a rendu au duc d'Orléans actuel que l'ancien apanage de sa maison, ou plutôt les restes de cet apanage tel qu'il avait été constitué à titre de *partage de famille* par Louis XIV, au profit de son frère *mineur*, pour prix de la *renonciation* faite par celui-ci, en présence de tous les grands du royaume, *à sa part dans la succession du père commun.*

Or, en supposant que le roi eût manqué du pouvoir *constituant*, il avait certainement le pouvoir de reconnaître *comme existant*, un *pacte de famille* aussi solennellement formé, et d'en prescrire *l'exécution*, en ordonnant de remettre à l'ancien propriétaire ceux des biens compris dans ce pacte de famille qui avaient échappé aux ravages de la confiscation.

Un tel titre (celui de *partage entre frères*) est pour le moins aussi respectable que l'acquisition faite en 1651, par Louis XIV, de la principauté de Sédan, par *échange* avec le duché de Bouillon, dont les débris restés invendus, ont aussi été remis au prince de Rohan-Montbazon, en vertu de *simple ordonnance du roi*, sans que personne y ait trouvé à redire, quoique cette ordonnance fût *postérieure* à la Charte. On a pensé avec raison qu'une telle remise n'était pas une *aliénation*, mais *la juste exécution d'un engagement préexistant.*

Enfin, en admettant que les ordonnances de remise au profit de M. le duc d'Orléans aient eu absolument besoin d'être confirmées par une *loi*, nous disons qu'elles auraient été effectivement confirmées par les lois intervenues depuis.

Ainsi, quelques mois plus tard, la loi du 5 décembre 1814 a prescrit d'une manière générale la remise des biens invendus à leurs anciens possesseurs. Il aurait donc fallu opérer la remise de l'apanage en vertu de cette loi, si elle ne l'avait pas été déjà auparavant.

En effet, il est bien résulté de cette loi que tous les biens confisqués qui avaient été vendus par la nation, ont été définitivement consolidés dans la main de leurs acquéreurs et de leurs ayans cause. Les princes du sang royal ont dû, les premiers, donner l'exemple de leur soumission aux lois et à la volonté royale; il n'en a coûté aucun effort à M. le duc d'Orléans pour s'y conformer scrupuleusement. Il a même été au-delà, en rachetant de ses deniers au profit de l'apanage le Théâtre-Français qui en était une ancienne dépendance, et qui, à ce titre, n'avait pas pu être vendu comme patrimonial par les créanciers de son père. Mais, en même-temps qu'il a dû respecter toutes les aliénations légalement consommées avant la restauration, de ce moment aussi il a acquis un droit non moins certain à la reprise de tous ceux de ses biens qui étaient *restés invendus, et dont son père avait joui, à quelque titre et sous quelque dénomination que ce soit*, comme le dit textuellement l'ordonnance du 7 octobre 1814.

Aussi, rien n'est venu troubler la possession de M. le duc d'Orléans; elle a été publique, paisible, et protégée par tous les pouvoirs de l'Etat.

Non seulement l'administration des domaines lui a remis tous les biens dont elle avait auparavant la gestion; non seulement les archives du royaume lui en ont délivré tous les titres; mais une circulaire du garde des sceaux, en date du mois de mai 1817, a rappelé aux tribunaux que les *forêts de l'apanage* étaient soumises en tout aux mêmes règles d'administration et de surveillance que les autres forêts de l'Etat; de fait, les officiers, conservateurs, inspecteurs et gardes de ces forêts, quoique nommés par le prince, ont continué d'être institués par l'administration forestière; ils ont eu dès-lors, comme autrefois et encore à présent, le même rang et les mêmes droits que les agens de l'administration générale. A ce titre, ils ont joui du droit d'assister aux audiences de la police correctionnelle, et d'y prendre des conclusions sans être assistés d'un avoué, comme cela se pratique dans les affaires poursuivies pour délits commis dans les autres forêts de l'Etat. Une foule de jugemens et arrêts intervenues depuis 1814 ont, de plus en plus, consacré cet ordre de choses, qui n'a d'ailleurs rien que de parfaitement conforme, non seulement aux dispositions de l'ordonnance des eaux et forêts de 1669, mais aussi à celles de la loi du 29 septembre 1792 sur l'administration forestière.

Ainsi, le droit de M. le duc d'Orléans, déclaré par l'autorité royale, en conformité de son ancien titre, a également été reconnu et respecté de fait par l'administration générale, par celle des eaux et forêts et par les cours et tribunaux du royaume.

Mais indépendamment de ces actes continus d'une possession qu'on pourrait appeler monotone, si rien ne constatait l'attention dont elle a dû être l'objet, des actes d'exécution plus solennels encore sont venus attester l'existence de l'apanage et les droits du titulaire.

L'ancien canal de l'Ourcq, entrepris principalement pour faciliter l'exploitation de la forêt apanagère de Villers-Cotterets, avait été réuni à l'apanage par lettres-patentes du 7 décembre 1766.

Ce canal était au nombre des biens dont M. le duc d'Orléans avait été remis en possession en vertu des ordonnances précitées.

Mais une loi du 29 floréal an x avait ordonné la confection d'un nouveau canal dans lequel les eaux de l'ancien devaient être dérivées à l'aide d'une prise d'eau à Mareuil.

La ville, ou plutôt la compagnie chargée par la ville d'exécuter les travaux du nouveau canal, voulait ainsi porter atteinte au droit de l'ancien propriétaire.

Celui-ci défendait à la fois et son droit de propriété comme apanagiste, et l'intérêt général de la navigation, en soutenant que l'utilité de l'ancien canal auquel on voulait porter préjudice ne serait jamais remplacée par le nouveau projet.

On était en procès au conseil d'État, lorsque toutes les parties sentirent qu'il était plus convenable de terminer par un arrangement amiable.

Mais, pour cela, on sentit que l'apanage n'étant pas une propriété libre dans les mains de S. A. R., il fallait recourir à l'autorisation du roi.

Sollicitée de l'accorder, S. M. rendit le 10 décembre 1823 une ordonnance portant :

Art. 1er. « Nous permettons à notre bien-amé neveu le duc d'Orléans de céder à notre bonne ville de Paris l'ancien canal de l'Ourcq, *dépendant de l'apanage* de notredit neveu, aux prix, charges et conditions qui seront convenus de gré à gré entre lui et l'administration de notre bonne ville. Il en sera dressé un acte qui, néanmoins, n'aura d'effet qu'après avoir été révêtu de notre approbation.

2. » Il nous sera fait immédiatement après une proposition pour constater la valeur de l'ancien canal de l'Ourcq, et pour la *remplacer dans l'apanage* de la branche d'Orléans par un immeuble ou des immeubles d'une égale valeur acquis par notredit neveu. »

En exécution de cette ordonnance, les commissaires de S. A. R.[1], et les commissaires de la ville de Paris[2] arrêtèrent le projet de cession du canal de l'Ourcq au prix qui fut reconnu être la représentation exacte de sa valeur.

Ce projet ne devait être définitif qu'après l'approbation de S. M., qui l'accorda par une seconde ordonnance en date du 23 juin 1824[3].

Par cette ordonnance, les efforts que le prince avait faits pour conserver au commerce le maintien de l'ancienne navigation, obtinrent le succès désiré. L'article 4 porte que « le roi se réserve de statuer ultérieurement, d'après les travaux du nouveau canal, et eu égard aux intérêts du commerce, sur l'époque où l'ancienne navigation pourra être supprimée. »

L'article 5 prescrit que « les dispositions de l'article 2 de l'ordonnance du 10 décembre dernier, en ce qui concerne le *remplacement, dans l'apanage* de la branche d'Orléans, du prix de l'ancien canal de l'Ourcq, par des immeubles d'égale valeur, seront, au surplus, exécutées dans le plus bref délai, sous l'autorité et la surveillance du ministre des finances. »

Enfin, une troisième ordonnance, en date du 18 juillet 1824, autorise *le remplacement dans l'apanage de la branche d'Orléans du prix de l'ancien canal de l'Ourcq, par*

[1] MM. Amy, Dupin et Tripier, membres du conseil de S. A. R.

[2] MM. Bellart, Bonnet, etc.

[3] Ces ordonnances ont été imprimées en entier avec les pièces qui leur servent d'annexe : elles sont dans les archives de l'apanage et au Bulletin des lois.

trois arcades du Palais-Royal et quatre maisons rue Saint-Honoré.

Ce remplacement a été mal à propos critiqué, comme n'offrant point assez d'avantage ; c'est une grande erreur. Le prince a prouvé par pièces irrécusables, que les terrains, au prix qu'il les avait payés avant l'augmentation dans la valeur des propriétés, étaient supérieurs au prix provenant de la cession du canal de l'Ourcq : et de plus, il a, depuis l'ordonnance, fait élever sur ces mêmes terrains de magnifiques constructions (la galerie de Nemours) ; de manière que l'on peut dire hardiment que l'apanage, loin de souffrir une diminution, a gagné le double à ce mode de remplacement.

Un *projet de code forestier* vient d'être présenté à la Chambre des députés ; et l'on y retrouve des dispositions analogues à celles que l'ordonnance de 1669 avait très-sagement établies *pour la conservation des bois des apanages.*

Nous arrivons à la loi du 15 janvier 1825 : mais elle mérite qu'on en parle sous un paragraphe séparé.

§ III.

Loi du 15 janvier 1825.

Louis XVIII était mort le 16 septembre 1824, et il s'agissait de régler la *liste civile* de son successeur, conformément à l'article 23 de la Charte constitutionnelle.

On sentit, à cette occasion, que s'il n'y avait pas lieu de pourvoir spécialement la branche d'Orléans aux dépens du trésor, parce qu'elle trouvait un établissement suffisant dans l'apanage dont elle était en possession, il convenait au moins de le rappeler, et de ne pas user de prétérition, comme l'avait fait la loi du 8 novembre 1814.

En conséquence, en portant la loi du 16 janvier 1825, dont les articles 1 et 2 règlent la liste civile, et l'article 3 fixe la somme annuelle (sept millions) qui sera payée aux princes et princesses de la famille royale, *pour leur tenir lieu d'apanage,* on y ajouta un quatrième article ainsi conçu : « Les biens *restitués* à la branche d'Orléans, en exécution des ordonnances royales des 18 et 20 mai, 17 septembre et 7 octobre 1814, et provenant de l'apanage constitué par les édits des années 1661, 1672 et 1692, à

MONSIEUR, frère du roi Louis XIV, pour lui et sa descendance masculine, *continueront* à être possédés *aux mêmes titres et conditions*, par le chef de la branche d'Orléans jusqu'à extinction de la descendance mâle, auquel cas ils feront *retour* au domaine de l'Etat. »

Il est bien à remarquer, et les successeurs à l'apanage n'oublieront jamais, que cette loi ne *crée* pas l'apanage, elle ne le constitue pas par forme de *disposition nouvelle*, mais en forme de *simple déclaration du droit préexistant*.

Autrement, M. le duc d'Orléans s'y fût opposé de tout son pouvoir : non qu'il fût dans sa pensée de contester à la législature le droit qu'elle a certainement d'établir de nouveaux apanages; non qu'il n'eût accepté, avec reconnaissance, pour lui et les siens, une disposition de ce genre, si elle eût été nécessaire; mais, dans la situation où il se trouvait, il ne s'agissait pas de lui créer un *droit nouveau*, puisqu'il avait un *droit acquis*; il ne s'agissait pas de lui rien *donner*, puisqu'il *avait déjà*, et qu'il *possédait*, au *même titre* que ses prédécesseurs, en vertu du partage apanager de 1661.

La discussion de cet article 4 fut néanmoins assez vive. Il pourrait paraître superflu de rappeler des objections qui ont disparu devant la loi : mais elles ont été si bien réfutées, qu'on ne doit pas craindre de les reproduire avec la réponse qu'elles ont reçue à l'instant même où elles se sont produites : une bonne cause aime à se défendre moralement par de bonnes raisons, plus encore que par les argumens tirés seulement de l'autorité des décisions.

La première clameur qui s'éleva contre l'article 4, fut qu'il n'aurait pas dû figurer dans la même loi que la liste civile! que la liste civile devait être présentée seule, afin qu'on pût la voter à l'unanimité, d'enthousiasme et par acclamation!!! Quelques discours passionnés furent tenus à cette occasion. L'assemblée, de suite, en fit justice, en accueillant avec de *vifs murmures* [1] les expressions inconvenantes. Au fond, M. de Villèle répondit fort bien que « c'était à tort qu'on avait accusé le ministère d'avoir insinué l'article 4 dans le projet de loi sur la liste civile, pour le faire passer à l'abri des autres articles qui lui ser-

---

[1] Voy. un article à ce sujet, dans la *Gazette de France* du 19 janvier 1823.

vaient, disait-on, de *passe-port* [1]. Cet article, dit ce ministre, n'a besoin *ni d'abri, ni de faveur;* il est *éminemment juste en principe*, car c'est la *restitution* des débris d'un apanage, *commandée par la loi du 5 décembre 1814.* »

Dans une réponse à M. Dudon, M. de Villèle donnait d'ailleurs une dernière raison qui devenait sans réplique : « La Chambre, dit-il, vote *par articles* tous les projets de loi qui lui sont présentés; elle adoptera ceux qu'il lui conviendra d'adopter; elle rejettera ceux qu'elle croira devoir rejeter. »

Ainsi, c'est en pleine liberté que la Chambre a voté sur l'article 4, et que cet article a été adopté à l'immense majorité de 278 boules blanches contre 25 boules noires seulement, parmi lesquelles même on peut affirmer que la plupart n'étaient pas contre l'apanage en lui-même, mais seulement contre l'adjonction de l'article 4 au surplus de la loi.

C'est ainsi que, montant une dernière fois à la tribune, M. de La Bourdonnaie s'écria : « *Je voterais pour l'apa-*
» *nage*, mais je m'oppose à l'insertion de l'article 4 au
» projet. »

A ce sujet, remarquons que la susceptibilité des contradicteurs était bien étrange. Quoi! c'est au moment même où Charles X venait de rapprocher encore de lui la branche d'Orléans, en rendant à ses membres le titre d'*Altesses royales*, auquel ils n'avaient jamais cessé d'avoir droit, que quelques orateurs ont voulu marquer avec plus de force cette distinction, je ne sais sur quoi fondée, des princes qui sont du *sang*, et qui, pourtant, ne seraient pas de *la famille*, quoique, arrivant l'ordre naturel de succession, ils se trouvassent, par leur droit de naissance et par la loi constitutionnelle de l'État, appelés à la couronne! Aussi le ministre de l'intérieur soutint avec raison « que l'article 4 était *convenablement* placé dans la loi actuelle; on n'a pas fait attention, dit-il, que la loi n'a pas pour objet exclusif la fixation de la liste civile du roi; et que, puisqu'on déterminait *la dotation des princes de la maison de Bour-*

---

[1] On a dit encore que *c'était de la contrebande dans les voitures du roi.*

bon [1], il était naturel qu'une disposition, nécessaire en elle-même, trouvât place dans cette loi. »

M. de la Bourdonnaie allait plus loin : il prétendait qu'une loi n'était pas nécessaire. Il s'exprimait en ces termes : « Je vois, dans le rapport de M. de Vaublanc, qu'on invoque, en faveur de l'apanage, les dispositions de deux ordonnances royales rendues *antérieurement à la Charte*, et émanées, par conséquent, *d'un pouvoir dictatorial souverain*, et qui n'ont plus, dès lors, besoin d'être soumises à l'approbation d'aucune loi.... ; des ordonnances, disait-il encore, rendues avant la Charte, et au-dessus, par cela même, du gouvernement représentatif d'où vous êtes vous-mêmes émanés. »

Ce raisonnement n'avait rien de menaçant pour l'apanage. Nous l'avions déjà employé pour montrer que, même avant la loi du 5 décembre 1814, M^r le duc d'Orléans avait été valablement réinvesti de la possession de son apanage. A aucune époque, M^r le duc d'Orléans n'a douté de son droit. Mais que résultait-il de l'inutilité prétendue de l'article 4? c'est que l'apanage serait confirmé quoiqu'il n'eût pas besoin de l'être : or ce qui abonde ne vicie pas.

D'ailleurs, les ministres expliquèrent pourquoi et sous quel point de vue l'article leur avait paru, sinon indispensable, au moins utile à insérer dans la loi.

M. le garde des sceaux : « Des deux premières ordonnances (antérieures à la Charte), l'une rend au duc d'Orléans, *sans dire à quel titre*, le parc de Mousseaux et le Palais-Royal; l'autre lui restitue des biens qui lui avaient appartenu personnellement, et qui n'avaient pas été ven-

---

[1] Un noble pair a fait remarquer que M. le dauphin n'avait pas d'apanage, qu'il n'était doté que de sa gloire. (Voy. *la Quotidienne* du 17 janvier 1825.) — Sans doute la gloire est la plus belle des dotations, celle qui convient et plaît le mieux à un prince français. Mais venant au droit, il est évident que les auteurs de l'objection ont ignoré la nature des apanages ; il n'en est pas dû au fils aîné du roi, parce qu'il hérite sans partage de la souveraineté (Voyez le *testament de saint Louis*); c'est lui, au contraire, qui, arrivant au trône, doit *apanage à ses puinés et dot aux princesses*. Le dauphin est si près du roi (quoiqu'il y ait entre eux, suivant l'expression de Bossuet, toute l'épaisseur d'un royaume), qu'il n'a pas de maison distincte de celle du roi. Il n'a donc pas besoin d'apanage.

dus. Les deux autres ordonnances, postérieures à la Charte, lui font remise de la totalité des biens qu'il possédait, mais d'une manière générale, et *sans dire quel sera le sort à venir de ces biens et les conditions* auxquelles ils seront possédés. Il est donc inexact de dire que le feu roi ait *reconstitué* l'apanage de la branche d'Orléans; nous n'avons pas, en conséquence, proposé à la Chambre de confirmer des ordonnances qui n'ont pas besoin de confirmation; nous n'avons pas montré aux dépens du pouvoir royal le doute injurieux dont on se plaint : mais nous avons agi, comme il était indispensable de le faire, *dans l'intérêt de l'État auquel nous avons assuré la réversibilité des biens constitués en apanage.* »

A la vérité, M. Bourdeau observait que « les ordonnances royales n'avaient pu rendre les biens qu'*au titre où ils étaient anciennement possédés;* c'est-à-dire, *comme propriétés apanagères, si elles étaient grevées de réversibilité.* »

Cependant on ne peut nier qu'en général une condition nettement exprimée vaut encore mieux qu'une condition simplement sous-entendue.

Aussi, M. le ministre de l'intérieur, insistant sur ce point, disait :

« J'approuve la doctrine de M. de la Bourdonnaie, qui pense que la puissance qui a donné la Charte a pu, avant de l'octroyer, rendre les ordonnances qui restituent les biens dont il est question dans l'article 4. Qu'en faut-il conclure? — que ces biens *appartiennent à la maison d'Orléans.* Mais doit-on en conclure avec M. de la Bourdonnaie qu'il est inutile de sanctionner ces ordonnances par une loi? — Non; car les ordonnances ne disent pas *à quel titre* ces biens seront possédés; il y a donc dans la loi quelque chose qui n'a pas été fait par les ordonnances. Il faut faire une disposition, non pour doter la famille d'Orléans, mais pour que le titre de la réversion soit établi. »

Mais M. de Villèle abordait encore plus nettement la difficulté, en expliquant, comme il suit, la nécessité de recourir aux chambres : « .... On nous demande *pourquoi* recourir à la sanction législative? — Parce que la législation existante nous met dans cette obligation. Et, en effet, Messieurs, il existe une loi de 1791, qu'on s'est bien garde de citer, parce qu'elle est contraire à la proposition qu'on soutient en ce moment ; et cette loi contient des dispositions d'après lesquelles la possession de l'apanage pourrait être contestée. Elle déclare, dans son article 1er, qu'il ne sera plus concédé aucun apanage. Elle révoque par son article 2 toutes les concessions d'apanages faites antérieurement ; elle semble indiquer, dans son article 9, qu'on supprimera les apanages pour en faire des biens nationaux.

« Telle est la loi qu'on pourrait être tenté d'invoquer pour attaquer la possession régulière de l'apanage. Elle n'a été rapportée par aucune autre loi. Les ordonnances subséquentes n'ont rien établi à cet égard ; il y avait donc nécessité de demander une disposition législative pour sortir du *provisoire*, et pour faire cesser *l'embarras de cette situation*, dont les inconvéniens se sont fait sentir dans plusieurs circonstances. Il y avait en outre nécessité de faire décider cette question dans la loi même relative à la fixation de la liste civile ; car *c'est par cette loi que vous accorderiez une rente apanagère à M. le duc d'Orléans, s'il n'avait pas recouvré son apanage*. »

Il est de fait que des personnes peu instruites de notre droit public, ou même (il faut bien le dire) peu favorablement disposées en faveur de la branche d'Orléans, avaient à diverses reprises affecté d'élever des doutes sur la légalité de l'apanage en lui-même. Déjà dans le procès pour le Théâtre-Français, un des avocats du sieur Jullien s'était écrié.... *mais y a-t-il donc encore des apanages?* et j'avais été obligé de lui démontrer que oui [1]. Quelques journaux s'étaient faits l'écho des motifs sur lesquels on fondait la suppression que l'on disait en avoir été prononcée en 1790 et 1791. Or, en présence d'un doute quelque mal fondé qu'il fût, on ne peut nier qu'il ne fût utile de fermer la bouche à la malveillance par un article de loi.

Au surplus, l'apanage d'Orléans, déjà si fort de sa propre existence, et des ordonnances qui l'avaient reconnu, trouva un suffrage imposant dans l'opinion du général Foy. La mémoire de cet orateur restée si chère à la nation, couvre l'apanage ! En effet, ce noble protecteur des intérêts nouveaux eût-il défendu l'apanage, si, comme on l'a

---

[1] *Voyez discussion sur les Apanages....* insérée dans les *Annales du Barreau*, parmi mes plaidoyers civils, tome X, 2e partie.

prétendu contre toute raison, cette institution, réduite aux termes actuels, eût été infectée de féodalité[1] ? L'eût-il défendu, si cette institution eût été inconciliable avec le gouvernement représentatif et constitutionnel dont il était le plus brillant organe, comme le plus énergique défenseur ?

Voici donc ce que disait le général Foy : «.... Le projet a pour objet de fixer non seulement la liste civile, mais encore la dotation des princes de la famille royale. Or, pour cette dotation, dans les idées de l'ancienne monarchie, c'est l'apanage qui est *de droit*, et la rente apanagère *d'exception*. Ce principe que l'apanage est de droit, se retrouve dans la loi du 5 novembre 1814. En effet, qu'est-ce que l'apanage? Pour s'en former une idée nette, il faut remonter aux anciens temps de notre monarchie. Sous la première et la seconde race, non seulement les domaines des rois, mais la couronne elle-même se partageaient entre les enfans. Sous la troisième race, l'introduction du droit féodal a détruit cette coutume ; la couronne de France, s'étant confondue, sous Hugues-Capet, en un grand fief, il n'y a plus eu lieu à division.

»Plus tard, l'ancienne monarchie ayant subi de nouvelles modifications, il a été établi que tous les domaines acquis par le roi, retourneraient à la couronne après sa mort. Dès lors les enfans des rois ont été mis hors du droit commun ; ils n'ont point partagé l'héritage de leur père ; il a fallu les dédommager de quelque manière ; on a créé les apanages *qui ne sont point un don*, mais *la représentation de la part d'héritage à laquelle ils auraient été appelés*; on sent qu'ils ont eu leur principe dans les lois qui régissent la société.

» Sous la troisième race, des apanages nombreux ont été constitués. Celui de la branche d'Orléans a été recomposé sept ou huit fois; il a représenté pour Philippe d'Orléans, frère de Louis XIV, la *légitime* à laquelle, dans l'état actuel de la législation, aurait eu droit la branche d'Orléans dans la succession de Louis XIII. Cet apanage a été grossi de biens propres ajoutés par ses divers possesseurs, et légalisés par diverses lettres-patentes.

[1] Ce reproche irréfléchi est fort au long dans le *Journal du Commerce* du 16 janvier 1825.

» En cet état des choses, est arrivée la révolution, qui a supprimé, non l'apanage entier, puisqu'elle a laissé subsister le Palais-Royal, mais seulement une partie, qu'elle a remplacée par des rentes apanagères.

» Le roi, en rentrant en France, a, par deux ordonnances, rendu à M. le duc d'Orléans le Palais-Royal et le parc de Mousseaux ; si cette restitution ne s'était pas faite alors, elle aurait été la conséquence de la loi du 5 décembre 1814 ; mais dans les ordonnances du roi, il n'a pas été dit que ces biens seraient possédés *à titre d'apanage* : il a fallu une ordonnance postérieure, du mois de septembre, pour le dire [1]. Cette ordonnance étant postérieure à la Charte, il n'est pas inutile de vous demander votre autorisation, et l'on ne porte pas atteinte aux droits du monarque en vous la soumettant.

» Quant à cette question, s'il est plus utile que les princes aient des apanages en terres au lieu de les avoir en rentes ? je crois que dans notre état social, il est *mieux* que les apanages consistent en propriétés ; que par là *les princes se trouvent dans un rapport plus intime avec la cité*, qu'ils procurent un grand avantage, en donnant aux arts et à l'industrie l'occasion de se développer sur de grands domaines. Cela posé, considérant que le projet de loi n'établit pas un fait nouveau, qu'il est conforme aux principes du droit, et qu'il assure à la couronne la réversibilité de la dotation, je vote contre la division demandée. »

Ainsi le général Foy, avec cette droiture de sens qui l'a si éminemment distingué, revenait à *l'idée nationale* souvent émise par les députés du *Tiers-état* dans les *États-généraux*, qu'il était à désirer que les princes du sang royal fussent dotés, non en deniers, qui se dissipent ou se déprécient, mais en *terres*, qui s'améliorent et se conservent ; et ce grand citoyen y trouvait encore une source de prospérité publique, par la facilité que de grands domaines, dans les mains des princes, leur donnent d'édifier, d'embellir, d'améliorer, et de concourir ainsi, en quelque façon, d'accord avec les autres citoyens, aux progrès de

[1] Il y a ici une légère inexactitude. Aucune ordonnance ne l'a dit expressément ; mais celle d'octobre 1814 l'a dit *implicitement*, en rendant les biens non vendus qui avaient été possédés *à quelque titre que ce soit.*

l'agriculture, des arts et de l'industrie ; participant comme eux au sentiment de la propriété et aux charges publiques.

La loi fut portée; et ainsi toute objection (s'il en existait prise de la législation antérieure) disparut en présence du législateur de 1825.

Si cette loi était superflue, au moins elle ne nuit pas.

Si elle était nécessaire, la voilà , pourvoyant à l'intérêt de l'État autant qu'à l'intérêt du prince qui en est particulièrement l'objet.

Du reste, redisons-le, elle ne crée pas un droit nouveau : son caractère essentiel est de *proclamer* le droit *antérieur* et *préexistant*, tel qu'il a été *originairement constitué* par les édits de Louis XIV et de Louis XV. Ce n'est pas un nouvel apanage : c'est le *même*, moins considérable, grandement diminué, et par les suppressions de droits que le titulaire ne regrette plus , et par des ventes dont il n'a point murmuré; mais c'est le *même apanage, possédé essentiellement et identiquement au même titre* qui, dès l'origine, y fut attaché; transmissible de la même manière, dans l'infinité masculine de la branche d'Orléans , sous la seule condition de retour, en cas d'extinction d'icelle (ce qu'à Dieu ne plaise!).

§ IV.

Ordonnance du Roi sur la reconnaissance et la constatation de l'apanage d'Orléans.

Du 21 décembre 1825.

« Charles, par la grâce de Dieu, roi de France et de Navarre :

» Vu l'édit du mois de décembre 1661, et les lettres patentes d'avril 1672 et février 1692, sur la constitution de l'apanage de la branche d'Orléans :

» Vu les ordonnances royales des 18 et 20 mai; 17 septembre et 7 octobre 1814, et l'art. 4 de la loi du 15 janvier 1825, relatives à la restitution des biens non aliénés, provenant de l'apanage :

» Vu le rapport de notre ministre secrétaire d'État au département des finances ;

» Considérant que les biens non aliénés de l'apanage ont été restitués à notre très-cher et amé neveu le duc d'Orléans, pour continuer à les posséder, lui et sa descendance masculine, aux mêmes titres et conditions portés par les édits et lettres patentes de création, jusqu'à l'extinction de sa descendance mâle, auquel cas ils feront retour au domaine de l'État ;

» Qu'il est dans l'intérêt de notre très-cher et très-amé neveu, ainsi que dans celui de l'État, de constater la nature et la consistance des domaines et biens qui composent actuellement cet apanage, tant pour en faciliter l'administration et la conservation, que pour assurer l'effet du retour desdits biens et domaines, en cas (ce qu'à Dieu ne plaise !) d'extinction de la descendance mâle de notredit neveu ;

» Nous avons ordonné et ordonnons ce qui suit :

» Art. 1er. Notre très-cher et très-amé neveu le duc d'Orléans fera dresser des états, par département, de la consistance des biens, de quelque nature qu'ils soient, composant l'apanage dont il a été remis en possession.

» Ces états seront divisés par corps de propriété, présentant le nom, la nature, l'étendue, la situation de chaque partie, avec les limites et le revenu ; en énonçant pour les bois et forêts leur aménagement, l'âge des différentes coupes et des réserves avec distinction des futayes aménagées en coupes ordinaires et de toutes autres.

» Les extraits de la matrice des rôles de contributions pour chaque commune, de la situation des biens, seront annexés auxdits états.

» 2. Ces états certifiés véritables, et les pièces à l'appui, seront transmis à notre ministre secrétaire d'État au département des finances, qui les fera vérifier par tous les moyens qu'il sera à sa disposition d'employer, et notamment par la communication des titres, plans et autres documens qui sont en la possession de notre très-cher et très-amé neveu le duc d'Orléans.

» 3. Lorsque l'exactitude desdits états aura été reconnue par notre ministre secrétaire d'État au département des finances, il sera fait une déclaration de la consistance des biens composant l'apanage de la branche d'Orléans, aux termes de l'art. 4 de la loi du 15 janvier 1825, ladite déclaration présentant les mêmes détails que les états, et terminée par une récapitulation.

» Elle sera signée par notre très-cher et amé neveu le duc d'Orléans, et revêtue de *son sceau*, et rédigée en quadruple expédition, dont deux pour être déposées aux archives de la chambre des pairs, la troisième rester à notredit neveu, et la quatrième aux archives du ministère des finances.

» 4. Sur cette déclaration il sera délivré par nous des lettres patentes, qui demeureront annexées et seront enregistrées dans les cours et tribunaux de la situation des biens.

» 4. Notre ministre secrétaire d'Etat de la justice, et celui des finances, sont chargés de l'exécution de la présente ordonnance.

» Donné au château des Tuileries, le 24 décembre de l'an de grâce 1825, et de notre règne le deuxième.

(Signé) CHARLES.

Par le Roi :

» Le ministre secrétaire d'État au département des finances,

(Signé) JOSEPH DE VILLÈLE.

TROISIÈME PARTIE.

JURISPRUDENCE DES APANAGES.

Les deux premières parties sont historiques. Celle-ci sera toute positive et appropriée à l'état actuel de la législation, sous le régime constitutionnel.

Pour la traiter avec l'ordre convenable, nous observerons les divisions suivantes :

1° De la constitution des apanages ;
2° Du régime des biens apanagers ;
3° Des changemens qui peuvent survenir dans l'apanage ;
4° De la transmission de mâle en mâle ;
5° De l'extinction des apanages ;
6° Du retour au domaine de l'Etat ;
7° Du conseil de l'apanage.

SECTION PREMIÈRE.

De la constitution des Apanages.

Nous examinerons : 1° à qui ils sont dus;
2° De quels biens ils peuvent être composés;
3° En quelle forme ils doivent être constitués;
4° Comment on doit constater les biens qui entrent dans leur composition.

§ Ier.

A qui est-il dû Apanage?

Loisel résout en peu de mots cette question : « Par la loi salique , le royaume ne se démembre pas ; — mais *doit* le roi apanage à Messieurs ses frères et enfans mâles puînés, et mariage à Mesdames ses sœurs et filles[1]. »

La *même règle*, mais plus développée, se retrouve dans le sénatus-consulte du 30 janvier 1810, lorsqu'il dit, art. 55 :

« Les apanages *sont dus ;*

» 1° Aux princes fils puînés de l'empereur régnant ou de l'empereur et du prince royal décédés ;

» 2° Aux descendans mâles de ces princes , lorsqu'il n'a pas été accordé d'apanage à leur père ou aïeul. »

Reprenons :

Apanage *est dû* : ce n'est pas une pure faculté ; c'est une obligation de la part du roi envers ses frères, puisqu'il les exclut de la succession du père commun; c'est une dette de l'État envers ceux qui portent le titre d'*Enfans de l'État*, et qui sont aussi appelés éventuellement à succéder à la couronne.

Les descendans mâles de ces princes ont le même droit, mais seulement *lorsqu'il n'a pas été accordé d'apanage à leur père ou aïeul*; car alors la dette a été payée. Ces descendans ont pour expectative la succession à l'apanage constitué à leur auteur; et si on leur en constituait de nouveaux, il y aurait double emploi.

Les princes du sang qui ne sont ni fils ni frères de rois,

---

[1] Instit. coutumières, liv. 4, tit. 3, règles 87 et 88.

n'ont pas droit à l'apanage[1]. Cependant, il est à croire que s'ils n'avaient pas de biens suffisans pour vivre convenablement suivant leur rang, l'amour que le roi porte à tous les princes de son sang et la munificence des Chambres y pourvoiraient d'une manière digne de la nation, et selon qu'ils auraient eux-mêmes « des talens et des qualités dont il est » à désirer que les grands princes soient pourvus. » Edit de mars 1661.

Quant aux filles, il ne leur est pas dû d'apanage; car elles sont incapables de le posséder et de le transmettre : mais il leur est dû *mariage* ou *pension*.

§ II.

De quels biens les Apanages doivent-ils être composés?

« Le roi, quoiqu'il ait des frères, est seigneur pour tout » le royaume, sans démembrer ni un tiers, ni un quart, ni » *la moindre portion du royaume*[2]. »

Ainsi, on ne pourrait plus aujourd'hui, comme jadis, donner en apanage une province entière, un département, une ville, si petite qu'elle fût. — *Le territoire français est indivisible comme la souveraineté.*

Un apanagiste ne peut avoir ni sujets, ni vassaux, ni places fortes, ni droits féodaux ou régaliens :

Et qu'au lieu de sa garde on lui donne la mienne.

Les apanages des princes, pour être compatibles avec le régime actuel, ne peuvent consister qu'en domaines fonciers, pour en jouir à la manière des autres propriétaires du royaume, ou en rentes sur l'Etat, pour en tenir lieu.

C'est ainsi que la loi du 8 novembre 1814, dit en son article 23 : « Il sera payé annuellement par le trésor royal » une somme de huit millions pour les princes et princesses » de la famille royale, *pour leur tenir lieu d'apanage.* »

C'est ainsi encore que dans la loi plus récente du 15 jan-

---

[1] Ceci explique pourquoi la branche de Bourbon-Condé n'a jamais eu d'apanage. Voyez la note dans l'Appendice, page 103.

[2] Dupuy à la fin de son Traité du duché de Bourgogne.

vier 1825, on lit, article 3 ; « Il sera payé par le trésor » royal, la somme annuelle de sept millions *pour tenir lieu* » *d'apanage* aux princes et princesses de la famille royale.»

Mais, quoique les apanages puissent, au gré de l'acte qui les constitue, être établis indifféremment en terres ou en rentes, on ne peut se dissimuler que la dotation en domaines territoriaux mérite la préférence, par plusieurs motifs dont le fondement ne peut être contesté.

1° Partant de ce point, que les apanages représentent *la légitime* des puînés, on ne peut dire qu'il est de leur nature d'être délivrés en *corps héréditaires.*

2° Les apanages étant *transmissibles* de mâle en mâle indéfiniment, et les valeurs mobilières éprouvant avec le temps une dépréciation sensible, il est plus opportun de les fixer, une fois pour toutes, en valeurs immuables qui, dans tous les temps, représentent un produit dont le chiffre peut changer sans que sa valeur intrinsèque en soit altérée.

3° Les princes, propriétaires de grands domaines, peuvent y faire des essais, des améliorations qui tournent au profit de l'agriculture et de l'industrie, et qui leur donnent une foule de droits, de devoirs et de sentimens sympathiques avec ceux des autres citoyens.

4° On a souvent parlé de prévenir le dépérissement ou le morcellement des grands corps de forêts ; un moyen d'y pourvoir serait autant que possible de les faire entrer dans la composition des apanages [1]. C'est ainsi que l'apanage d'Orléans est presque entièrement composé de bois, les mieux tenus, peut-être, et les mieux aménagés qu'il y ait en France.

Quant aux princesses, tant qu'elles ne sont pas mariées, une pension en argent leur suffit, parce qu'elles sont ordinairement inhabiles aux soins qu'exigerait de leur part l'administration de vastes domaines ; et, lorsqu'elles se marient, il y a une raison meilleure encore de les doter en deniers, afin de ne pas transporter à des princes étrangers la propriété, ou même la manutention d'une partie des domaines de l'État.

Je ne dis rien de la quotité du revenu, soit des apanages, soit des dots et pensions, toujours basée sur les besoins reconnus des princes et sur les convenances ; elle doit l'être

[1] Voyez la préface de mes *Lois forestières*, page 29 et 30.

aussi sur les ressources du domaine, le cours des monnaies, sur l'état des finances, et enfin sur les qualités qui distinguent ceux qui en sont l'objet, les espérances que la patrie peut fonder sur leurs services et leur dévouement aux intérêts nationaux.

§ III.

En quelle forme les Apanages peuvent-ils être constitués?

Si le roi voulait doter ses filles ou ses nièces, ou un prince de son sang avec ses domaines privés, ou leur assigner une pension sur sa liste civile, une ordonnance suffirait, parce que le roi, dans ce cas, ne donnerait que des objets dont il a la libre disposition.

Mais si, pour constituer l'apanage, il était besoin de s'en prendre au trésor ou au domaine de l'Etat, alors il faudrait une loi; soit parce que tout impôt doit être voté par les Chambres; soit parce qu'aucune partie du domaine ne peut être aliénée ¹ qu'en vertu d'une loi.

C'est ainsi qu'autrefois les lettres patentes constitutives d'apanage devaient être enregistrées au parlement, c'est-à-dire, revêtues de la forme requise à cette époque pour les actes les plus solennels de la législation.

Si, en 1814, une ordonnance du roi a suffi pour remettre le duc d'Orléans en possession de son apanage, c'est parce que, ainsi que nous l'avons dit, cet apanage reposait sur les actes qui l'avaient anciennement constitué; mais une ordonnance ne suffirait pas pour constituer aujourd'hui un apanage nouveau en domaines de l'Etat; il faudrait une loi.

Après que l'apanage est constitué, s'il était nécessaire d'y apporter des changemens, par voie d'échange, de réunion, ou autre semblable ayant trait à disposition, il faudrait également une loi, ainsi que nous le verrons à la section 3; mais alors le consentement et le concours de l'apanagiste seraient nécessaires, parce que, le droit à son apanage lui étant une fois acquis, on ne peut pas y porter atteinte ni le modifier malgré lui.

---

¹ Et l'apanage est *aliénation*. Ordonnance de Moulins. 1566, article 1ᵉʳ.

§ IV.

De la constatation des biens de l'Apanage.

Après que le roi avait donné des lettres patentes portant création d'un apanage, jusqu'à concurrence de telle somme ou revenu, et que ces lettres avaient été enregistrées au parlement, on procédait à *l'évaluation* et au *parfournissement*. La forme de ces opérations avait été réglée par un édit d'octobre 1711, registré le 12 décembre [1] suivant; et l'on y procédait par des commissaires nommés par le roi, et pris ordinairement dans la chambre des comptes; et de l'autre, par des commissaires désignés par l'apanagiste, et pris le plus souvent dans son conseil.

On dressait des procès-verbaux, qui restaient déposés en double minute à la chambre des comptes et dans les archives du prince, tant pour lui servir de titre que pour assurer le retour à l'État, le cas échéant.

Cette opération avait eu lieu de cette manière pour l'apanage de la maison d'Orléans; mais pendant près de trente années, les biens de cette maison, soumis à diverses administrations, avaient éprouvé de grands changemens, des dégradations, des aliénations et démembremens. La discussion de la loi du 15 janvier 1825 atteste que le prince n'a recouvré que les *débris* de son ancien apanage. Il devenait donc nécessaire de procéder à une nouvelle constatation des biens, suivant leur état actuel; et c'est pour y parvenir qu'on a rendu l'ordonnance du 24 décembre 1825, ci-devant rapportée.

A chaque mutation, le successeur à l'apanage a droit de faire procéder à un récollement des biens sur ces procès-verbaux; et, à la cessation de l'apanage, ils servent de contrôle pour assurer le retour à l'État.

SECTION DEUXIÈME.

Du régime des biens apanagers.

L'apanagiste a des droits fort étendus : il a aussi des devoirs et des obligations à remplir.

---

[1] Blanchard dit le 18. Cette différence est peu importante; mais la remarque prouve le soin qui a présidé à nos recherches.

Pour se faire une juste idée des uns et des autres, il faut d'abord rechercher et déterminer avec soin la nature de l'apanage : est-ce une *propriété* ou seulement un *usufruit?*

§ Ier.

L'Apanage est-il une propriété ou un usufruit?

Nos anciens auteurs ne paraissent pas avoir eu des idées très-distinctes sur la nature des droits de l'apanagiste ; et cela n'est pas étonnant, parce qu'en cette matière, comme en toute autre, les règles ne sont venues qu'après une longue suite de faits.

Chopin, dans son *Traité du Domaine*, liv. 2, tit. 3, a commencé à reconnaître une véritable propriété dans l'apanagiste, puisqu'il dit que la formation de l'apanage a lieu *par une aliénation du domaine*, permise pour ce cas. [1] Néanmoins il n'appelle la concession de l'apanage que *fructuaria prædii concessio.*

D'autres auteurs se sont emparés de ces dernières expressions pour en inférer que l'apanagiste n'était qu'un *usufruitier.* [2]

Mais il est aisé de montrer qu'en restreignant ainsi l'apanage à n'être qu'un simple usufruit, ces auteurs ont été plus affectés de la condition de retour que de l'étendue même et du titre de la concession.

Des écrivains plus modernes, qui ont mieux approfondi la nature des apanages, en ont eu une idée plus juste lorsque, sans méconnaître ni le droit des appelés à la substitution, ni le droit de retour à l'État à défaut d'héritiers, ils ont reconnu et posé en principe que l'apanagiste est réellement propriétaire des biens qu'il possède à ce titre.

A leur tête je placerai le chancelier d'Aguesseau, ce grand magistrat, si profondément imbu de toutes les

---

[1] Cette opinion est, en effet, conforme au texte précis de l'ordonnance de 1566, article 1er, rapporté ci-devant, page 15.

[2] Voyez notamment DUPUY dans la 2e des règles qu'il a placées à la suite de son Traité du duché de Bourgogne, TALON, avocat général au parlement de Paris, en son réquisitoire de 1614, rapporté au *Journal des Audiences*, tome 1er, liv. 5, ch. 70; et GRAINVILLE, en ses arrêts de la 4e des enquêtes, p. 6.

maximes de notre droit public, ce défenseur si éloquent et si zélé des droits de la couronne. « L'apanagiste, dit-il » dans sa seizième requête, est considéré, à plusieurs » égards, *comme propriétaire*, quoique le bien qu'il pos- » sède soit réversible à la couronne, au défaut d'hoirs » mâles. On ne peut mieux juger de son état qu'en le » comparant à ceux qui sont chargés de substitution : *ils » n'en sont pas moins propriétaires pour cela* (t. 7, p. » 281). »

Le savant auteur du *Répertoire de Jurisprudence*, qu'on n'accusera pas de partialité en faveur des princes apana- gistes, professe la même doctrine. « A cela près, dit-il, » que les apanagistes ne peuvent aliéner les terres qui » leur sont données en apanage, ils en sont *vrais proprié- » taires*, et ont tous les droits du domaine utile. »

Indépendamment de cette opinion générale des auteurs, l'apanage d'Orléans repose sur des titres particuliers, qui ne peuvent laisser aucun doute sur l'étendue du droit des apanagistes. Ainsi, par exemple, dans les lettres patentes du mois de mars 1661, Louis XIV déclare donner à son frère les biens et domaines destinés à former son apanage, *sans aucune chose en retenir ni réserver à nous ni à notre couronne et successeurs, fors seulement les foi et hom- mage, droit de ressort et souveraineté, la garde des églises et la connoissance des cas royaux.* Les lettres patentes de février 1692, portant cession du Palais-Royal, disent que ladite cession est faite *en augmentation d'apanage, et pour en jouir et disposer aux mêmes titres, autorités et privilèges que du surplus de sondit apanage, conformé- ment à l'édit du mois de mars 1661*, que nous venons de citer.

Les lettres du 16 septembre 1766, *portant réunion de différens domaines à l'apanage du duché de Valois*, qui, comme on sait, faisait partie de l'apanage de la maison d'Orléans, sont, s'il se peut, encore plus précises. Dans le préambule de ces lettres, il est dit : « que la loi de l'apa- » nage constitue le prince qui le possède *vrai seigneur* et » PROPRIÉTAIRE, lui transmet les titres d'honneur et de » dignité, et *tous les droits et prérogatives attachés aux » domaines qui lui ont été concédés*. »

Plus loin, il est encore dit que « le *duc d'Orléans étant* » *constamment* VRAI PROPRIÉTAIRE et seigneur foncier

» de l'apanage et des accroissemens qu'il reçoit, il en ré-
» sulte que les arbres et baliveaux qui sont sur les taillis de
» ses domaines, nouvellement réunis, ne pouvaient lui
» être contestés, le fonds sur lequel ils s'élèvent *lui appar-*
» *tenant.* »

« En conséquence (porte le dispositif de ces lettres),
» notredit cousin le duc d'Orléans, jouira, à titre d'apanage
» ET EN TOUT DROIT DE PROPRIÉTÉ, des domaines (dont
» la désignation suit, etc.). »

Trois ans après l'obtention de ces lettres (en 1769), la
question de propriété de l'apanagiste en général, et particulièrement celle du duc d'Orléans, a été approfondie et
discutée solennellement par M. l'avocat-général Séguier, à
l'occasion d'une cause mue par le duc d'Orléans, comme
apanagiste, contre les églises de Chartres et d'Orléans qu'il
prétendait être dans la mouvance de son apanage.

M. l'avocat-général Séguier, dans un plaidoyer rempli
de longues et savantes recherches, établit que le titre d'apanage ne fait pas préjudice au droit de souveraineté réservé
au roi, et qu'en conséquence les églises d'Orléans et de
Chartres n'ont jamais cessé d'être dans la mouvance immédiate de la couronne.

Mais, comme dans leurs défenses, les évêques et les cha-
pitres de Chartres et d'Orléans ne s'étaient pas bornés à
contester au duc d'Orléans les droits de suzeraineté, et
qu'ils avaient été jusqu'à prétendre que *le prince n'était pas
propriétaire des biens qui formaient son apanage*,
M. l'avocat-général observa qu'après avoir mis à couvert
les intérêts de la couronne sur le premier point, *il n'était
pas moins de son devoir de veiller à la conservation de
ceux de l'apanage.*

Or, voici comment cet illustre magistrat établit la propriété du prince apanagiste : « Nous avons, dit-il, avancé
» que M. le duc d'Orléans était *propriétaire* de son apa-
» nage; et cette *propriété* est établie par le titre même
» constitutif des domaines dont il a la possession.—En effet
» le roi lui donne *lesdits duchés et seigneuries, sans en
» rien réserver ni retenir que l'hommage et la souverai-
» neté, la garde des églises et la connoissance des cas ro-
» yaux.* À l'exception des choses réservées, M. le duc d'Or-
» léans possède tout ce qui compose lesdits duchés. Il a droit
» d'en jouir, par lui et par ses successeurs à l'infini, tant

» que sa postérité pourra s'étendre dans la branche mascu-
» line. Cette propriété est le prix de la renonciation que
» MONSIEUR, frère du roi (Louis XV) a faite de tous les droits
» qu'il pouvait avoir à prétendre : Cette propriété *n'est*
» *grevée d'aucune autre charge* que de celle de retour à la
» couronne, à défaut des descendans mâles, issus de MON-
» SIEUR, frère du Roi, en légitime mariage. Il est incon-
» testable qu'on peut envisager cette clause, comme une
» véritable substitution d'un genre beaucoup plus élevé que
» les substitutions ordinaires, substitution qui doit avoir lieu
» dans toute l'étendue des générations à venir, et qui ne
» doit s'éteindre qu'avec la descendance masculine du
» prince apanagé, et à cette époque, donner ouverture à la
» réunion au domaine de la couronne, dont les biens sub-
» stitués sont *réputés* [1] faire toujours partie, par cette espé-
» rance de retour. Mais, de même qu'un substitué n'est
» pas moins propriétaire de la chose qu'il doit transmettre,
» malgré la nécessité de la remise à laquelle il ne peut se
» soustraire, de même le prince apanagé *ne doit pas moins*
» *être regardé, comme véritable propriétaire de son apa-*
» *nage*, quoiqu'il soit forcé de le remettre à toute sa descen-
» dance masculine, et à défaut d'enfans mâles, au domaine
» dont il a été démembré. »

Pothier, *des Fiefs*, partie 1re, chap. 1er, professe la
même doctrine : « Les princes apanagistes, dit-il, sont *vrais*
» *propriétaires* de toutes les seigneuries dépendantes de
» leurs apanages. Il est vrai que *leur droit de propriété* est
» chargé d'une substitution graduelle et perpétuelle, au
» profit de l'aîné de la ligne masculine, et du droit de ré-
» version à la couronne, lors de l'extinction entière de la
» ligne masculine; mais ce droit n'en est pas moins *un droit*
» *de propriété*; le seigneur apanagiste n'en est pas moins
» un *vrai propriétaire*, et en conséquence, c'est à lui et
» non au roi, que la foi est portée de tous les fiefs de l'apa-
» nage. Il n'en est pas de même des engagistes, etc. »

De toute cette discussion concluons que la contrariété
d'opinions est plus apparente que réelle. Elle tient uniquement
à ce que les apanages pouvant être considérés sous
deux points de vue, les divers auteurs se sont plus particu-

[1] Par fiction : c'est le domaine éminent qui, comme nous l'avons dit, n'affaiblit pas le domaine utile.

lièrement attachès, tantôt à l'un, tantôt l'autre, au lieu de s'appliquer à les conciler tous les deux.

Non, l'apanagiste n'est pas un propriétaire absolu, si l'on s'arrète uniquement à certaines restrictions qui lui sont imposées, telles que celle de ne pouvoir aliéner, ni compromettre le fonds, au préjudice soit de la transmission à ses descendans, soit du retour à l'Etat, à défaut d'hoirs mâles :

Mais si nous comparons les droits de l'apanagiste à ceux d'un simple usufruitier, nous voyons qu'il en a de plus étendus, et qui sont tout-à-fait incompatibles avec les restrictions que comporte le droit d'usufruit ; il y aurait par conséquent même raison d'en conclure qu'il n'est pas un simple usager.

Déjà l'un de ceux [1] qui voudraient réduire l'apanagiste à la condition d'usufruitier, convient « que le désir d'illus- » trer l'apanagiste, a pu déterminer à lui laisser des droits » de direction et de recouvrement *qui n'appartiennent* » *pas aux usufruitiers vulgaires.*

L'auteur, plus moderne encore, du livre intitulé : *Essai sur les apanages*, quoique composé en vue de restreindre le plus possible les droits des apanagistes [2], est aussi forcé d'avouer au § 64 du chap. 1er, qu'en effet, le prince apanagiste a des droits bien plus étendus que le simple usufruitier. « Le prince apanagé, dit-il au § 67, *jouit comme* » *pourrait faire un vrai seigneur propriétaire grevé de* » *substitution.* Son usufruit est universel, etc. »

Ce n'est donc plus qu'une dispute de mots. Par-là, en effet, l'apanagiste serait placé dans une position mixte qui, si elle n'est pas celle d'un propriétaire absolu, jouissant d'un bien dont il ait la libre et entière disposition, n'est pas non

---

[1] Prost de Royer, au mot *apanage*, n° 31, édition de 1786.

[2] L'*Essai sur les apanages* en un volume in-4°, bien imprimé et tiré à petit nombre d'exemplaires, est attribué à M. de Vauxelles, *ancien grand-maître des eaux et forêts.* On y reconnait l'influence de sa place. Pour arriver à restreindre la jouissance des princes dans les forêts apanagères, il a été obligé de se faire des prémisses, et de disposer la matière à recevoir ses décisions. Mais d'Aguesseau, Séguier, Pothier, Loyseau, et les lettres patentes de 1766, sont là pour maintenir les principes ; nous n'en réclamons que l'application.

plus l'état d'un usufruitier timide qui ne jouit que du bien d'autrui.

On résout la difficulté en distinguant le domaine éminent du domaine utile : il restera entre les mains de l'Etat un droit abstrait, une expectative ; mais l'apanagiste a toute l'utilité actuelle de la terre ; sous ce rapport, il en est vrai propriétaire, « ne connoissant, comme dit Loyseau, » d'autres bornes à sa jouissance que celles qu'auroit le Roi » lui même. »

Cette propriété n'est ni celle des anciens fiefs, ni celle des majorats modernes, ni celle des simples grevés de substitution : si elle a des rapports avec quelques autres, elle diffère cependant d'avec toutes en quelques points qui lui sont propres, qui la caractérisent à part, et qui font des apanages *une institution séparée qu'il faut consdérer en elle-même, et juger par ses propres lois.* Cette propriété peut mieux se décrire que se définir. On en aura une juste idée en parcourant avec détail les divers droits de l'apanagiste.

§ II.

Des droits de l'Apanagiste.

Il faut distinguer, à cet égard, entre les droits personnels et les droits réels.

DROITS PERSONNELS.

Nous avons déjà dit et nous ne négligerons jamais de répéter que l'apanage ne comporte plus que des droits utiles : il n'induit aucune supériorité de l'apanagiste sur la personne des sujets du roi, ni aucune prééminence de ses terres sur celles de ses voisins. — Il ne comporte ni droit de juridiction, ni droit d'impôt. Le prince n'a pour débiteurs que ses fermiers ; pour juges, que les tribunaux ordinaires.

Autrefois les apanages étaient *tenus en pairie* : non seulement pour que les princes ne fussent pas inférieurs aux pairs du royaume; mais pour offrir à la maison royale, dont ils faisaient partie, un contrepoids à l'influence des autres grands vassaux.

Cette intention de nos rois, quoique quelques apanagistes

ne s'y soient pas toujours montrés fidèles, ne peut être revoquée en doute [1].

Ces motifs ont cessé depuis long-temps d'entrer en considération dans la concession des apanages. Cependant jusque dans les derniers temps de l'ancienne monarchie, on a toujours exprimé par habitude que l'apanage serait *tenu en pairie*.

Si l'on fait attention à la différence des temps, cela n'est plus nécessaire. En effet, outre que nos rois n'ont plus besoin d'opposer leurs princes au crédit des grands vassaux qui n'existent plus, d'autre part, comme les princes du sang royal de France sont pairs par le seul droit de leur naissance (*Charte const.* art. 26), il s'ensuit qu'ils n'ont plus besoin d'être fortifiés par le fait de la possession d'une terre titrée ; il sont pairs sans la terre, et non à cause d'elle.

A quoi bon, en effet, dire aujourd'hui que l'apanage sera *tenu en pairie*, puisqu'indépendamment de toute clause à cet égard, non seulement les aînés, mais aussi les princes puînés sont pairs de droit dans la maison de France? La raison d'utilité qui rend nécessaire d'attacher le titre des pairies ordinaires à une terre qui se transmette comme le titre lui-même, ne se rencontre donc pas ici.

A l'exception de la pairie qu'ils tiennent de leur naissance, et dont ils ne peuvent même exercer les fonctions que sous le bon plaisir du roi [2], les princes n'ont de droit aucun pouvoir, aucun commandement, aucune part à l'administration de l'État, à moins qu'elle ne leur ait été déléguée par le roi.

L'apanagiste n'a pas le droit de faire des lois ni des réglemens dans les terres de son apanage.

En 1706, M. le duc d'Orléans avait donné des *statuts* en forme de *lettres-patentes*, pour l'hôpital d'Orléans; mais il n'en paraissait pas du roi.

Arrêt du parlement de Paris, du 20 mars 1706, qui juge « que les statuts, même en faveur d'un hôpital, faits par M. le duc d'Orléans, comme apanagiste, n'ont lieu, et ordonne que les administrateurs seront tenus de rapporter

----

[1] Voyez, dans l'Appendice, la note sur les princes du sang et les pairs.

[2] Voyez dans l'Appendice quelques observations à ce sujet.

leurs lettres patentes pour être communiquées au procureur général[1]. »

MONSIEUR avait fait, le 15 janvier 1774, pour les chasses de son apanage, un *réglement* qui éprouva des difficultés dans les maîtrises. Il fallut des lettres patentes du roi, de 1774, enregistrées le 7 juillet, par lesquelles Sa Majesté *ordonna l'exécution du réglement*. Les officiers royaux avaient fait leur devoir, en refusant d'exécuter ce réglement, tant qu'il n'avait pas reçu la sanction légale.

Les princes apanagistes avaient autrefois un chancelier[2], une chancellerie avec des sceaux pour les provisions des officiers de l'apanage et de ceux qui étaient à la collation et nomination du prince. Cette chancellerie a disparu avec la suppression les offices. Aujourd'hui le prince ne donne à ses officiers que des commissions dont la forme n'a aucun caractère public.

Cependant *Monsieur* (aujourd'hui Charles X) a eu, même depuis la restauration, un *chancelier* à la tête de son conseil ; mais cet officier n'en avait que le titre, par honneur seulement, et sans les attributions d'autrefois.

2. DROITS UTILES DE L'APANAGISTE.

Sa jouissance est universelle. Elle comprend toute espèce de fruits soit naturels, soit industriels, soit civils.

Il peut jouir par lui-même, ou par autrui : louer et affermer les maisons et héritages ; mais sans pouvoir faire de baux par anticipation, ni qui excèdent le temps ordinaire de neuf ans, afin de ne pas gêner la liberté ni compromettre le droit de celui qui doit succéder à l'apanage.

[1] *Journal des Audiences*, tom. v, liv. 6, ch. 9, p. 617, édit. de 1757.

[2] L'Hospital, avant d'être chancelier de France, avait été chancelier de la duchesse de Berry, (*Histoire de L'Hospital* par M. VILLEMAIN, dans ses nouveaux mélanges.) — Et Christophe de Thou avait été chancelier des ducs d'Anjou et d'Alençon, avant d'être premier président du parlement de Paris. — Voyez pour *l'apanage d'Orléans*, les lettres patentes de janvier 1724, registrées à la Cour des aides, le 8 février audit an, portant création d'un chancelier garde des sceaux, d'un contrôleur, d'un chauffe-cire et de deux huissiers de l'apanage.

Les coupes de bois taillis, même celles de haute futaie, lui appartiennent, en observant d'ailleurs l'ordre et l'âge des aménagemens, et en se conformant pour les réserves aux réglemens forestiers.

Les délits commis dans les forêts de l'apanage sont poursuivis en la même forme que ceux commis dans les forêts de l'État.

Les agens du prince, institués par l'administration générale, ont le droit *d'assister aux audiences* de police correctionnelle, et *d'y prendre des conclusions sans être assistés d'un avoué*, comme cela se pratique dans les affaires poursuivies à la requête de l'administration générale[1].

L'apanagiste a la faculté de bâtir et de modifier à son gré les constructions existantes sur les biens de l'apanage[2].

Un usufruitier simple ne peut intenter que les actions relatives à sa jouissance; et « si, pendant la durée de l'usufruit, un tiers commet quelque usurpation sur le fonds, ou attente autrement aux droits du propriétaire, l'usufruitier est tenu de le dénoncer à celui-ci. » *Cod. civ.*, art. 614.

Au contraire, comme l'apanagiste n'est pas un simple usufruitier, mais que, sauf quelques gênes relatives au droit de disposer de la chose, il est vrai propriétaire; toutes les actions même immobilières, tant en demandant qu'en défendant, relatives à l'apanage, résident dans sa personne.

En effet, dit Pothier[3], « le grevé de substitution étant, avant l'ouverture de la substitution, le vrai et le seul propriétaire des biens substitués, il suit de là que les *actions actives et passives* résident en sa seule personne, *ipsi et in ipsum competunt.* »

Aussi, tous les monumens de la jurisprudence attestent qu'on a toujours vu les princes apanagistes en possession de plaider seuls, en leur nom, dans les procès relatifs à leurs apanages : non-seulement l'adjonction du procureur-général n'était pas exigée, mais souvent on a vu les apanagistes plaider même contre le procureur-général, sans que jamais il soit venu à l'idée de personne de soutenir qu'ils n'avaient pas eux-mêmes une qualité suffisante pour agir.

---

[1] Circ. du garde des sceaux de mai 1817.

[2] Voyez dans l'Appendice, la note sur les constructions du Palais-Royal.

[3] Tr. des Substitutions, sect. v, art. 1er

Le procès dont nous avont parlé, p. 52, en offre un exemple éclatant ; M. l'avocat-général Séguier, d'accord avec l'apanagiste sur la question de propriété, concluait contre lui sur la question de mouvance ; mais le prince apanagiste n'agitait pas moins l'une et l'autre question *en son nom seul*, et sans l'adjonction de qui que ce fût pour le domaine.

Les lettres patentes de 1766, déjà citées plusieurs fois, parlent aussi « d'une contestation élevée *entre le duc d'Orléans et le procureur-général*, prenant le fait et cause de son substitut au bureau des finances de Soissons, dans laquelle contestation le parlement a expressément maintenu et gardé notredit cousin dans la *propriété*, justice, seigneurie.... et autres droits cédés par les lettres d'apanage. »

Or, disent ces mêmes lettres (dans lesquelles ce qui suit est en italique) : « *Un de ses principaux droits est la faculté de racheter les domaines engagés,* USURPÉS *ou aliénés, dépendans de ceux qui entrent dans la composition de l'apanage.* Cette faculté, exprimée dans les lettres patentes du mois de mars 1661, et du 28 janvier 1751, *est de l'essence de l'apanage* ; elle produit des réunions successives, et nous prépare et à nos successeurs, un recours utile dans le cas du défaut d'hoirs mâles, par l'attention du possesseur à en augmenter la masse en faveur des mâles de sa maison, et au profit éventuel de notre couronne. »

Ainsi, la plus puissante de toutes les actions, *l'action en revendication des biens usurpés*, action réelle qui suppose éminemment la propriété dans celui qui l'exerce, puisque la formule de cette action n'est autre que l'assertion même du droit de propriété, AIO HANC REM ESSE MEAM ; cette action appartient à l'apanagiste, non par grâce ou faveur spéciale, mais comme étant *de l'essence de l'apanage.*

Le conseil d'Orléans a donc fait son devoir, lorsqu'en 1817, il a arrêté, que l'on intenterait au nom de S. A. R., alors en Angleterre, une action en *revendication* du Théâtre Français, vendu frauduleusement par les créanciers du feu prince, sous la fausse dénomination de *bien patrimonial*, quoiqu'il dépendît de *l'apanage.* Dans cette action, suivie avec une grande publicité, le prince a procédé seul, en sa qualité d'apanagiste, sans adjonction du préfet pour le domaine. Une transaction a prévenu le jugement ; le prince, prenant cette fois conseil de lui-même, a mieux aimé s'imposer un sacrifice de 1,150,000 fr., que de laisser à la malveillance un prétexte pour alarmer, même à tort, l'opinion, qu'on agitait par la fausse qualification de *vente nationale*, donnée à une aliénation qui n'avait point ce caractère; mais en cela même il a vérifié le pressentiment des lettres patentes, puisque *la réunion du théâtre à l'apanage en a augmenté la masse au profit des titulaires à venir et au profit éventuel de l'État.*

Tous ces droits, qui appartiennent à l'apanagiste, prouvent évidemment qu'il n'est pas un simple usufruitier, et qu'il est bien, comme le disent Loyseau, d'Aguesseau, Pothier et l'avocat-général Séguier, *vrai propriétaire utile*, quelle que soit d'ailleurs la chance purement éventuelle et plus ou moins éloignée de retour à la couronne, que l'on ne conteste pas, et à laquelle les princes apanagistes ne penseront jamais à se soustraire.

Il est superflu d'observer que l'apanage ne se confond point avec les autres biens de l'apanagiste.

§ III.

Des charges de l'Apanage.

Les biens qui entrent dans la composition des apanages sont grevés de toutes les charges civiles de la propriété; ils supportent les contributions publiques.

Si les terres de l'apanage étaient, au jour de la concession, grevées de quelque rente, fondation, ou autre charge foncière, l'apanagiste est tenu de les acquitter.

Il est également tenu d'entretenir les maisons, châteaux et édifices de l'apanage en bon état de réparations [1].

On regarde aussi comme une charge de l'apanage que recueille l'aîné, l'entretenement des puînés et la dotation des filles. Cependant, si c'est pour les apanagistes une obligation naturelle, un devoir de convenance auquel ils se sont toujours empressés de satisfaire avec grâce et générosité, on ne peut pas dire que ce soit une condition légale à l'accomplissement de laquelle ils puissent être forcés. On ne

[1] Déclaration du Roi du 24 avril 1672, portant supplément d'apanage de Philippe d'Orléans.

trouve à cet égard que des usages qui n'offrent rien d'uniforme et de précis.

L'apanagiste peut contracter des dettes personnelles, mais il ne peut pas en grever l'apanage au-delà de la valeur des fruits. Je dis au-delà de la valeur des fruits, car je ne puis revendiquer pour l'apanage le privilége exorbitant que Napoléon a établi pour ses majorats, d'être *insaisissables même pour les revenus*; alléguant que ces revenus du titulaire sont nécessaires pour soutenir *l'éclat de son rang!* sans faire réflexion que cet éclat est notablement terni par le scandale d'un riche qui brave au sein de l'opulence une foule de créanciers dont aucun ne peut venir troubler ni diminuer sa jouissance!

Jamais les apanagistes n'ont revendiqué un pareil privilége : les titres qui les constituent n'en font nulle mention. Seulement il leur est défendu de compromettre le fonds, parce qu'ils doivent le transmettre à leurs successeurs, tel qu'ils l'ont reçu, et libre de toutes charges personnelles provenant de leur chef.

On a douté cependant si le prince apanagiste n'avait pas le droit d'hypothéquer les biens de l'apanage à la dot de sa femme, et au douaire de sa veuve?

Lefèvre de la Planche[1], après avoir dit, nº 35, que la sûreté de la dot est un des cas dans lesquels l'hypothèque de l'apanage est *permise*, ajoute, nº 36 : « Il faut cependant restreindre l'effet de cette hypothèque au temps de la durée de l'apanage, à l'expiration de laquelle elle s'évanouit, par le retour au domaine de la couronne, exempt de tout charge de dot et douaire, et aussi libre qu'il l'était lors de la concession de l'apanage. » Il s'autorise de l'opinion de Charondas, livre 4, Pandectes, titre 22.

Et, en effet, cette opinion peut d'autant mieux être admise encore à présent qu'elle est parfaitement en harmonie avec le Code civil, article 2125, suivant lequel, « ceux qui n'ont sur l'immeuble qu'un droit *résoluble dans certains cas*, ou sujet à rescision, ne peuvent consentir qu'une hypothèque soumise aux mêmes conditions ou à la même rescision. »

Il en résulterait que l'hypothèque qui serait accordée par l'apanagiste seul, serait frappée d'une double restriction,

[1] Du domaine, liv. 12, chap. 13.

1° en ce qu'elle ne tiendrait que pendant la durée de l'apanage ; 2° en ce qu'elle vaudrait bien pour assurer d'autant le paiement de la dot sur les fruits, mais non à cette fin d'autoriser une expropriation et un changement de main interdits pendant la durée de l'apanage.

Pour que l'hypothèque pût s'étendre au-delà, il faudrait le concours de l'autorité qui a constitué l'apanage. C'est ainsi que, même avant l'émission de l'ordonnance du *domaine*, on lit dans les lettres patentes [1] données par Louis XI le 7 mars 1481, enregistrées au parlement le 27, que « les » terres qui sont tenues et sujettes à l'apanage de la cou- » ronne ne se peuvent obliger ni hypothéquer *à quelque* » *douaire*, par ceux qui les tiennent, sans *le consentement* » *de nous et des rois de France.* »

On trouve un exemple d'une affectation en cette forme dans le contrat de mariage de *Monsieur* (depuis Louis XVIII) avec Marie-Joséphe-Louise de Savoye. Le 26 juin 1773, Monsieur a donné lettres patentes portant, « qu'après avoir reçu à ce sujet *les ordres du roi*, attendu qu'il s'agit d'un engagement qui doit s'effectuer en cas d'extinction de ses descendans et de réversion de son apanage à la couronne, il affecte tous ses biens, et spécialement ceux de son *apanage*, à la sûreté de la dot, etc. » Lettres patentes du roi de juillet 1773, enregistrées au parlement le 30, qui confirment cet engagement.

Aujourd'hui, il faudrait une loi pour engager le domaine.

§ IV.

Inaliénabilité des biens de l'Apanage.

Les biens des apanages ont toujours été *inaliénables*. Ils l'étaient anciennement, ne fût-ce qu'en vertu du principe, alors fondamental, que le domaine de l'Etat était *inaliénable*. Ils le sont encore aujourd'hui. Cela est constant à l'égard de l'apanage d'Orléans, 1° parce que telle a été la loi de sa création, 2° parce que ces biens sont grevés d'une substitution perpétuelle dans la main du titulaire au profit

[1] XXXIVe des pièces rapportées par de Vauxelles, page 211.

de ses successeurs mâles ; et , à leur défaut, d'un droit de retour envers l'Etat, et que le détenteur ne peut compromettre cette transmission ni ce retour par des aliénations, quelles qu'elles soient.

L'aliénation de l'apanage en détruirait l'essence , qui est de fournir, *à perpétuité*, le revenu nécessaire à l'entretenement de la branche apanagée, à la décharge du trésor public.

Très-anciennement on avait introduit une exception tirée du droit féodal : c'était la rançon de l'apanagiste lorsqu'il était fait prisonnier de guerre. Chopin, *de Domanio*, lib. 3, tit. 12, cite plusieurs arrêts, entre autres celui du 23 février 1543, pour la rançon de Charles d'Orléans, prisonnier des Anglais. Ce dernier arrêt paraît toutefois n'avoir autorisé qu'un simple *engagement*, car il déclare *rachetable* la partie du domaine aliénée.

Cette exception n'aurait plus lieu aujourd'hui, ne fût-ce que par le motif péremptoire qu'il n'est plus d'usage parmi les peuples civilisés, de mettre les prisonniers à rançon.

Mais, dira-t-on, si l'un de nos princes, se battant pour les Grecs contre les Turcs, qui n'admettent pas ce droit des gens, était pris les armes à la main ?—Alors, comme alors ; certainement, il ne resterait pas prisonnier faute d'argent de France, et sans qu'il fût besoin de s'en prendre à l'apanage.

§ V.

L'Apanage est imprescriptible.

C'est en vain qu'on aurait déclaré les biens de l'apanage inaliénables , si l'on n'avait pas en même temps déclaré qu'ils seraient *imprescriptibles*.

En effet, ce que l'apanagiste ne pourrait transmettre par un contrat volontaire, il pourrait l'abdiquer par négligence ou collusion, en le laissant usurper par des tiers, qui, au bout du laps de 30 années, s'en diraient propriétaires.

Aussi tenait-on pour maxime, autrefois, que le domaine, alors inaliénable, était également imprescriptible.

On objectera peut-être que, par la loi du 1er décembre 1790, le domaine est devenu aliénable (article 8), et par suite prescriptible (art. 36), — que d'ailleurs le Code civil, art. 2227, a déclaré en termes formels que « l'Etat est soumis aux mêmes prescriptions que les autres particuliers. » — Je répondrai : 1° le Code civil a été porté à une époque où il n'y avait d'autre domaine de l'Etat, que celui qui était régi, tenu, administré et défendu par les agens même du domaine ; par conséquent il n'a pas eu en vue ces portions du domaine qui en étaient détachées pour être confiées à la foi d'autrui, et constituer un apanage, ou une dotation, et passer à ce titre dans une autre main et sous une autre administration.

2° Déjà, en présence de la loi de 1790, qui avait déclaré en général le domaine aliénable, cette même loi (art. 36), n'avait autorisé la prescription que pour les domaines nationaux *dont l'aliénation était permise par les decrets de l'assemblée.* Ceux qui demeuraient *inaliénables* demeuraient donc, par là même, *imprescriptibles.*

3° Par suite, et lorsque la loi du 26 mai — 1er juin 1791, ayant établi une *liste civile*, on y eut fait entrer des biens immeubles pour la dotation de la couronne, on sentit la nécessité de soustraire ces biens à l'aliénabilité (article 2) ; et par suite, ils se trouvèrent soustraits à la prescription, aux termes de l'article 36 précité.

4° Les lois de la même époque sur les apanages lors existans, n'ont point soustrait les biens de ces apanages (j'entends ceux qui ont été conservés, tel que le Palais-Royal et le Luxembourg), à cette condition d'imprescriptibilité dont ils avaient été affectés dès l'origine, au moment de la tradition que le domaine en avait faite à l'apanagiste.

5° Dominée par les mêmes principes, lorsque, sous l'Empire on a rétabli et une dotation de la couronne, et des apanages, la législation de cette époque a également déclaré que cette dotation et ces apanages seraient imprescriptibles. C'est ce que portent textuellement les articles 10 et 74 du sénatus-consulte du 30 janvier 1810, postérieur au Code civil, et ayant par conséquent dérogé, quant à ce, à l'article 2227 de ce Code.

6° Si les dispositions de ces sénatus-consultes étaient incompatibles avec la Charte, elles auraient été abolies par l'art. 68 ; mais loin de là, les lois spéciales de la restauration sont venues les rappeler en termes exprès. Telle est la loi du 8 novembre 1814, *relative à la liste civile et à la dotation de la couronne :* elle porte, art. 9 : « Les biens qui

» forment la dotation de la couronne sont inaliénables et
» *imprescriptibles.* »

7° Cette loi ne s'occupe pas des apanages réels. Mais la
loi du 15 janvier 1825, la première et la seule qui en ait
parlé, disant que les biens restitués à la branche d'Orléans
et provenant de l'apanage constitué par les édits de 1661,
1672 et 1692, *continueront* à être possédés aux *mêmes titres et conditions*, laisse évidemment ces biens dans le double lien de l'inaliénabilité et de l'imprescriptibilité qui ont
fait la condition essentielle de la création originaire.

J'ai insisté sur ce point, parce que je l'ai entendu révoquer en doute ; et je le défends comme éminemment utile
pour la conservation intacte de l'apanage dans le triple intérêt, de l'apanagiste, de ses successeurs, et de l'Etat à
leur défaut.

SECTION TROISIÈME.

*Des changemens qui peuvent survenir dans les biens de
l'Apanage.*

L'apanage une fois constitué ne pourrait pas être diminué ni changé sans le consentement de l'apanagiste, car ce
serait porter atteinte au droit qui lui est acquis [1].

A plus forte raison l'apanage une fois constitué, on ne
pourrait pas le supprimer : —ce serait non seulement bles-
ser le droit du titulaire, mais le droit de toute sa postérité
masculine. Il y aurait violation du contrat, comme l'a démontré avec une grande force de logique et de raison le député
Bengy-pui-Vallée, dans son opinion sur la loi projetée du
6 avril 1791 [2].

Mais il peut survenir dans l'apanage des changemens
naturels amenés par l'intérêt de l'apanagiste lui-même, tels
que des augmentations, indemnités, réunions ou échanges,
comme nous le verrons sous les paragraphes suivans.

Une remarque essentielle est que les lettres de formation

---

[1] Les exemples du contraire, que rapporte de Vauxelles dans
son *Essai*, p. 57, n°s 59 et suivans, attesteraient la violation du
principe, mais ne le légitimeraient pas.

[2] *Moniteur* des 14 et 15 août 1790, p. 936 et 938. J'en rapporte-
rai quelques fragmens dans l'*Appendice*.

d'apanage, celles de parachèvement, et en général celles qui interviennent depuis, *forment un même tout indivisible* : elles ont le même objet ; et sans qu'il soit besoin de nouvelle énonciation, le prince doit jouir, dans les nouveaux domaines qui lui sont accordés, de tous les droits qui sont énoncés dans l'édit de formation de son apanage [1].

§ Ier.

Indemnités.

Si par cas fortuits, force majeure ou accidens quelconques, l'apanage était notablement diminué ; si, par exemple, une immense forêt était réduite en cendres et faisait lacune dans les revenus ; si le palais, siége de l'apanage, venait à crouler ou à être incendié, il y aurait pour l'apanagiste une juste cause de demander une *indemnité*. La même raison qui fait accorder l'apanage, celle de fournir convenablement à l'entretenement des princes, fait une loi de suppléer ce qui manque, quand, par événement, les biens précédemment assignés ne suffisent plus à leur destination.

On trouve une trace de ce droit en faveur de l'apanagiste dans l'arrêt rendu par le parlement de Paris, le 15 mai 1782, entre M. le duc de Chartres [2], le prévôt des marchands et M. le procureur-général. Lequel arrêt pour les causes y exprimées [3], « réserve à M. le duc d'Orléans de se retirer par devant le roi, *pour obtenir de sa justice l'indemnité due à son apanage*, pour raison de l'incendie de la salle de spectacle du Palais-Royal. »

§ II.

Augmentations.

Il peut s'offrir des raisons naturelles d'augmenter l'apanage d'un prince, s'il est reconnu que l'apanage, tel qu'il a été constitué dans l'origine, est devenu insuffisant. Une

[1] Vauxelles, *Essai*, p. 67, n° 118.

[2] Le duc d'O. léans, son père, avait, de son vivant, renoncé à la jouissance du Palais-Royal.

[3] On trouvera l'espèce de cet arrêt rapportée dans l'*Appendice*.

telle augmentation, si elle devait être fournie en domaines ou en rentes sur l'État, ne pourrait l'être qu'en employant les mêmes formes que pour constituer l'apanage même, c'est-à-dire aujourd'hui qu'il faudrait une loi.

L'apanage peut aussi recevoir un accroissement naturel par les alluvions et attérissemens qui se formeraient le long des terres de l'apanage. La réunion dans ce cas s'opérerait de plein droit et n'aurait pas besoin d'être sanctionnée par une loi. (Code civil, art. 556.) — Mais cette réunion bien qu'accidentelle, n'en serait pas moins une incorporation au domaine de l'apanage, faisant corps avec lui, sortissant même nature et devant en suivre en tout la condition.

§ III.

Réunions.

Quelques auteurs ont prétendu que toutes les acquisitions que l'apanagiste faisait dans le circuit de son apanage s'y unissaient, au moins lorsque pendant un certain nombre d'années l'administration en avait été confondue avec celle de l'apanage même.

Ils raisonnaient à cet égard pour l'apanage comme pour le domaine de l'État proprement dit, pour lequel l'ordonnance de 1566, et l'édit d'avril 1667, déclarent uni et incorporé à la couronne, ce qui a été tenu et administré par les receveurs et officiers par l'espace de dix années, et est entré en ligne de compte.

Mais en cela ils se trompaient : il n'y a pas de loi pareille pour les apanagistes. Il est de principe au contraire que les biens personnels de l'apanagiste ne se confondent pas avec son apanage.

Chopin, dans son *Traité du domaine*, a approfondi le premier la question, liv. 1, tit. 14. Il se décide pour la négative, et rapporte, sous le n° 7, l'affaire du duché d'Alençon, en 1527, où, après avoir examiné la nature des acquisitions, François 1er *transigea*.

Bacquet [1], après avoir établi le même principe de non confusion des biens, rapporte un arrêt du 27 janvier 1548,

---

[1] Du droit de déshérence, chap. 7, n° 15.

qui conserve aux héritiers de droit les biens acquis à prix d'argent par l'apanagiste.

Lefèvre de la Planche [1] est du même sentiment, « si l'accroissement se forme par un acte qui n'ait pas de rapport avec l'apanage et quand même la terre acquise par l'apanager serait dans la mouvance de l'apanage. »

Si des principes nous descendons aux exemples, nous verrons que, pour opérer la réunion à l'apanage des terres et domaines acquis par l'apanagiste de ses deniers, il a fallu d'une part son consentement, et de l'autre des lettres patentes enregistrées en la même forme que l'apanage lui-même, pour faire prendre aux biens réunis la même nature, et les identifier avec lui.

Voyez, pour l'apanage d'Orléans, les lettres patentes du 7 décembre 1766, registrées le 15, « qui ordonnent l'exécution de l'arrêt du parlement du 3 septembre précédent; en conséquence que M. le duc d'Orléans jouira à titre d'apanage, *en toute propriété*, des domaines de Marle, la Fère, Ham, dépendans du comté de Vermandois; accepte le délaissement fait par M. le duc d'Orléans pour les causes y exprimées du canal de l'Ourcq, et de la maison appelée ci-devant hôtel du Plessis-Châtillon, tenant au Palais-Royal, pour être réunis audit apanage, en faire partie et être possédés à ce titre par M. le duc d'Orléans. »

Dans ces derniers temps, quand il s'est agi de la part de S. A. R. de transiger avec la ville de Paris, au sujet de ce même canal de l'Ourcq, il a fallu obtenir l'autorisation de S. M.; et lorsqu'après avoir cédé ses droits sur le canal à la ville de Paris, il a été nécessaire d'en remplacer la valeur dans l'apanage par divers immeubles achetés des deniers de S. A. R., il a fallu une nouvelle ordonnance pour autoriser ce remploi. Voyez ci-devant page 32.

La loi du 15 janvier 1825 n'était pas encore portée : cette loi, en tant que de besoin, a confirmé ces ordonnances; mais, à l'avenir, s'il s'agissait d'opérer un pareil remplacement dans quelques biens de l'apanage, ou d'opérer toute autre réunion, il faudrait *une loi*.

Au surplus, on ne peut nier que ces réunions, si elles sont utiles aux apanagistes dont elles augmentent le revenu, préparent à l'État lui-même un immense avantage par l'ex-

[1] Du domaine, liv. 12, chap. 3, nos 11 et 12.

pectative de retour (éloignée, mais probable cependant à une époque quelconque) de tous ces biens au domaine de l'État, à l'extinction de l'apanage, puisque les seules réunions opérées par les princes d'Orléans à leur apanage, en un peu plus d'un siècle, s'élevaient, en 1790, à plus d'un million de revenu.

§ IV.

De l'échange des biens de l'Apanage.

L'expérience apprend à tous ceux qui sont propriétaires, qu'on ne parvient à faire certaines réunions utiles, que par voie d'*échange*, les voisins se refusant obstinément à *vendre*, et consentant seulement à échanger ce qu'on leur envie contre d'autres objets qu'ils convoitent réciproquement.

O si angulus ille
Proximus accedat, qui nunc deformat agellum !

Des échanges de ce genre, peu considérables d'ailleurs, et qui se bornent le plus souvent à donner des objets détachés pour réunir des enclaves, ont véritablement le caractère d'administration.

On ne peut nier toutefois, en principe, que celui-là seul peut échanger qui pourrait vendre; que, par conséquent, le droit d'échange ne peut pas régulièrement appartenir à l'apanagiste.

Aujourd'hui surtout, que le domaine de l'État, celui de la Couronne, et les biens des communes ne peuvent être aliénés ou échangés qu'en vertu d'une loi, je pense qu'il en doit être de même pour les échanges qui comprendraient les biens dépendans de l'apanage. [1]

Si l'on négligeait d'observer les formes, il n'y aurait sûreté pour aucun des contractans, et tout successeur à l'a-

---

[1] *Voyez* loi du 22 novembre, 1er décembre 1790, § 3, *Des formalités prescrites pour la consommation des échanges*, trois décrets qui ont révoqué des échanges irréguliers, en date des 4 mai 1791, et 3 juin et 12 septembre même année. Loi du 11 juin 1812, *sur la forme et les conditions des actes d'échange avec le domaine de la couronne.*

panage, ou même le domaine, pourraient en demander la nullité ; le co-échangiste aurait le même droit ; puisqu'on ne serait pas lié avec lui, il ne le serait pas davantage, et aurait la même action en nullité.

SECTION QUATRIÈME.

De la transmission de l'Apanage.

L'aîné de la branche apanagée venant à décéder, l'apanage se transmet *de mâle en mâle, par lignes de mâles,* [1] d'abord en ligne directe, ensuite en ligne collatérale, en quelque degré que ce puisse être : mais cette succession n'a lieu qu'en faveur de ceux qui descendent de celui auquel l'apanage a été accordé. [2]

La ligne aînée l'emporte sur la cadette, fût-elle plus proche, et l'aîné de cette ligne y est appelé seul à l'exclusion de tous ceux qui se trouvent avec lui en même degré, par la raison, dit Chopin, [3] que l'apanage participe, en quelque sorte, à la nature du royaume. [4] *In panagio, quod* REGNI NATURAM *ex quo delibatum est* IMITATUR, *unus est tantùm gradatim hæres.*

C'est aussi par analogie avec la manière dont se transmet la couronne de France, que les filles et leurs descendans, fussent-ils mâles, sont exclus de la succession à l'apanage.

Dupuy [5] atteste le principe et nous en donne en même temps la raison. « Les filles de France et leurs descendans, et les filles descendantes des enfans de France sont

___

[1] Apanages du duc de Berry, de juin 1710.

[2] CHOPIN, liv. 2, tit. 11, nᵒˢ 2, 7, 8. Tit. 12, nᵒ 6 et tit. 13. — VAUXELLES, *Essai,* pag 39, nᵒ 46. — Edit sur les pairies, de mai 1711, art. 4.

[3] *Loco citato.*

[4] C'est aussi ce que disait M. l'avocat-général Séguier, dans le plaidoyer de 1769 : « La possession du prince apanagé est entièrement semblable à celle de la couronne, dont l'apanage est une émanation. Le trône appartient, à titre de droit successif, à l'aîné mâle de nos rois, c'est la légitime du fils aîné ;.....il en est de même de l'apanage. »

[5] Chapitre 4 de son *Traité des apanages des enfans de France.*

exclues de la succession du royaume, afin qu'il ne soit transporté en mains étrangères; *par conséquent*, doivent-elles être exclues des seigneuries qui sont au-dedans du royaume, pour en éviter le démembrement, et afin que les principales terres ne soient portées aux étrangers ? » Il rapporte que les docteurs qui ont parlé de la loi salique ont tenu cette doctrine : [1] « Certes, continue-t-il, si toutes les filles de France, ou celles descendues des enfans de France, qui, depuis le commencement de cette troisième lignée, ont été mariées dans tous les États et royaumes de la chrétienté, eussent eu le droit de succéder aux seigneuries de leurs pères, et par droit successif les laisser à leurs enfans princes étrangers, il y a long-temps que le royaume ne seroit plus, divisé qu'il seroit en plusieurs parcelles, et rempli de princes étrangers. »

Résumons cette doctrine en moins de mots, et disons :

A l'exemple de la couronne,

1° Les apanages se transmettent de mâle en mâle;

2° Les filles et leurs descendans fussent-ils mâles, en sont perpétuellement exclus;

3° Dans la ligne directe, l'apanage passe au fils aîné de l'apanagiste à l'exclusion des puînés;

4° En cas de défaillance de mâles dans la ligne de l'aîné, l'apanage passe à la branche cadette qui le suit immédiate-ment dans l'ordre de la primogéniture;

5° Les collatéraux ne peuvent succéder qu'autant qu'ils descendent en ligne directe du premier apanagiste

Lebrun éclaircit la règle par l'exemple suivant : « Ainsi, dit-il, Titius étant le premier apanagé, et laissant pour enfans Mœvius et Sempronius : si Mœvius meurt sans en-fans, l'apanage appartient à son frère Sempronius, comme

---

[1] Cependant il faut reconnaître que si ce principe a toujours été bon à suivre, et s'il a fini par demeurer constant, il n'a pas tou-jours été exactement suivi dans la pratique. Avant Philippe-le-Bel, les filles succédaient même aux apanages, comme nous l'avons vu *suprà*, p. 8, et même depuis, elles ont continué de succéder aux simples fiefs dans beaucoup de coutumes. Aujourd'hui, et jusqu'à ce qu'une loi de famille ait été faite, les filles des princes succéderont à leurs terres patrimoniales, par égalité avec les mâ-les, suivant le Code civil, nonobstant toute renonciation antici-pée que ce Code n'admet pas. Cet ordre de choses est menaçant, et il serait urgent d'y pourvoir.

descendu de Titius apanagé. Mais si Titius, premier apanagé, était mort sans enfans, son frère n'aurait pas succédé à l'apanage : et c'est par là (ajoute Lebrun) que l'on concilie plusieurs exemples qui semblent contraires, dont les uns justifient la succession collatérale de l'apanage, les autres la condamnent. [1] »

Pour rendre cette explication encore plus claire; prenons des exemples sous nos yeux, et voyons ce qui serait arrivé du vivant de Louis XVI, dans les hypothèses suivantes : si MONSIEUR (Louis-Stanislas-Xavier) était mort sans enfans mâles, son apanage serait retourné à la couronne, et n'aurait point passé à M. le comte d'Artois. — Si M. le comte d'Artois était mort, son apanage aurait passé en entier à M. le duc d'Angoulême, son fils aîné, sans être partagé par M. le duc de Berri. Et si M. le duc d'Angoulême, après avoir recueilli l'apanage de son père, était mort sans enfans mâles, cet apanage serait retourné à M. le duc de Berry et aux enfans mâles de celui-ci, tant qu'il y en aurait eu.

De même, dans la branche d'Orléans.

A la mort de M. le duc d'Orléans, l'apanage passera sans partage à M. le duc de Chartres, à l'exclusion des puînés.

Si M. le duc de Chartres mourait sans enfans, l'apanage reviendrait à M. le duc de Nemours et à ses descendans mâles; — A leur défaut, à M. le prince de Joinville et à ses descendans; — A leur défaut, aux autres lignes cadettes par ordre de primogéniture, en conservant toujours l'apanage à l'aîné mâle de ces branches et de celles qui en seraient sorties, à perpétuité, comme pour la succession à la couronne.

[1] LEBRUN, *Traité des Successions*, livre 2, chap. 2, sect. 1, n° 109. Ce que dit ici Lebrun peut s'appliquer à Chopin qui, dans son *Traité du domaine*, liv. 2, tit. 11 et 12, traite, en effet, fort au long toutes ces questions avec les arrêts, où la jurisprudence n'est pas claire et uniforme, faute de l'explication que donne ici Lebrun. Cela explique aussi l'erreur où est tombé le président Hénault, année 1283, lorsqu'il a dit qu'à défaut d'héritiers de l'apanagiste, l'héritage retournait à la couronne, *sans que le frère de l'apanagiste y pût rien prétendre*. Cette règle faillit, quand le frère descend du premier apanagiste. —Voyez ci devant, page 16.

Une condition essentielle, pour succéder à l'apanage, est, non-seulement d'être l'aîné, mais il faut être né *en légitime mariage*. Les édits de création parlent tous d'enfans nés de *loyal mariage*. D'ailleurs, d'après nos lois, anciennes et actuelles, les bâtards ne succèdent point. C'est le droit commun, applicable surtout à la plus noble des successions, à la succession, soit à l'apanage, soit à la couronne, qui en a pris le titre de *légitimité*.

Les enfans légitimés sont-ils à cet égard sur la même ligne que les enfans nés de fait en légitime mariage ?

Il faut distinguer :

Et d'abord il faut reconnaître que la légitimation par lettres du prince n'a plus lieu, et que, lors même qu'elle aurait encore lieu, elle ne pourrait, pas plus aujourd'hui qu'autrefois, préjudicier aux droits des enfans et parens légitimes [1].

La question ne peut donc se présenter que pour les enfans *légitimés par mariage subséquent*. Cette légitimation, en effet, a toujours conféré à ceux qui en étaient l'objet, les mêmes droits qu'aux enfans réellement nés en mariage légitime. Nul doute, par conséquent, qu'un enfant ainsi légitimé par mariage subséquent, contracté avec toutes les solennités et conditions exigées pour la validité du mariage des princes, conférerait à cet enfant le droit de succéder à l'apanage.

Il reste seulement à faire une observation, c'est que si, *dans l'intervalle* entre la naissance de l'enfant naturel et sa légitimation par mariage subséquent, un enfant légitime était né d'un mariage valable contracté *intermédiairement*, cet enfant né en loyal mariage qui, à l'instant même et par le seul fait de sa naissance, aurait acquis tous les droits de la légitimité avec les expectatives y attachées, ne pourrait pas en être dépouillé après coup par la légitimation subséquente du bâtard ; et celui-ci, quoique l'aîné par le fait, *natu major*, n'en serait pas moins primé par le droit préexistant de l'enfant né légitime. Ainsi le veut la doctrine qui ne permet pas de porter atteinte *aux droits acquis*.

[1] Ce serait renouveler la fameuse querelle que tout l'ascendant de Louis XIV ne put faire prévaloir en faveur de ses bâtards *légitimés*, et qui a fini par être décidée contre ceux-ci de la manière la plus solennelle.

Les enfans adoptifs pourraient-ils succéder à l'apanage ? — L'adoption est permise par le Code civil; et il déclare que les enfans adoptés ont *les mêmes droits* que les enfans légitimes. Mais, d'une part, on doit dire que ce Code, porté à une époque où la législation française ne reconnaissait plus de princes apanagés, n'a point eu en vue ce genre de succession. Il faut reconnaître aussi que les actes se régissant en général par la législation du temps qui les a vus naître, les apanages créés avant la révolution, celui d'Orléans, par exemple, ne sont pas transmissibles dans la descendance adoptive que la législation de Louis XIV ne reconnaissait pas et dont les lettres constitutives de l'apanage ne font pas mention; ou plutôt qu'elles excluent, puisqu'elles ne parlent que des descendans en *loyal mariage.*

Enfin, examinant la question pour l'avenir, je crois que jamais on ne devra permettre qu'un apanage soit transmissible à la descendance adoptive de l'apanagiste; par cette raison fondamentale que la succession aux apanages étant constamment assimilée à la succession à la couronne, on doit, pour les apanages comme pour la couronne elle-même, s'en tenir au seul droit reconnu et invariablement pratiqué jusqu'ici, qui n'admet à de telles successions que *les aînés mâles et nés en loyal mariage* de chaque branche.

Après avoir examiné dans quel ordre les apanages se transmettent, il ne reste plus qu'à parcourir les différens cas qui donnent ouverture à cette transmission.

Ces cas se réduisent à deux :

1° La mort naturelle du titulaire;

2° Sa renonciation anticipée.

§ I^{ee}.

De la mort du titulaire.

En France, le roi ne meurt jamais.

Le roi est mort, vive le roi ! — La succession s'opère *ipso jure* sans intervalle, par la seule force du droit. Il n'y a pas même un instant de raison pendant lequel le trône soit réputé vacant.

La même règle agit pour la succession aux apanages, puisque l'une et l'autre sont gouvernées par les mêmes principes. D'ailleurs, la maxime bourgeoise *le mort saisit le vif*, opère le même effet en faveur de tout héritier.

Il en résulte que la succession à l'apanage s'opérant par la seule force du droit, le successeur n'a pas besoin de lettres particulières d'investiture; la nécessité d'y recourir ferait supposer le droit de les refuser ou de les différer; et ce droit n'existe pas, car chacun des princes qui sont appelés à recueillir l'apanage n'est pas censé tenir son droit du défunt, mais est censé le recevoir immédiatement comme le premier apanagé lui-même, en vertu de l'acte primitif de concession dont la force agit pendant toute la durée de l'apanage.

C'est aussi par cette raison que les biens apanagés passent aux princes de tous les degrés appelés à les recueillir, *francs et libres de dettes et des engagemens des apanagistes précédens.*

Le successeur est-il au moins tenu de maintenir les baux faits par le prédécédé? — Chopin, liv. 3, t. 13, nᵒˢ 1ᵉʳ et 2, dit qu'à *la rigueur* ils semblent résolus; il hésite pourtant quand la ferme est avantageuse, et n'est que pour un petit nombre d'années. On trouve là le germe du principe actuellement en vigueur pour tous ceux qui jouissent d'une chose dont ils n'ont pas la libre et entière disposition : le tuteur, le mari, l'usufruitier. Les baux faits par ces personnes sont maintenus après elles, s'ils ont été faits sans fraude, s'ils n'ont pas eu lieu par anticipation, et s'ils n'excèdent pas le temps ordinaire des baux; c'est-à-dire neuf ans. (Voy. Code civ., art. 595, 1429, 1430 et 1718.) Il en est de même du grevé de substitution.

L'apanagiste ne peut pas avoir moins de droits. Aussi, est-il sans exemple que la nullité des baux ait été demandée par le successeur à l'apanage pour prétendu défaut de droit de son auteur, lorsque celui-ci n'avait pas excédé les justes bornes.

A l'instant de son entrée en possession, le successeur à l'apanage peut désirer que l'on procède à un récolement des biens et à une visite de l'état des bâtimens, sur les procès-verbaux originairement dressés pour la constatation de l'apanage, à l'effet de s'assurer si aucun n'a été distrait, détruit ou usurpé. Ce n'est au surplus qu'une faculté : je ne vois pas qu'aucun édit ou arrêt en ait jamais fait une obligation. L'ordonnance royale du 24 décembre 1825, qui a prescrit de dresser des états de la consistance actuelle de l'apanage d'Orléans a été désirée par M^r. le duc d'Orléans lui-même. Cette mesure était dans son intérêt autant que dans celui de l'Etat, après une longue interruption de jouissance, pendant laquelle les biens de l'apanage avaient subi d'énormes diminutions, afin qu'on ne pût rendre ni lui ni ses descendans responsables de distractions et de détériorations qui ne seraient pas de leur fait.

§ II.

De la renonciation anticipée.

Chacun peut renoncer au droit établi en sa faveur. Le titulaire de l'apanage peut donc abdiquer sa jouissance personnelle, même de son vivant et par anticipation, au profit de son légitime successeur audit apanage.

C'est ainsi qu'en 1780, M^r. le duc d'Orléans, grand-père du duc actuel, a renoncé par anticipation à la jouissance du Palais-Royal.

Il y a cependant cette limitation au droit qu'a l'apanagiste de renoncer par anticipation, qu'il ne pourrait pas le faire au préjudice de ses créanciers [1]. S'il en avait au moment de sa renonciation, comme ils ont dû compter qu'il conserverait la jouissance de son apanage pendant toute la durée de sa vie naturelle, et qu'ils n'ont prêté que dans cette confiance, je pense que, nonobstant la renonciation de leur débiteur, ils conserveraient le droit de saisir les fruits de l'apanage jusqu'à concurrence de leurs créances, si mieux n'aimait le nouveau titulaire en faire son affaire personnelle, en traitant avec eux.

SECTION CINQUIÈME.

De l'extinction de l'Apanage.

Autrefois l'apanage s'éteignait en trois cas,
1° A défaut d'hoirs mâles, capables de succéder ;

[1] Voyez Code civil, art. 622, 788, 1053 et 1167.

2º Par la confiscation, prononcée pour cause de félonie;
3º Par l'avènement du titulaire de l'apanage à la couronne.

§ Ier.

Du défaut d'hoirs mâles.

Le combat finit faute de combattans : à défauts d'hoirs mâles, l'apanage s'éteint, par cela seul qu'il n'y a plus personne pour le continuer. Mais pour cela, il faut qu'il y ait défaut absolu d'hoirs mâles capables de succéder tant en ligne directe qu'en collatérale, suivant les distinctions que nous avons précédemment établies ; car les édits constitutifs d'apanage n'ordonnent le retour à la couronne « que
» dans le cas où le prince apanagé ou ses descendans mâ-
» les viendraient à décéder *sans enfans mâles descendus*
» *de leur corps en loyal mariage*, en telle sorte qu'il ne
» demeurât *aucuns enfans males descendans par ligne de*
» *mâle*, encore bien qu'il y eût fils ou filles descendans
» d'iceux par filles. » — Édit de mars 1661 pour Philippe duc d'Orléans ; édit de juin 1710 pour Charles duc de Berri ; édit d'avril 1771 pour *Monsieur* (Louis Stanislas-Xavier) ; édit d'octobre 1773 pour M. le comte d'Artois.

L'article 4 de la loi du 15 janvier 1825 se contente de dire jusqu'à *extinction de la descendance mâle*, mots génériques qui comportent toute la lignée, et qui, par leur relation aux édits constitutifs de l'apanage exprimée dans le même article, ont absolument la même étendue de signification.

§ II.

De la confiscation.

Autrefois le crime de félonie était puni de la confiscation des biens : *qui confisque le corps confisque les biens* était une des maximes du régime féodal.

Jean II, duc d'Alençon et comte du Perche, s'étant révolté contre Charles VII, fut pris en 1456, condamné à Vendôme, ses biens confisqués, l'exécution remise : le roi retint Alençon, Verneuil, Domfront, qui furent réunis à la couronne, le reste laissé aux enfans.

Ces confiscations sont odieuses; elles punissent l'innocent pour le coupable; elles étaient jadis un appât pour la condamnation, et le seul exemple du connétable de Bourbon [1], réduit par les vexations de François Ier à écrire sur son épée *in ferro salus*, sufﬁsait pour instruire les gouvernemens qu'il ne faut jamais réduire un grand cœur au désespoir.

On vit encore Louis XI associer les enfans du comte d'Armagnac au supplice de leur père, et les punir aussi par la confiscation de leurs biens après les avoir arrosés de son sang.

On vit aussi la révolution, dans ce qu'elle eut d'exaspéré, abuser de l'arme odieuse de la confiscation que lui avait léguée l'ancien régime, pour dépouiller toute une race sous prétexte de la faute d'un seul de ses membres [2]. Mais le législateur auquel était réservée la glorieuse tâche de fermer l'abîme des révolutions, a mis au rang des maximes fondamentales de l'Etat que « la peine de la confiscation des biens est abolie, et *ne pourra pas être rétablie.* »

Ajoutons que, même autrefois, la règle de la confiscation des biens, appliquée aux apanages, avait un caractère particulier d'injustice. En effet, lorsque cette peine n'englobait que des biens patrimoniaux, elle était rigoureuse, mais au moins était-il vrai de dire que le coupable n'avait compromis que son propre bien. Mais l'apanage, par sa nature, n'étant la propriété de l'apanagiste que sous la condition de le transmettre intact à ses descendans, et ceux-ci ne le tenant pas de sa libéralité ni comme faisant partie de sa succession, mais comme le recevant immédiatement de l'auteur même de la substitution en vertu de la clause de transmission exprimée dans le titre originaire, chaque titulaire par cette raison ne pouvant aliéner l'apanage, il est évident qu'aucun d'eux ne pouvait compromettre par son crime ou par sa faute, par son fait enfin, de quelque nature qu'il fût, le droit des appelés après lui.

---

[1] Voyez à l'Appendice, note P, page 100.

[2] Un seul émigré dans une famille entrainait, non seulement la confiscation de tous ses biens actuels, mais chose inouïe! des partages de *présuccession.*

§ III.

De l'avènement à la Couronne.

Les apanages n'étant accordés qu'aux fils et frères de rois, et transmissibles seulement à leurs descendans mâles, il est évident que les titulaires de l'apanage sont en ligne de succéder à la couronne, si par le décès de tous ceux qui les précèdent dans l'ordre de l'hérédité, ils se trouvent appelés en vertu de ce même ordre, à succéder au trône.

Dans ce cas, comme il est de principe [1] que tous les biens que le roi possède au jour de son avènement sont réunis au domaine de la couronne de plein droit [2], et par le seul fait de l'avènement qui s'opère en vertu de la loi fondamentale de l'Etat, il n'y a plus d'apanage, et les biens dont il se composait ne peuvent plus être distingués des autres domaines de l'Etat [3].

Mais à l'instant même aussi commence, pour l'apanagiste devenu roi, l'obligation de pourvoir ses puînés ou ses frères d'un apanage convenable. Ainsi, tout se concilie, et l'ordre en tout est pleinement conservé.

SECTION SIXIÈME.

Effet de la clausee de retour.

L'effet de la clause de retour est que les biens dont se composait l'apanage doivent revenir au domaine de l'Etat « en pareil état et condition qu'ils étaient lors de la conces- » sion de l'apanage. » Ce sont les termes de l'édit de février 1566, répetés dans tous les édits postérieurs.

Cette réunion s'opère de plein droit par la seule force de la stipulation, sans autre adjudication ni déclaration (art. 6 de l'édit). L'on n'a aucun égard aux aliénations qui auraient

---

[1] C'était celui de l'ancienne monarchie, maintenue sous Louis XVIII et Charles X, auquel il a été dérogé seulement en faveur de Louis-Philippe par la loi du 2 mars 1832.

[2] Edit de Henri IV de juillet 1607; loi du 1er décembre 1790 sur le domaine, art. 6; loi du 8 novembre 1814, art. 20. Voy. à l'Appendice, note Q, p. 101.

[3] Voy. CHOPIN, liv. 2, tit. 13.

pu être faites par l'apanagiste, ni aux usurpations qu'il aurait favorisées ou négligé de réprimer, ni aux baux qu'il aurait consentis hors des limites ci-devant indiquées, ni aux dettes qu'il aurait pu contracter.

Il faut cependant faire exception pour l'hypothèque des douaires et des dots, si cette hypothèque avait été accordée avec les autorisations convenables.

QUESTION PARTICULIÈRE,

Qui peut s'élever après l'extinction de l'apanage entre le domaine de l'État et les filles du dernier apanagiste.

Les filles ou leurs héritiers n'ont rien à prétendre sur les biens de l'apanage. Mais voici une espèce qui peut se présenter.

Si l'apanagiste avait employé une partie de son patrimoine à faire des acquisitions dont il aurait ensuite demandé et obtenu la réunion à son apanage, ou s'il avait fait sur les biens de l'apanage des constructions qui eussent absorbé de grands capitaux ; qu'ensuite il vînt à mourir, ne laissant que des filles ou des descendans de filles, exclus, par conséquent, de toute succession à l'apanage ; ces héritiers, dont le patrimoine aurait ainsi contribué à l'accroissement de l'apanage n'auraient-ils pas le droit de réclamer une indemnité ?

— Je ne fais nul doute que ce droit appartiendrait aux filles et à leurs descendans, si leur portion légitimaire se trouvait entamée par ces impenses ; car, alors, le père aurait excédé, à leur préjudice, les bornes de la quotité disponible ; et l'apanage ne peut ouvrir un moyen d'atténuer le droit sacré de légitime.

Si la légitime n'était pas entamée, je crois que les filles et leurs descendans n'auraient, à la rigueur, aucune action juridique en indemnité[1] ; mais *ex æquitate*, je pense que

___

[1] A défaut de loi générale qui ait établi une règle fixe à cet égard, nous citerons au moins deux dispositions qui ont trait à cette question, 1° dans les lettres patentes de février 1692, contenantdon par Louis XIV à son frère unique et à ses enfans mâles du Palais-Royal, par augmentation d'apanage, il est dit : «Permet-

tout commanderait de la leur accorder ; car, s'il est de l'essence de l'apanage de ne pouvoir être diminué au préjudice du droit de retour, il n'est pas de son essence qu'il soit augmenté ; l'Etat ne doit rien perdre ; mais il ne veut pas s'enrichir aux dépens d'autrui.

SECTION SEPTIÈME.

Du conseil du Prince apanagiste.

Le conseil du prince apanagiste, quoique institué avec moins de solemnité qu'autrefois, n'en a pas moins des devoirs importans à remplir. Il n'a aucun caractère public, aucune juridiction extérieure ; mais il n'en a pas moins « la charge spéciale de veiller à la conservation de l'apanage, » et à cet égard le prince ne peut rien faire sans l'avis de » son conseil[1]. » Quant aux biens patrimoniaux du prince, les fonctions du conseil se bornent à bien et fidèlement conseiller le prince dans les affaires qu'il juge à propos de lui soumettre. N'est-ce donc pas une assez belle mission ? Outre l'honneur qui s'attache au choix du prince, la gravité des intérêts fait un devoir à ceux qui sont appelés à en délibérer, de conseiller librement, en leur âme et conscience, selon le droit, et aussi selon l'équité, si parfois l'un semblait ne point s'accorder avec l'autre ; de ne pas considérer ce qui peut plaire, mais ce qui est bon et juste ; de faire

---

» tous à notredit frère, et en tant que besoin est ou seroit, de
» faire en ladite maison et palais telles augmentations, améliora-
» tions ou décorations que bon lui semblera : du prix desquelles,
» en cas de réversion, les héritiers de notre dit frère seront rem-
» boursés par nous ou par nos successeurs rois. » 2° Au contraire,
dans l'édit du 7 décembre 1766, portant réunion à l'apanage
d'Orléans de divers domaines patrimoniaux de l'apanagiste, il est
dit : « sans qu'au cas de réversion à la couronne, les représentans
» de notredit cousin puissent prétendre à ce sujet aucune indem-
» nité ou récompense. » L'édit n'avait sans doute en vue qu'une
réversion à une époque éloignée, et qui n'offrait pas la même rigueur, qu'un dépouillement immédiat.

[1] La phrase que j'ai marquée par des guillemets a été ajoutée
textuellement par M. le président Henrion de Pensey, sur mon
manuscrit, qu'il a eu la bonté de lire avant l'impression.

attention à ce qui est honorable bien plus qu'à ce qui peut être simplement utile. Si l'apanage passait ès-mains d'un prince prodigue, ne pas craindre de contrôler les comptes en les apurant, résister à toute mesure qui serait proposée en vue d'accroître les revenus aux dépens du fonds, et qui pourrait compromettre l'avenir de l'apanage ; enfin si l'apanage tombait en minorité, redoubler de zèle et de surveillance pour les intérêts d'un titulaire qui ne serait pas en état de se défendre par lui-même.

QUATRIÈME PARTIE.

APPENDICE

Contenant des Notes et éclaircissemens historiques.

A   [Page 4.]

Hugues-Capet, roi par élection.

Quand Hugues-Capet monta sur le trône de France, la couronne, si l'on n'eût consulté que les droits de la naissance, eût appartenu à Charles, duc de la Basse-Lorraine, fils de Louis d'Outremer, et oncle de Louis V, dernier des rois de la seconde race.

Mais ce prince, qui s'était *adonné aux étrangers*, au point de se constituer *vassal* de l'empire alors transporté en Allemagne, fut jugé *indigne* de régner sur les Francs. On en *choisit un autre*.

Entre tous les auteurs que je pourrais citer sur ce grand événement, on m'excusera de préférer ce qu'en a dit mon compatriote GUY COQUILLE de Nivernais, député du *tiers-État* de cette province aux États d'Orléans en 1560, et à ceux de Blois en 1576 et 1588 ; jurisconsulte estimé de d'Aguesseau qui le nomme en plusieurs endroits *le judicieux* Coquille, fort versé qu'il était dans le droit public autant que dans le droit privé du royaume, et surtout bon citoyen comme il paraît dans tous ses écrits.

Dans son *discours des Etats de France*, au tome 1 de ses œuvres, page 277, nous lisons ce qui suit :

« ... Aussi, les Etats de France *attribuèrent* la couronne à Hugues-Capet, en déclarant Charles d'Austrasie, frère du dernier roi de la lignée de Charlemagne, être *indigne* de succéder à icelle couronne. Qui fut un jugement, non de *déclaration*, comme celui de Philippe de Valois; mais d'*adjudication*; car ledit Hugues-Capet n'était pas descendu de Charlemagne ni des anciens rois.... Aucuns mauvais historiens et mauvais François disent que Hugues-Capet étoit *usurpateur* de la couronne, et disent mal par deux raisons. L'une est parce que la couronne avoit été *usurpée* par Charles Martel pour la mettre sur la tête de Pepin son fils. .... L'autre raison est que les seigneurs de France et le peuple François, assemblés en Etats, se représentèrent que ledit Charles d'Austrasie, frère du dernier roi, avoit toujours été *mauvais François*, et que lui et ses prédécesseurs avoient, par plusieurs moyens, essayé de rendre ce royaume *sujet à l'empire* des Allemands, et en avoient démembré une bonne partie pour l'attribuer à l'empire : même ce qui est au-delà les rivières de l'Escaut, Meuse, Saône et Rhône. Aussi que, *par faute de bon gouvernement*, ce royaume avoit reçu infinité d'afflictions et oppressions, tant par les Danois, dits Normands, que par autres nations, et *sembloit être expédient, voire nécessaire que cette monarchie changeât de gouverneur* [1]. ....

« Durant ce règne de Hugues-Capet et de ses successeurs rois, ajoute Coquille (p. 279), a été aussi maintenue *l'honnête et ancienne liberté du peuple* ; en ce qu'il n'étoit loisible aux rois d'imposer aydes, tailles et subsides nouveaux sur leur peuple, etc, etc. »

On conçoit aisément cette sage réserve de la part de princes qui devaient tous leurs droits au choix de la nation ; surtout si l'on se rappelle qu'à cette question : *Qui vous a fait comte* ; adressée par Hugues et Robert, à Adelbert, comte de Périgord, celui-ci n'avait pas craint de leur répondre : *Ceux qui vous ont fait rois.*

B [Page 5.]

De la loi salique.

La *Loi salique* est, comme on sait, la loi fondamentale des *Francs Saliens*, rédigée par un petit nombre de prud'hommes choisis dans la nation par la nation elle-même, véritable loi nationale, *Pactum legis salicæ* [2].

---

[1] Voyez l'écrit intitulé : *Révolution de 1830.*

[2] Sunt autem electi de pluribus viri quatuor his nominibus. Wisogast, Bodogast, Salogast, Windogast... Qui per tres mallos (*Assem-*

Chez les Francs, les terres étaient publiques. Chaque année la distribution s'en faisait aux membres des différentes tribus, en raison du nombre de leurs troupeaux et de leurs moyens de culture. Cependant chaque chef de famille possédait patrimonialement une habitation, et quelques arpens qui en formaient l'enceinte. On donnait à cette habitation et à son enceinte la dénomination de *terres saliques* ; et c'est à cette terre salique que les mâles succédaient à l'exclusion des femmes [1].

On ne connaît aucun exemple de dérogation à cette coutume avant l'invasion des Gaules ; mais après la conquête, on tint moins à son exécution. Dès le milieu du septième siècle, il était reçu que le père pouvait appeler ses filles au partage de tout ce qu'il possédait, concurremment avec leurs frères. Marculfe nous a conservé la formule de ces actes de rappel. Le père y dit en parlant à sa fille : « Une ancienne coutume vous rend inhabile à succéder à mes » propres ; mais comme vous m'êtes tous également chers, je » veux et entends qu'après ma mort, ma succession soit partagée « entre mes fils, vos frères, et vous, par portion égale : »

Ut tàm de alode paterná, quàm de comparato, æquale lance cum filiis meis, germanis tuis, dividere vel exæquare debeas.

On ignore si ces dérogations à la loi commune étaient plus ou moins fréquentes. Les nuages qui couvrent ces temps reculés nous laissent à peine entrevoir ce qui s'y passait. Cependant on peut conjecturer qu'elles étaient fort rares. En 788, Charlemagne fit réunir les lois des Francs en un seul code, sous le titre de *Pactum legis salicæ*, et la disposition qui déclare les filles inhabiles à succéder à la terre Salique y est consignée en termes si absolus, qu'il est difficile de ne pas les regarder comme exclusifs de toute espèce d'exceptions. Ces termes les voici : « *De terrá verò salicá,* « *nulla portio hæreditatis mulieri veniat, sed ad* VIRILEM SEXUM « *tota terræ hæreditas perveniat* ».

Comme le domaine de la couronne était mis au rang des terres saliques, cette loi s'appliquait à la famille royale de même qu'aux familles particulières. Tout à-la-fois politique et civile, elle réglait la succession à la couronne ; et, relativement aux femmes, le trône, comme tout ce qui était compris sous la dénomination de terres saliques, était hors de la succession du père commun.

Si des changemens à cet ordre de succéder ont été tolérés quelquefois ; si dans certaines circonstances, la volonté du père a prévalu sur celle de la loi, cela ne s'est vu que dans des familles particulières ; et la disposition de la loi salique a constamment réglé la succession au trône, sans altération, ni dérogation.

blées publiques. DUCANGE.) convenientes, omnes causarum origines sollicitè discurrendo (aliàs, *discutiendo*) tractantes de singulis, judicium decreverunt hoc modo, etc. (*Préambule de la Loi Salique*, édition d'Hérold.)

[1] *Voy.* DUCANGE, 17e *Dissertation sur Joinville*, du mot *sale*, et par occasion des *lois et terres saliques*.

Presque tous les rois des deux premières races ont eu des filles. Clovis en a laissé une : Charlemagne six, Louis-le-Débonnaire quatre, Louis-le-Bègue deux ; toutes ces princesses avaient épousé les seigneurs les plus puissans d'alors. Ces hommes dont le courage infatigable et féroce ne respirait que la guerre, n'auraient pas manqué de faire valoir les droits de leurs femmes au trône, s'ils avaient pu leur en supposer. Cependant aucun d'eux, pendant les quatre siècles qui se sont écoulés depuis Clovis jusqu'à l'avènement d'Hugues-Capet au trône, n'a fait entendre la plus légère réclamation.

Sous la troisième dynastie, même exclusion des femmes, même observation de la loi salique. Depuis le commencement du quatorzième siècle jusqu'à nos jours, elle a reçu huit fois son application, 1° à la fille de Louis-le-Hutin ; 2° aux filles de Philippe-le-Long ; 3° à la fille de Charles-le-Bel ; 4° aux filles de Louis XI ; 5° aux filles de Louis XII ; 6° à la fille de Charles IX ; 7° aux filles de Henri III ; 8° à la fille de Louis XVI.

Deux circonstances solennelles, dans lesquelles l'ambition des compétiteurs a tenté d'y apporter quelque atteinte, n'ont servi qu'à rendre le principe plus certain, et affermir davantage cette loi fondamentale.

Après la mort de Louis-le-Hutin, qui laissa une fille, le duc de Bourgogne, oncle de cette princesse, prétendit que la couronne lui appartenait. C'était la première fois que cette difficulté s'élevait. Pour la résoudre, Philippe-le-Long convoqua les grands du royaume, et dans cette Assemblée, il fut décidé que la loi Salique ne permettait pas que les femmes succédassent au royaume de France.

Charles-le-Bel n'ayant de même laissé qu'une fille ; Edouard III, roi d'Angleterre, éleva la même prétention. Il était par sa mère petit-fils de Philippe le-Bel et neveu du dernier roi, par conséquent, plus près que Philippe de Valois qui n'en était que le cousin. La prétention d'Edouard, soumise à une Assemblée composée de douze pairs de France, et d'un grand nombre de barons, ne fut pas jugée meilleure que celle de Jeanne, fille de Louis-le-Hutin. Il était mâle à la vérité, mais il descendait d'une fille, et la loi Salique lui fut appliquée.

Dans le mémorable arrêt du parlement de Paris des 3 et 5 mai 1788, le principe de la loi Salique est rappelé en ces termes :

« La cour......

» Déclare que la France est une monarchie gouvernée par le roi suivant les lois ;

» Que de ces lois, plusieurs qui sont fondamentales, embrassent et consacrent :

» Le droit de la maison régnante au trône, de mâle en mâle, par ordre de primogéniture, *à l'exclusion des filles et de leurs descendans.* »

Ces derniers mots si essentiels, puisqu'ils sont l'expression de la *loi Salique*, ont été omis par plusieurs historiens [1], notamment par M. Lacretelle, *Histoire du 18 siècle*, et par l'auteur de la *Revue chronologique de l'Histoire de France*.

Le président Hénault, dans ses considérations sur l'avénement de Pépin, année 751, fait la remarque suivante : « Sous la troi- » sième race, le droit successif héréditaire s'est si bien établi, que » les rois *ne sont plus les maîtres de déranger l'ordre de la suc-* » *cession*; et que la couronne appartient à leur aîné par une cou- » tume établie; laquelle, dit Jérôme Bignon, est plus forte que la » loi même : cette loi ayant été gravée, non dans du marbre ou » en du cuivre, mais dans le cœur des Français. »

Ainsi, le royaume de France ne pourrait pas, ainsi qu'on a vu d'autres Etats, être donné ou légué comme une métairie par le testament ou une disposition quelconque du roi régnant. La couronne se transmet par la loi du royaume, et non par la volonté et le caprice de l'homme : à la mort de chaque roi, son successeur légitime est roi par la seule force du droit, et sans qu'il puisse lui être préjudicié, 1° ni par *adoption*; 2° ni par *légitimation* de bâtards; 3° ni par *mariage*; 4° ni par *intercalation*, *rappel* ou *naturalisation* de princes étrangers.

François Hotman, célèbre jurisconsulte du 16e siècle, a fait un petit *Traité de la loi Salique*, très-court et fort curieux; il n'a guère que 24 pages in-12, et dit tout ce qu'il faut. On peut y voir la réponse qu'il prête à *Madame Blanche de France*, épouse de Philippe de France, duc d'Orléans troisième fils de Philippe de Valois, dans une querelle qu'elle eut avec ce dernier; nous ne la rapportons point à cause de sa gaillardise toute virile; les curieux n'auront qu'à recourir au livre.

C [Page 5.]

Sur les princes non apanagés : et, par cette raison, surnommés sans terre.

Jean *sans terre*, (dit le P. Hénault d'après Duchesne), d'autant que du vivant du roi Henri II son père, il n'avait *aucun apanage*, parce qu'il était encore *mineur*, suivant la loi des fiefs qui voulait que même les nobles ne possédassent point de fiefs qu'ils ne pussent les desservir, et qu'ils n'eussent *vingt-un ans*, qui

[1] On n'est pas moins surpris de voir que le célèbre peintre Gros, qui a composé sa belle coupole de Sainte-Geneviève des groupes de Clovis, de Charlemagne, de Saint-Louis et de Louis XVIII, en signalant ces trois derniers par les mots *capitulaires*, *établissemens*, et *Charte*, nobles fruits de leur législation, ait omis d'inscrire sur l'écusson de Clovis la *Loi Salique*, dont ce prince a été le premier réformateur, après son baptême, comme le porte le préambule même de cette loi.

était l'âge de la majorité féodale (comme celui des roturiers était de quatorze ans parce qu'à cet âge ils pouvaient faire quelque négoce.)

Philippe-le-Hardi, tige de la seconde maison de Bourgogne, fut aussi surnommé *sans terre* avant que le roi Jean l'eût *apanagé* du comté de Touraine et du duché de Bourgogne; de même que Philippe, comte de Bresse, devenu duc de Savoie, en 1496, par la mort de son petit-neveu le duc Charles-Jean-Amé, parce qu'il avait été jusqu'à l'âge de vingt-deux ans *sans avoir eu d'apanage*.

Cependant il faut remarquer que, suivant les établissemens de saint Louis, lorsqu'un gentilhomme mariait son fils ou qu'il le faisait chevalier, il devait, suivant la coutume, lui donner le *tiers de sa terre*.

Louis VIII fit son testament, où il appela les évêques et comtes qui se trouvèrent à la cour. Il déclara Louis, son aîné, roi : il donna l'Artois à son second fils, le Poitou au troisième; l'Anjou et le Maine au quatrième. — Ce testament fut exécuté.

Il faut remarquer que dans le même testament, le roi disposa de la vocation de son cinquième fils Jean, et de ceux qui le suivront, en ordonnant *qu'ils entreront dans la cléricature*........ — C'était sans doute pour *moins multiplier les apanages*, ou plutôt pour ne point trop démembrer des portions du domaine, dont les puînés avaient alors la *propriété*; car les apanages n'étaient pas encore très connus. (HÉNAULT, année 1225.)

D [Page 9.]

Explication sur l'Arrêt de 1258.

Prost de Royer, en rapportant cet arrêt, dit que l'on jugea, non d'après la jurisprudence antérieure, mais *d'après le testament*, par lequel on pensa que ce roi avait pu *modifier la donation*. Cela n'est point exact. En droit, Louis VIII n'aurait pas pu par son testament modifier les droits acquis à son frère par un acte antérieur. On n'a plus d'ailleurs cette donation; elle ne se trouve pas dans les registres cités par Dutillet. Mais elle est relatée dans la *reconnaissance* fournie par Philippe en 1223, deux ans avant le testament de son frère; dans laquelle il dit en propres termes : « Je fais savoir en outre que si je meurs sans héritiers de mon épouse, toutes les terres susdites retourneront librement et sans troubles à mondit seigneur et frère, et à ses héritiers. « *Quòd si me sine hærede de uxore meâ desponsatâ mori contingeret, omnia supradicta ad dictum dominum fratrem meum et heredes suos liberè et quietè revertentur.*

E [Page 9.]

Généalogie des Bourbons depuis Robert de Clermont jusqu'à Henri IV.

Henri IV, prince français, déjà roi de Navarre, né le 13 décembre 1553, fils d'Antoine de Bourbon, duc de Vendôme, et de Jeanne d'Albret, reine de Navarre, dixième descendant de saint Louis, ainsi qu'il suit :

SAINT LOUIS, tige ; a eu six fils, savoir : 1. Louis, mort jeune ; 2. PHILIPPE-LE-HARDI qui a régné ; 3. Jean, mort jeune ; 4. Jean, dit Tristan, né à Damiette en 1250, mort à Tunis en 1270. 5. Pierre, comte d'Alençon, mort sans postérité, en 1283. 6. ROBERT, comte de Clermont, sire *de Bourbon* par sa femme.

Reprenons :

1. Robert, tige des Bourbons.
2. Louis, premier duc de Bourbon.
3. Jacques de Bourbon, comte de la Marche.
4. Jean de Bourbon, comte de Vendôme par sa femme.
5. Louis II de Bourbon, comte de Vendôme.
6. Jean II de Bourbon, comte de Vendôme.
7. François de Bourbon, comte de Vendôme, époux de Catherine de Saint-Pol.
8. Charles de Bourbon, premier duc de Vendôme.
9. Antoine de Bourbon, duc de Vendôme, et roi de Navarre par sa femme.
10 Henri IV, roi de France en 1589, mort en 1610.

(Voyez le tableau ci-contre.)

Généalogie de la Maison de Bourbon.

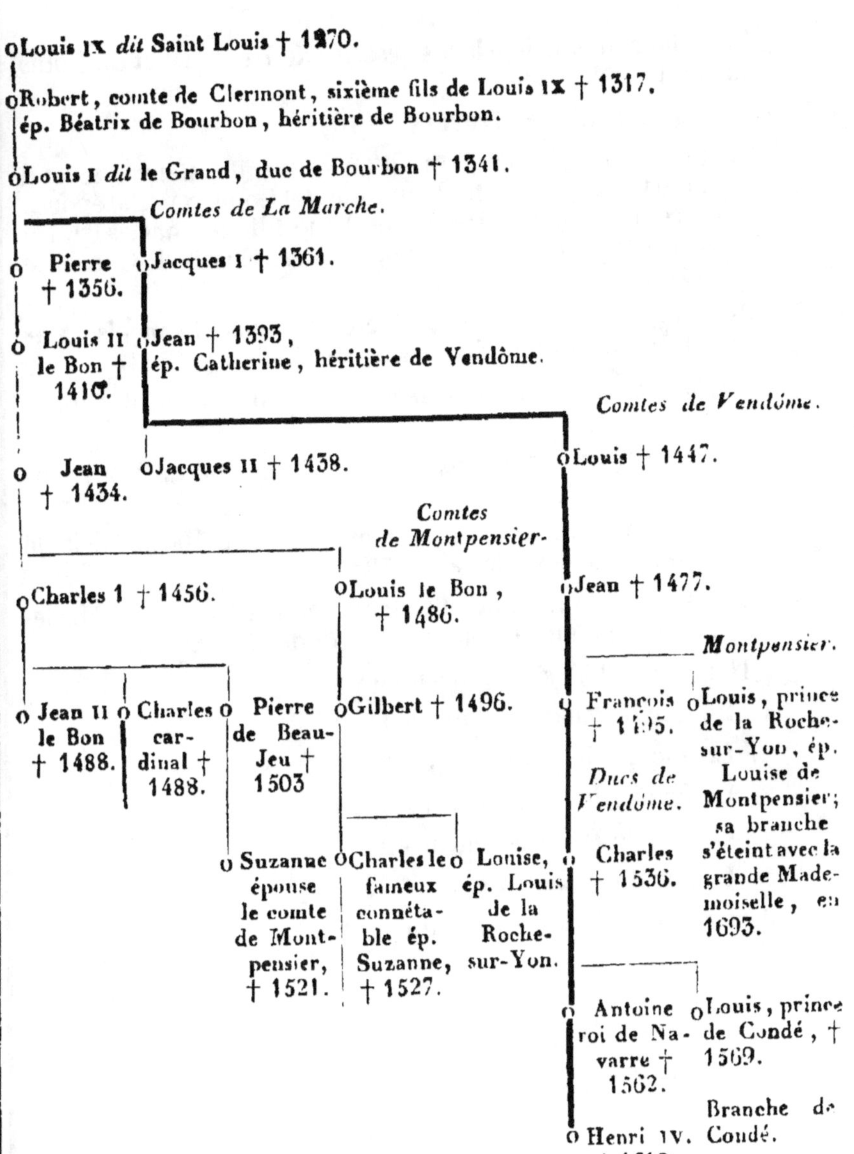

GÉNÉALOGIE

De la Branche actuelle d'Orléans.

La branche actuelle d'Orléans descend de Henri IV et de Louis XIII, ainsi qu'il suit :

— LOUIS XIII, fils de Henri IV. † 1643.

— PHILIPPE de France, duc d'Orléans (*Monsieur*), second fils de Louis XIII et frère unique de Louis XIV, a épousé en premières noces, Henriette-Anne, fille de Charles Ier, roi d'Angleterre, et, en secondes noces, Elisabeth-Charlotte de Bavière. † 1701.

— PHILIPPE, duc d'Orléans, régent, a épousé Françoise-Marie de Bourbon (Mademoiselle de Blois). † 1723.

— LOUIS a épousé Auguste-Marie-Jeanne de Baden-Baden. † 1752.

— LOUIS PHILIPPE a épousé Louise-Henriette de Bourbon-Conty. † 1785.

— LOUIS-PHILIPPE-JOSEPH a épousé Louise-Marie-Adélaïde de Bourbon-Penthièvre. † 1793.

— LOUIS-PHILIPPE (duc d'Orléans actuel) a épousé Marie-Amélie, fille de Ferdinand IV, roi des Deux-Siciles.

* Il a (en 1827) six enfans mâles :

1. Le duc de Chartres, né en 1810.

2. Le duc de Nemours, né en 1814.

3. Le prince de Joinville, n. en 1818.

4. Le duc de Penthièvre, né en 1820.

5. Le duc d'Aumale, né en 1822.

6. Le duc de Montpensier, né en 1824.

F [Page 15.]

Sur la réunion de l'apanage de Bourgogne.

HÉNAULT, t. 3, p. 966, traite cette question en termes assez développés :

« Comme le duché de Bourgogne, dit-il, est le dernier apanage qui rentra dans le domaine royal, et dont la réunion éteignit cette espèce de souveraineté bizarre qui, semblable à un corps étranger, gênoit les ressorts de la véritable, il est bon de voir ce qu'il devint à la mort de Charles-le-Téméraire. Ce duché pouvoit regarder trois personnes : — Louis XI y avoit droit par la loi des apanages, au cas qu'il n'y eût plus de mâles descendans de Philippe-le-Hardi, premier duc de cette seconde maison, sur le principe que ce duché ayant été donné à Philippe-le-Hardi, à condition de retour à la couronne, faute d'hoirs mâles, Marie de Bourgogne, fille de Charles en étoit exclue. — Cette même Marie avoit droit à la succession de son père, si la loi des apanages n'avoit pas lieu ; — et enfin un mâle provenant de Philippe-le-Hardi, s'il y en avoit un, devoit, suivant la loi des apanages, être préféré à Louis XI et à Marie. Cela supposé, quel étoit l'héritier légitime de Charles-le-Téméraire ? Je n'en vois point d'autre que Jean, comte de Nevers, petit-fils de Philippe-le-Hardi, lequel n'étant mort qu'en 1491, étoit le seul mâle vivant de cette maison lors de la mort de Charles-le-Téméraire, arrivée quatorze ans auparavant. Quel droit Louis pouvoit-il lui opposer ? — Etoit-ce la loi des apanages ? Cette loi étoit pour lui puisqu'il étoit mâle descendant de Philippe-le-Hardi. Quel droit pouvoit lui opposer Marie, fille de Charles ? Etoit-ce son droit d'unique héritière de son père ? Elle en étoit déchue par la loi des apanages, qui excluoit les filles dans tous les cas. Cependant, chose merveilleuse, nous ne voyons pas qu'il y ait été question du comte de Nevers à la mort du dernier duc de Bourgogne. Seroit-ce que le comte de Nevers étoit trop faible pour faire valoir ses droits ? Mais il eût au moins fait des protestations. Seroit ce au contraire que la loi des apanages ne fût pas encore assez clairement établie pour que Marie fût exclue ? mais cette loi étoit devenue une loi de l'Etat [1]. Seroit-ce enfin, comme le propose l'abbé Longuerue, que le comte de Nevers eût fait cession de ses droits à Louis XI ? Il n'y en a aucune trace : car d'ailleurs, qu'importe que ce comte de Nevers ait été dégradé de l'ordre de la Toison pour avoir cru aux sorciers, comme il paroit par une chronique manuscrite de la bibliothèque du roi ? Pouvoit-ce être une atteinte aux droits de sa naissance ?

[1] Par l'ordonnance de Philippe-le-Bel, sous l'empire de laquelle la Bourgogne avait été donnée en appanage en 1363.

Mais ce qui ajoute à la difficulté des conjectures, c'est qu'en même temps qu'il ne paroit pas que le comte de Nevers ait osé protester contre Louis XI lors de la réunion de la Bourgogne à la couronne, il n'a pas craint de faire appeler à la cour des pairs Maximilien d'Autriche, époux de Marie de Bourgogne, pour lui rendre la Flandre, le Brabant et les autres Etats dont il s'étoit emparé; mais il mourut dans le cours de cette instance, àgé de soixante-seize ans, le 25 septembre 1491.» (Mémoire pour servir à l'histoire du Nivernais.)

Dans un point d'histoire si embarrassé, il me semble que nous ne pouvons nous décider que par la conduite que tint Louis XI dans cette occasion. On ne persuadera jamais, quoi qu'en disent quelques écrivains (Dutillet, Laguesle, Dupui), que ce prince n'eût pas usé du droit de réunion, faute d'hoirs males, s'il avait cru y être autorisé: il ne l'a pas fait, parce qu'il y avait un prince vivant qui descendait de Philippe-le-Hardi : il aima mieux d'abord employer l'habileté pour s'emparer des places du duché de Bourgogne; et après avoir manqué le mariage de Marie, en quoi il fut inexcusable, il eut recours à la loi des fiefs, et il réunit le duché de Bourgogne à la couronne pour crime de félonie, dont en effet, Charles-le-Téméraire n'avait été que trop coupable pendant le cours de sa vie. Au reste, on sent bien que cette question n'est que de pure curiosité, puisque le comte de Nevers mourut sans enfans.

G [Page 13.]

Analyses de diverses lettres patentes relatives aux apanages.

Lettres patentes de Philippe de Valois de novembre 1327, donnant pouvoir a Jean de France, duc de Normandie, comte d'Anjou et du Maine, de *plaider par procureur*, d'accorder des *sauvegardes, priviléges* et *franchises,* et toutes *lettres de grace, remission,* et *rapeaux* en procès civils et criminels. (DUTILLET, *des Rois de France*, p. 297.)

Lettres patentes de 1386 portant don du duché de Touraine, etc., à Louis de France, frère du roi, pour les tenir en *pairie et apanage*, par lui et ses descendans mâles. (Mémorial de la cour des comptes, *Cote E, fol.* 283.)

Lettres patentes du 4 juin 1392, portant don du duché d'Orléans à Louis de France et aux *hoirs mâles* qui descendront de lui en loyal mariage, au lieu du duché de Touraine à lui donné par les précédentes; sauf et *réserve au roi et à ses successeurs rois de France, la foi et hommage-lige, le ressort et la souveraineté et autres droits royaux.* (CHOPIN, *de dominio*, livre 2, titre 3, n° 7.)

Lettres patentes du 6 octobre 1394, portant don à Louis de France, duc d'Orléans, et à ses hoirs descendans mâles, du comté d'Angoulême, *avec tous droits de patronage, de collation et de présentation aux bénéfices*, excepté la souveraineté, le ressort et l'hommage-lige. (DUTILLET , *des apanages.*)

Lettres patentes du 12 juin 1540 portant don à Charles de France du duché d'Orléans, etc., pour le tenir en pairie et apanage par lui et ses enfans mâles, avec pouvoir d'établir une *chambre des comptes et des grands jours*; et à charge qu'au défaut d'hoirs mâles, le tout sera réuni au domaine de la couronne. (Mémorial de la chambre des comptes, *Cote 2 , I , folio 275.*)

H   [Page 22.]

Si l'on peut changer les apanages une fois constitués.

Cette question a été traitée par le député Bengy-pui-Vallée, dans l'assemblée constituante, séances des 13 et 14 août 1790; nous en offrirons quelques extraits, pris dans le Moniteur de cette époque, pages 936 et 938.

« . . . . Si la loi de l'Etat est telle que le patrimoine du prince se confonde avec le domaine de l'Etat, la nation contracte l'obligation de mettre le prince à même de remplir, vis-à-vis de ses enfans, les devoirs que la nature impose à un pere. L'alliance indissoluble et politique qui s'établit entre la nation et le roi, est en même temps une adoption formelle que l'Etat fait des rois, qui, à ce titre, deviennent nécessairement les *enfans de l'Etat.*

(De là les lois qui ont établi les apanages et les ont établis en domaines. Il se résume :)

« Trois conséquences résultent de cet exposé historique :

« La première, c'est que le traitement des princes de la maison de France a toujours été formé d'une portion du domaine de la couronne.

« La deuxième, c'est que la clause de réversion, à défaut de postérité masculine, qui est une condition constitutive des apanages, prend sa source dans l'inaliénabilité même des domaines.

« Par conséquent, les domaines fonciers ont toujours été l'objet matériel des apanages, tandis que les filles des rois n'ont qu'une dot en argent, ou une pension sur le trésor royal. Cette différence est fondée sur *la loi salique* qui, en excluant les femmes du trône, les exclut également de la possession des domaines de la couronne; ainsi, il est clair que par le mot *apanage* on a toujours entendu jusqu'ici une portion des domaines de la couronne; et que l'intention et la volonté formelle *de la nation* ont été constamment qu'on donnât aux princes de la maison de France une portion des domaines de la couronne, pour leur tenir lieu de leur part héréditaire ou *légitimaire*. En général, la légitime doit être fournie en corps héréditaires. »

(Bengy-pui-Vallée , rappelle ensuite que les lois rendues sur les apanages l'ont été à la demande des *états-généraux* .... et il en conclut que ce sont des lois de l'État.)

« On doit nécessairement regarder comme *loi de l'État*, une loi qui a été rendue à la demande et avec le consentement des états-généraux du royaume. Ce fut particulièrement pour *fixer la nature et la qualité des apanages*, que les états-généraux de 1168 furent assemblés à Tours. Ils reconnurent formellement qu'on devait aliéner une portion du domaine de la couronne, pour former l'apanage d'un fils de France. La fameuse ordonnance des domaines, rendue à Moulins, au mois de février 1566, à la demande des états-généraux d'Orléans et de Blois, a fixé par la sagesse de ses dispositions la jurisprudence domaniale : elle porte expressément. »

(Cet article est rapporté plus haut pages 15 et 16).

Les états-généraux assemblés à Blois , en 1567, demandèrent l'exécution de l'ordonnance de février 1566, et sur leur demande, Henri III en ordonna l'exécution, et rappela et sanctionna les principes qui l'avaient dictée. Ainsi *des lois qui expriment le vœu et le consentement de la nation* ont déterminé la nature et les conditions des apanages ; ainsi des lois qu'on doit regarder *comme lois de l'État*, ont exprimé la volonté et l'intention de la nation sur le fait des apanages.

D'après cela si l'on examine les principes du gouvernement qui a existé jusqu'ici, les princes apanagistes sont *fondés en titres certains en possession incontestable.*

(Bengy-pui-Vallée examine ensuite si , par de nouvelles lois, on peut détruire ces titres.)

« Aujourd'hui la nation....... veut faire un nouveau pacte avec la famille royale ; elle veut établir un nouvel ordre de choses pour l'avenir ; mais elle ne peut pas empêcher qu'il n'ait existé un *premier contrat* ; elle ne peut pas annuler les effets antérieurs qu'il a produits ; pour dépouiller les princes, il faut anéantir le titre en vertu duquel ils possèdent ; ce titre repose sous la garantie de la loi ; une loi ne peut être détruite que par la loi subséquente ; mais une loi *subséquente ne peut pas, sans renverser les principes de l'ordre social, avoir un effet rétroactif :* la nation ou ses représentans ne peuvent donc pas annuler les effets du premier contrat, et *substituer à des domaines fonciers une rente en argent.* »

I. [Page 26.]

Dates des Lois et actes relatifs à l'apanage d'Orléans [1].

1° Edit du roi Louis XIV, de mars 1661, enregistré au parlement le 10 mai suivant, portant don par S. M. à Monsieur, Philippe, fils de France, duc d'Orléans, son frère unique, et à ses enfans mâles, des duchés d'Orléans, Valois et Chartres, et seigneuries de Montargis ; et ce, *à titre d'apanage*.

2° Déclaration du roi du 24 avril 1672, registré au parlement, le 3 septembre, portant délaissement par S. M. à Monsieur, son frère unique et à ses enfans mâles, des duchés de Nemours, comtés de Dourdan et Romorantin, et marquisats de Coucy et Folembray ; et ce, à titre de *supplément d'apanage*.

3° Lettres patentes du roi, de février 1692, registré au parlement, le 13 mars 1693, portant, don par S. M. à Monsieur et à ses enfans mâles, du Palais royal [2], *par augmentation d'apanage*.

4e Lettres patentes de janvier 1724, registrées à la Cour des Aides, le 8 février, portant création d'un *chancelier gardes-dessceaux* [3], un contrôleur, deux secrétaires des finances, un audiencier garde-des-rôles, un chauffe-cire et deux huissiers de l'apanage.

5° Arrêt du conseil du 27 juillet 1740, portant *concession* à M. le duc d'Orléans et à ses descendans mâles, de l'hôtel du Grand-Ferrare à Fontainebleau. — Lettres patentes conformes de juin 1741 registrées au parlement le 18 août suivant.

6° Lettres patentes du 28 janvier 1751, registrées au parlement le 5 février, portant *union* à l'apanage de M. le duc d'Orléans, des comté de Soissons, et domaines de Laon, Crépy en Laonnois, et Noyon.

7° Arrêt du conseil d'État du 16 septembre 1766, et lettres patentes sur icelui du 7 décembre 1766, registrées au parlement le 15 du même mois, qui ordonnent l'exécution de l'arrêt du parlement du 3 septembre 1766 ; et en conséquence, que M. le duc d'Orléans jouira *à titre d'apanage et en toute propriété* des domaines de Marle, Lafère, Ham, St-Gobain, dependans du

---

[1] J'ai omis à dessein, dans cette énumération, plusieurs déclarations de lettres patentes, relatives à des droits purement fiscaux ou féodaux, aujourd'hui supprimés.

[2] Ce palais, appelé *Cardinal* du vivant du cardinal de Richelieu, fut appelé *Palais-Royal* sous la minorité de Louis XIV, qui l'habitait pendant les troubles de la Fronde : et depuis il a conservé ce nom.

[3] L'ordonnance de Charles X, du 24 décembre 1825, parle encore du *sceau* de l'apanagiste. *Voy.* page 44.

comté de Vermandois; ordonnent la *réunion de droit* audit apanage des parts, portions et dépendances du domaine d'icelui ci-devant engagées et qui ont été ou pourront être rachetées; acceptent le délaissement fait à S. M. par M. le duc d'Orléans pour les causes y exprimées du canal d'Ourcq et de la maison ci-devant appelée hôtel de Plessis-Châtillon, tenant au Palais-Royal; ordonnent que lesdits objets délaissés seront réunis au domaine de la couronne, et feront partie dudit apanage.

8° Lettres patentes du roi du 15 août 1784, registrées en parlement le 26, qui permettent à M. le duc de Chartres (à qui M. le duc d'Orléans avait cédé par anticipation le Palais-Royal), d'accenser les terrains et bâtimens qui sont au pourtour du jardin du Palais-Royal.

9° Ordonnances de Louis XVIII des 18 et 20 mai, 17 septembre et 7 octobre 1814, concernant la restitution du Palais-Royal et des biens non vendus de M. le duc d'Orléans, ensemble tous les biens dont le feu duc d'Orléans, son père, a joui à quelque titre et sous quelque dénomination que ce soit, ainsi que les titres, plans, papiers, etc., qui se trouvent dans les archives et dépôts publics.

10° Ordonnances de Louis XVIII des 10 décembre 1823, 23 juin et 18 juillet 1824, relatives à la cession du canal de l'Ourcq par le duc d'Orléans à la ville de Paris.

11° Loi du 15 janvier 1825, art. 4, relative à l'apanage et au droit de retour d'icelui au domaine de l'Etat, à défaut d'hoirs mâles.

12ᵉ Ordonnance de Charles X, du 21 décembre 1825, sur la constatation des biens composant actuellement l'apanage d'Orléans.

Nota. On a pu remarquer, dans cette énumération, que l'apanage d'Orléans n'a reçu aucun accroissement pendant la régence. Louis Philippe, maître de l'État, ne s'est pas même fait allouer de traitement comme Régent.

J. [Page 56.]

Sur les princes et les pairs.

Je voulais donner ici une note historique sur les princes du sang et les pairs; mais ce travail m'ayant mené plus loin que je ne pensais m'eût écarté de mon sujet (les apanages). Voyez cependant la note suivante.

K [Page 56.]

Sur la pairie des princes.

Autrefois les princes, pairs par droit de leur naissance, avaient de plein droit aussi séance au parlement, « sans avoir besoin de brevet à cette fin. » dit Loyseau.

Aujourd'hui, d'après l'article 31 de la Charte constitutionnelle : « Les princes *ne peuvent* prendre séance à la chambre des pairs que *de l'ordre du roi*, exprimé pour chaque session par un message, à peine de nullité de tout ce qui aurait été fait en leur présence. »

Ainsi, les princes ont moins de droit que les autres pairs, à qui le roi n'a pas besoin de permettre, et même ne pourrait pas défendre de siéger, et d'exercer par le fait les prérogatives qui leur appartiennent de droit.

Cette anomalie a donné lieu en 1819 à des réflexions qu'on peut lire dans le recueil intitulé *Lettres normandes*, tom. 6, p. 93.

L   [Page 57.]

Sur les bois des apanages.

Vauxelles, en sa qualité de *grand-maître des eaux et forêts*, a écrit surtout pour restreindre les droits des apanagistes relativement aux *forêts* apanagères. A l'entendre, les officiers ordinaires des eaux et forêts sont seuls chargés de vendre les coupes. Il semble que le prince devrait aller leur demander son revenu, et le recevoir de leurs mains. Il a encore une autre prétention; suivant lui, les apanagistes n'ont pas le droit de jouir des *futaies* ni des *baliveaux* sur taillis.

Les autorités qu'il cite, bonnes pour les *engagistes*, ne reçoivent aucune application aux *apanagistes* qui ont des droits d'une autre nature [1].

Aussi, tous les édits et arrêts intervenus en matière d'apanages ont maintenu les apanagistes dans le droit de faire vendre leurs bois par leurs propres officiers, qui, d'ailleurs, sont aussi agréés par l'administration. Les apanagistes ont également le droit de couper les futaies qui se trouvent dans les bois de l'apanage, et il serait d'autant plus étonnant qu'ils ne l'eussent pas, que le Code civil accorde cette jouissance même aux simples usufruitiers (*art.* 591)

Seulement, il leur est interdit d'*anticiper* les coupes et de changer l'ordre des *aménagemens*, et ils auraient tort de se plaindre de cette condition, puisque le roi lui-même y est soumis pour les

---

[1] Au besoin, sur cette question, si jamais elle était renouvelée, on consulterait avec fruit le chapitre 15 du Traité manuscrit en un vol. in-folio (pages 199 et suivantes), qui existe aux archives du Palais-Royal. Ce chapitre est intitulé : *Prétention des gens du domaine contre les Princes apanagistes, sur les baliveaux que les engagistes sont obligés de laisser dans la coupe des bois taillis.*

bois dépendans de sa liste civile. (Loi du 1er juin 1791, 2e décret, art. 5.)

Le projet de *Code forestier*, actuellement soumis à la chambre des députés, bien loin de déroger à cet ordre de choses, ne fait que le consacrer de nouveau.

M [Page 58.]

Droit de démolir et rebâtir.

Les ducs d'Orléans ont usé largement de ce droit en faveur de leur apanage. Ainsi, le Palais-Royal, qui se dégradait en plusieurs parties, a été rebâti en entier par les ducs d'Orléans, au point qu'il ne reste plus de l'ancien Palais Cardinal qu'un pan de muraille chargé de *proues de navire*, pour lesquelles j'ai intercédé auprès de M. Fontaine (architecte du prince), afin qu'il les conservât à titre de monument.

Mr le duc d'Orléans actuel a fait aussi d'immenses travaux au Palais-Royal. Il a fallu reprendre l'ancienne salle du Tribunat, et la galerie adossée au Théâtre Français, où d'incroyables dégradations avaient été commises ; la belle galerie de Nemours isole le Palais du côté du levant ; et les hideuses galeries de bois sont remplacées par des galeries en pierre couvertes en terrasse, qui s'harmonisent avec l'élégante colonnade établie au pourtour de la seconde cour.

N [Page 63.]

Le discours de Bengy-pui-Vallée est rapporté dans la note H, sur la page 22, ci-devant page 93.

O [Page 66.]

Arrêt qui consacre le droit d'indemnité au profit de l'apanagiste.

Voici ce qui avait donné lieu à cet arrêt : — Le cardinal de Richelieu avait donné en 1636 son Palais au roi qui l'avait cédé à *Monsieur* son frère, en augmentation d'*apanage*, par *lettres patentes* de février 1692. La salle de l'Opéra tenait au Palais-Royal et en faisait partie. En 1749, le roi en donna l'administration aux prévôt des marchands et échevins ; le 6 avril 1763, la salle brûle, et on veut lui donner plus d'étendue ; M. le duc d'Orléans cède des maisons, l'Hôtel-de-ville en achète trois. Des *lettres patentes* du 11 février 1764, registrées au parlement le 1er avril, autorisent un *traité* dont les principales clauses sont : 1° Que la salle sera construite et décorée par l'Hôtel-de-ville ; 2° qu'elle fera dorénavant partie du Palais-Royal, immeuble d'*apanage*, 3° que la ville est déchargée à toujours de l'indemnité que S. M. et M. le duc d'Orléans auraient pu prétendre contre elle pour raison de l'incendie; 4° que tout le terrain subsistant, ainsi que celui fourni par la ville et par M. le duc d'Orléans de son patrimoine, seront unis et *incorporés* audit *apanage* pour être possédés par M. le duc d'Orléans au même titre que le surplus du Palais-Royal: 5° que sous le bon plaisir du roi et de M. le duc d'Orléans, la ville jouira de ladite salle pour y faire représenter l'opéra et y donner des bals publics; 6° qu'elle l'entretiendra de réparations de toute espèce, à l'exception des quatre gros murs, poutres, faîtières, couvertures et voûtes qui seront à la charge de M. le duc d'Orléans: 7° que M. le duc d'Orléans et ses *successeurs apanagés* auront l'entrée libre et franche dans ladite salle; qu'ils disposeront d'un balcon et de douze places du côté de la reine, de la première loge des secondes près ledit balcon, et de deux petites loges au troisième; et que leur entrée se fera par l'intérieur du Palais-Royal; 8° qu'en cas que ladite salle vînt à être vacante, et *pour quelque raison que ce puisse être*, M. le duc d'Orléans et ses successeurs en disposeront comme ils le jugeront à propos; que, dans ce cas, la ville ne pourra rien enlever de ladite salle, que ce qui, suivant les coutumes et réglemens, sera réputé meuble; et que M. le duc d'Orléans et ses successeurs pourront retenir lesdits effets en les payant à la ville sur le pied de l'estimation, 9° que ledit cas arrivant, M. le duc d'Orléans et ses *successeurs apanagés* ou S. M. en cas de réversion de *l'apanage* à sa couronne, rembourseront la ville, etc.

En 1780, le roi ôta aux prévôt des marchands et échevins l'administration de l'Opéra pour la réunir à la régie des spectacles de la cour. — Le 6 juin 1781, la salle brûle de nouveau, et le roi arrête qu'elle sera bâtie à côté du château des Tuileries. M. le duc de Chartres, à qui M. le duc d'Orléans son père a cédé le Palais-Royal, fait assigner les prévôt des marchands et échevins à l'effet de lui restituer la salle de l'opéra au même état de construction, tant extérieure qu'intérieure, vérifié les 2 et 4 mai 1771; sinon et à faute de ce faire dans l'espace de deux ans, qu'il soit autorisé à construire et parachever ladite salle aux frais des prévôt des marchands et échevins; ceux-ci le soutiennent non recevable et mal fondé.

Sur ce, ARRÊT par lequel la cour donne acte « aux prévôt des
» marchands et échevins de ce qu'aux risques, périls et fortune du
» duc de Chartres, ils dénoncent au procureur-général la de-
» mande formée par le duc de Chartres, à ce qu'il ait à interve-
» nir pour le roi, prendre le fait et cause des prévôt des mar-
» chands et échevins, et faire cesser ladite demande; et dans le
» cas où il interviendrait quelque condamnation contre eux, faire
» ordonner qu'ils en seraient acquittés, garantis et indemnisés
» par le roi, tant en principaux qu'intérêts; donne pareillement
» acte aux prévôt des marchands et échevins qu'ils dénoncent et

» contresomment au duc de Chartres, aux risques, périls et for-
» tune du roi, la demande du duc de Chartres et les fins de non
» recevoir, et défense des prévôt des marchands et échevins ;
» donne pareillement acte au procureur-général du roi de ce qu'il
» n'y a lieu à prendre le fait et cause des prévôt des marchauds
» et échevins. Au principal faisant droit sur les demandes respec-
» tives des parties, renvoie les prévôt des marchands et échevins
» de la demande fournie contre eux par le duc de Chartres, *sauf*
» *au duc d'Orléans à se retirer par devers le roi pour obtenir de*
» *sa justice* L'INDEMNITÉ DUE A SON APANAGE *pour raison de*
» *l'incendie de la salle de spectacle du Palais-Royal.* Ayant au-
» cunement égard aux demandes subsidiaires du duc de Chartres,
» déclare les biens meubles et immeubles, et généralement tous
» les effets appartenant à l'Académie royale de musique, affectés
» et hypothéqués par privilége et préférence à l'indemnite *que le*
» *duc de Chartres a le droit de prétendre;* sauf à lui à se pourvoir
» sur lesdits biens et effets contre qui et ainsi qu'il avisera bon
» être, toutes fins de non recevoir, et défenses réservées au con-
» traire. »

P   [Page 78.]

Sur le Connestable de Bourbon et le Comté de Clermont.

Charles de Bourbon, le fameux connestable, descendait par
Gilbert de Montpensier, son père, de Robert, 6ᵉ fils de saint
Louis, dit Robert *de Clermont*, parce que ce comté lui avait été
donné en apanage, comme nous l'avons vu plus haut, page 9.

A la mort de Pierre II (sire de Beaujeu, duc de Bourbon et
chef de la branche aînée, et mari de Anne de France, fille de
Louis XI), sa succession fut disputée entre sa fille Suzanne, et la
branche de Montpensier, dont le jeune Charles de Bourbon se
trouvait le chef. La branche Montpensier opposait à la branche
aînée, représentée par Suzanne, le défaut d'hoirs mâles, ce qui
entraînait la dévolution des biens subsistués à la branche Montpensier, déjà héritière de celle de la Marche. La question se com-
pliquait de plusieurs actes peu d'accord entre eux, par lesquels
différens princes, et surtout Louis XI en mariant sa fille Anne de
France avec Pierre de Bourbon (en 1473), avaient obtenu des
renonciations, qui, à n'en consulter que les termes, semblaient
exclure les branches cadettes, mais qui, à considérer le droit, n'a-
vaient pu préjudicier d'avance à l'expectative des substitués. Ce
qui prouve qu'au fond, le droit de la branche Montpensier était incontestable, c'est que sur l'opposition formée par Gilbert de
Montpensier, aux lettres patentes surprises à la prédilection de
Louis XII, par le sire et la dame de Beaujeu qui avaiet été ses tuteurs, lettres par lesquelles il leur avait permis de *disposer à leur*

plaisir des biens de leur branche au préjudice de la clause de retour insérée dans leur contrat de mariage de 1473 ; sur cette opposition. dis-je, le sire de Beaujeu (duc Pierre de Bourbon) avait été si frappé de la justice des prétentions de Gilbert, qu'il s'était empressé d'y faire droit, et que par une *transaction* passée à Chinon, en 1488, il avait consenti à ce que tous ses biens substitués *passassent à la branche de Montpensier, s'il venait à mourir sans enfans mâles :* Or, ce cas venait précisément d'arriver, puisqu'il ne laissait qu'une fille, Suzanne de Bourbon.

Une commission composée de seigneurs, de ministres et de jurisconsultes, chargée par Louis XII, d'examiner l'affaire, en fit rapport et déclara que les droits de Charles (le connestable) étaient *incontestables.*

Cependant, comme il paraissait dur de dépouiller Suzanne des biens dont son père avait joui, Louis XII, pour concilier les prétentions avec le droit, avait marié Suzanne à Charles de Bourbon ; et par leur contrat de mariage (en 1505) discuté devant une assemblée des grands du royaume, il fut stipulé que les deux époux se feraient une *donation mutuelle* de tous leurs biens, et qu'à défaut d'enfans, François de Bourbon, frère de Charles (celui qui fut tué à Marignan), serait leur héritier. A cette occasion Louis XII renonça lui-même à l'expectative de retour que Louis XI avait voulu se ménager dans le contrat de mariage de 1473, entre Anne de France sa fille, et Pierre de Bourbon sire de Beaujeu. A toutes ces dispositions il faut ajouter la dernière volonté de Suzanne, qui confirma son contrat de mariage, en instituant de nouveau son mari pour *héritier.*

C'est au mépris de ces titres solennels qu'à la mort de Suzanne, sans laisser d'enfans, Louise de Savoie, duchesse douairière d'Angoulême, mère du roi François 1er, sentant renaître les feux dont elle avait brûlé jadis pour le connestable, lui déclara sa passion et lui fit offre de sa main. Le connestable la refusa, en quoi il eut peut-être raison ; mais il y ajouta quelques mots de raillerie, et ce fut son tort. « Or, dit Mezerai, comme il n'est point d'injure plus outrageante envers ce faible sexe que le refus de ses poursuites, la régente outrée du mépris de Bourbon, se portant à une extrême vengeance, le poussa aussi à un extrême désespoir. »

Elle lui suscita un procès au sujet de la possession des biens qui lui avaient été assurés lors de son mariage avec Suzanne, et obtint un arrêt de *séquestre*..... On connaît l'indignation du connestable, qui pressentant sa ruine en voyant la mauvaise volonté de la cour, ne sut pas se contenir et dévorer cet affront. Sa retraite hors du royaume entraîna la *confiscation* de ses biens, même celle du comté de Clermont, qui, dans tous les cas, en était exempt comme apanage, (v. page 78), puisqu'à ce titre, il devait passer à toute la descendance, sans qu'aucun titulaire pût y préjudicier. Cette injustice entraîna de grands maux pour la France; elle priva le royaume d'un de ses plus vaillans capitaines; Pavie, la captivité du roi et le traité de Madrid, en furent les déplorables suites!

L'injustice commise envers le connestable était si évidente, que, dans le traité de Cambray, dit la *paix des dames*, parce que les plénipotentiaires furent pour Charles-Quint, Marguerite, sa tante, et pour François I, sa mère, la duchesse d'Angoulême (ce qui ne rend pas la clause suspecte), il fut convenu *que les héritiers du connétable seraient remis en possession de ses biens.* — Qu'en conclure? Qu'il faut toujours être juste avec les grands comme avec les petits.

Discite Justitiam moniti, et non temnere Duces.

Q [Page 79.]

Sur la réunion par l'avénement de l'Apanagiste à la couronne.

Nous avons dit que si le prince apanagé parvient à la couronne, ce qu'il tenait en apanage est réuni de plein droit au domaine.

Dutillet en donne pour exemple l'avènement de Philippe de Valois au trône, et celui de Louis XII, qui étaient l'un et l'autre apanagistes, et avaient des frères puinés vivans lors de leur avènement à la couronne. « Il fut douté, dit Dutillet, si les terres de
» l'apanage, tenues par lesdits rois avant que la couronne leur
» échût, retournoient à icelle, ou échéoient à leurs puinés, avec
» les chefs et pleines armes desdites branches, attendu que le retour
» pour les apanages n'étoit qu'au défaut des mâles qui duroient.
» Mais fut observée la réunion et retour desdites terres à la cou-
» ronne, parce que, par l'adeption d'icelle, lesdits rois ne les
» avoient perdues et étoient rentrées en elle, et rejointes au lieu
» dont elles étoient parties, la jouissance consolidée avec la pro-
» priété : les nom principal et pleines armes échéans auxdits
» puinés, parce qu'elles appartiennent au plus prochain, ores
» qu'il ne soit héritier. » Recueil des Rois de France, page 290 ;
voyez aussi, sur ce sujet, Chopin *de Domanio*, lib. 2, tit. 13,
nos 4 et 5.

Camus et Bayard, auteurs de la nouvelle collection de jurisprudence, au mot *apanage*, § 8. no 3, ajoutent ce qui suit :

« Il est à remarquer que les frères puinés du prince apanagiste qui monte sur le trône ne sont pas apanagés par leur frère devenu roi, parce que *l'apanage n'est dû qu'aux descendans en ligne directe, du roi qui laisse le trône vacant.* Il est donné en représentation, et pour remplacer *le droit de succéder au roi* : or, quand le trône passe d'une branche à une autre, il est manifeste que tous les princes de cette branche ne peuvent pas se dire *héritiers du roi, ayant droit de lui succéder, et dès qu'ils n'ont pas de droit à succéder , ils n'ont pas de droit pour demander un apanage.* Lors donc que nous avons dit que l'apanage était le transport d'une portion du domaine fait par le roi à ses frères ou à ses fils , nous n'avons pas entendu dire que le prince qui succédait *à un roi dont il ne descendait pas en ligne directe* , dût un apanage à ses frères ; mais nous avons seulement entendu que si le roi était mort sans avoir donné d'apanage à ses fils ou petits-fils puînés , il fallait que le prince qui montait sur le trône , s'acquittât de cette dette envers ses frères. C'est ainsi que Louis XIV a donné un apanage à son frère , Monsieur , parce que Louis XIII (leur père commun), était mort sans le lui donner. »

R.

Pourquoi la branche de Bourbon-Condé n'a jamais eu d'apanage ?

Ce que nous avons dit dans la note précédente explique suffisamment pourquoi la branche de Bourbon Condé n'a jamais eu d'apanage. Cette branche a pour tige Louis 1er, prince de Condé, frère d'Antoine. roi de Navarre. Le père de ces deux princes était Charles de Bourbon , comte de Vendôme, créé duc en 1515 par François 1er. Or, à la mort de Charles, Louis n'avait aucun droit de demander apanage à son frère Antoine ; ni du chef de leur père commun (Charles), car, celui-ci n'étant pas roi, n'avait pas laissé de couronne dont l'aîné Antoine eût à dédommager ses puînés ; et Antoine lui-même n'étant devenu roi que par son mariage avec Jeanne d'Albret, reine de Navarre, n'était point , en raison de cette acquisition qui lui était personnelle, tenu à ouvrir indemnité ou apanage à son puîné. — Du reste, il a été pourvu successivement à la dotation de la branche de Condé , en diverses occasions ; notamment en la personne de Henri II, prince de Condé, qui épousa Charlotte de Montmorency , dite *la belle Fosseuse* , sœur du connétable, dont les biens, confisqués après sa condamnation , furent attribués aux deux époux. C'est depuis lors qu'on a désiré que Montmorency s'appelât Enghien.

Nota. Quoique les princes puînés *qui ne sont pas fils de rois,* n'aient pas droit à un *apanage* à titre de représentation d'un partage auquel ils ne sont point appelés , cependant, s'ils n'avaient pas de biens personnels suffisans, ils auraient droit à un *établissement* particulier qui devrait être réglé par le roi et les chambres. comme cela se pratique en Angleterre, et comme nous l'avons dit dans le cours de l'ouvrage, page 46.

LISTE CIVILE.

LOI

Relative à la liste civile.

Donnée à Paris, le 1ᵉʳ juin 1791.

Louis, par la grâce de Dieu et par la Loi constitutionnelle de l'Etat, Roi des Français : à tous présens et à venir ; salut. L'Assemblée Nationale a décrété, et Nous voulons et ordonnons ce qui suit :

Décret de l'Assemblée Nationale, du 26 mai 1791.

PREMIER DÉCRET.

L'Assemblée Nationale, après avoir entendu ses Comités réunis des domaines, des finances et central de liquidation, décrète ce qui suit :

Article Iᵉʳ. Il sera payé par le tré·or public une somme de vingt-cinq millions pour la dépense du Roi et de sa maison.

II. Cette somme sera versée chaque année entre les mains de la personne que le Roi aura commise à cet effet, en douze payemens égaux qui se feront de mois en mois, sans que les dits payemens puissent, sous aucun prétexte, être anticipés ni retardés.

III. Au moyen du payement annuel de la somme de vingt-cinq millions, il est déclaré qu'en aucun temps et pour quelque cause que ce soit, la Nation ne sera tenue au payement d'aucune dette contractée par le Roi en son nom : pareillement, les Rois ne seront tenus en aucun cas, des dettes ni des engagemens de leurs prédécesseurs.

IV. Le Roi aura la jouissance des maisons, parcs et domaines énoncés dans le décret qui suit.

V. La dépense du garde-meuble sera entièrement à la charge de la liste civile; en conséquence tous les meubles faisant partie du département du garde meuble, resteront à la disposition du Roi.

VI. Il sera dressé un inventaire des diamans appelés *de la couronne*, perles, pierreries, tableaux, pierres gravées et autres monumens des arts et des sciences, dont un double sera déposé aux archives de la nation; l'Assemblée se réservant de statuer, de concert avec le Roi, sur le lieu où lesdits monumens seront déposés à l'avenir; et néanmoins les pierres gravées et autres pièces antiques, seront dès-à-présent remises au cabinet des médailles.

VII. L'Assemblée Nationale charge expressément les commissaires qui seront chargés de procéder à l'inventaire des objets du garde-meuble mentionnés dans l'article précédent sur la liste civile, de recourir aux cinq derniers inventaires qui ont dû être faits, de l'état où se trouvaient à chaque époque les objets du garde-meuble mentionnés dans le susdit article, de les comparer exactement avec l'état, qualité et nombre où se trouveront lesdits objets, au moment où l'inventaire nouveau, ordonné par l'article susdit, sera fait, de relater en détail tous les articles relatifs auxdits objets de quelque nature qu'ils soient, qui se trouveront manquer dans le garde-meuble.

Il est enjoint à tous les dépositaires publics, de fournir tous les documens et instructions qui seront en leur pouvoir et qui leur seront demandés par ceux qui procéderont au nouvel inventaire, lequel sera fait en présence de trois commissaires qui seront nommés à cet effet par l'Assemblée Nationale, à laquelle il sera fait rapport du tout par lesdits commissaires.

VIII. La dette de la maison du Roi jusqu'au premier juillet 1790, continuera d'être comprise dans la liquidation de la dette de l'État, et d'être payée par la caisse de l'extraordinaire.

IX. Pour fixer les bases du remboursement demandé par le Roi, des charges de sa maison et de celles de ses frères, il sera remis au Comité central de liquidation, un état nominatif et détaillé de toutes les charges de la maison du Roi, telles qu'elles existaient à l'époque de 1750. L'état indiquera les gages, émolumens, attributions, finances desdites charges, ainsi que les brevets de retenue accordés aux titulaires. Le montant desdits brevets et les personnes par lesquelles ils ont été accordés, y seront exprimés. Il sera joint à ce premier état, d'autres états successifs pour indiquer les changemens arrivés jusqu'à l'année 1790, dans les différentes parties qui y sont comprises.

Il sera remis des états semblables des charges de la maison des frères du Roi, depuis le moment de leur formation jusqu'à ce jour.

X. Le douaire de la Reine est fixé à quatre millions, qui lui seront, le cas arrivant, payés en France, en douze payemens égaux, de mois en mois.

SECOND DÉCRET.

L'Assemblée Nationale délibérant sur la demande du Roi, après avoir entendu le rapport de ses Comités des domaines, de féodalité, des pensions et des finances réunis, décrète ce qui suit :

ARTICLE 1er. Le Louvre et les Tuileries réunis seront destinés à l'habitation du Roi, à la réunion de tous les monumens des sciences et des arts, et aux principaux établissemens de l'instruction publique ; se reservant l'Assemblée Nationale de pourvoir aux moyens de rendre cet établissement digne de sa destination et de se concerter avec le Roi sur cet objet.

II. Les bâtimens dépendant du domaine national, renfermés dans l'enceinte projetée du Louvre et des Tuileries, seront conservés et loués au profit du trésor public, jusqu'à ce qu'il en ait été autrement disposé, à l'exception de ceux desdits bâtimens actuellement employés au service du Roi, et dont il conservera la jouissance.

Le Roi jouira encore des bâtimens adjacens à ladite enceinte, employés actuellement à son service ; les autres pourront être aliénés.

III. Sont réservés au Roi les maisons, bâtimens, emplacemens, terres, prés, corps de fermes, bois et forêts composant les grands et petits parcs de Versailles, Marly, Meudon, Saint-Germain-en-Laye et Saint-Cloud, ainsi que les objets de même nature dépendant des domaines de Rambouillet, Compiègne et Fontainebleau, les bâtimens et fonds de terre dépendant de la manufacture de porcelaine de Sèvres.

Il jouira aussi des bâtimens et dépendances de la manufacture de la Savonnerie et de celle des Gobelins.

IV. Le Roi aura la jouissance des domaines réservés par les articles précédens ; il en percevra les revenus, il en acquittera les contributions publiques et les charges de toute nature ; il fera aussi toute espèce de réparations des bâtimens, et fournira aux frais des replantations et repeuplement des forêts, ainsi que leur garde et administration.

V. Les bois et forêts dont la jouissance est réservée au Roi, seront exploités suivant l'ordre des coupes et des aménagemens existans, ou de ceux qui y seront substitués, dans les formes déterminées par les lois.

VI. Le Roi nommera les gardes et autres officiers préposés à la conservation des forêts qui lui sont réservées, lesquels se conformeront, pour la poursuite des délits et dans tous les actes, aux lois concernant d'administration forestière.

VII. Le rachat des rentes et droits fixes ou casuels ci-devant féodaux et autres dépendans des domaines réservés au Roi, sera fait dans les formes prescrites pour le rachat de pareils droits appartenans à la Nation.

VIII. Sera aussi réservé au Roi le château de Pau avec son parc, comme hommage rendu par la Nation à la mémoire d'Henri IV.

Mandons et ordonnons à tous les Tribunaux, Corps administratifs et Municipalités, que les présentes ils fassent transcrire sur leurs registres, lire, publier et afficher dans leurs ressorts et départemens respectifs, et exécuter comme Loi du royaume. En foi de quoi nous avons signé et fait contresigner cesdits présentes, auxquelles nous avons fait apposer le sceau de l'Etat. A Paris, le premier jour du mois de juin, l'an de grâce mil-sept-cent-qutre-vingt-onze, et de notre règne le dix-huitième. *Signé* Louis ; *et plus bas*, M. L. F. Du Port. Et scellées du sceau de l'Etat.

SÉNATUS-CONSULTE

Relatif à la Dotation de la Couronne, etc.

Du 30 janvier 1810.

NAPOLÉON, etc.

Le Sénat, après avoir entendu les orateurs du Conseil d'Etat, a décrété et nous ordonnons ce qui suit :

Extrait des Registres du Sénat conservateur, du mardi 30 janvier 1810.

Le Sénat conservateur, réuni au nombre de membres prescrit par l'article 90 de l'acte des constitutions du 13 décembre 1799 ;

Vu le projet de sénatus-consulte rédigé en la forme prescrite par l'article 57 de l'acte des constitutions du 4 août 1802 ;

Après avoir entendu, sur les motifs dudit projet, les orateurs du Conseil d'Etat, et le rapport de sa commission spéciale, nommée dans la séance du 20 de ce mois,

Décrète :

TITRE Ier.

De la Dotation de la Couronne.

SECTION Ire.

ART. Ier. *La dotation de la couronne se compose des* palais, maisons, terres, bois, parcs, domaines, rentes, manufactures, compris dans les dispositions des articles 1 et 4 de la loi du 26 mai 1791.

2. Seront donnés en remplacement des palais, maisons, terres, bois, parcs, domaines, qui, ayant fait partie de ladite dotation aux termes de ladite loi, ont été aliénés comme propriétés nationales, les terres, bois et domaines compris dans l'état annexé au présent sénatus-consulte.

Moyennant ledit remplacement, il n'y aura plus lieu à aucune réclamation sur cet objet.

3. Les palais de Turin, Stupinis, Parme et Colorno, feront partie des biens de la couronne. Il y sera joint une dotation en terres et domaines, produisant un revenu net an-

nuel d'un million quatre cent mille francs. L'état des domaines et biens composant ladite dotation sera dressé et transmis au Sénat, pour être annexé à la minute du présent sénatus-consulte.

4. La couronne demeurera chargée de meubler, entretenir et réparer lesdits palais, et d'affecter, sur le revenu de la dotation qui y sera attachée, une somme annuelle d'un million de francs de rente au prince grand dignitaire gouverneur-général des départemens au-delà des Alpes, pour l'entretien de sa cour; lequel aura, en outre, la jouissance desdits palais et de leurs dépendances, conformément au réglement du palais.

5. Le palais Pitti, à Florence, et ses dépendances; le palais de la Crocetta, le poggio imperiale, le poggio de Cajano, le castello de Protellino, la villa de Caffagiolo et les palais de Pise et de Livourne, feront partie des biens de la couronne. Il y sera joint une dotation en terres et domaines, produisant un revenu net annuel de quinze cent mille francs. L'état des domaines et biens composant ladite dotation sera dressé et transmis au Sénat, pour être annexé à la minute du présent sénatus-consulte.

6. La couronne demeurera chargée de meubler, entretenir et réparer lesdits palais, et d'affecter, sur le montant de la dotation qui y sera attachée, une somme annuelle d'un millon de francs de rente au prince grand-dignitaire, grand-duc ou grande-duchesse, gouverneur-général de Toscane, pour l'entretien de sa cour; lequel aura, en outre, la jouissance desdits palais et de leurs dépendances, conformément au réglement des palais impériaux.

7. Au moyen des affectations ci-dessus, il ne sera attaché aucun traitement à la dignité de gouverneur-général des départemens au-delà des Alpes, et à celle de gouverneur-général des départemens de la Toscane.

8. Les diamans, perles, pierreries, tableaux, statues, pierres gravées et autres monumens des arts, qui sont, soit dans les musées des arts, soit dans les palais impériaux, font partie de la dotation de la couronne. L'inventaire en sera dressé et transmis au sénat, pour être annexé à la minute du présent sénatus-consulte.

9. Les meubles meublans, voitures, chevaux, etc. font également partie de la propriété de la couronne, jusqu'à concurrence d'une valeur de trente millions de francs.

Les Empereurs peuvent augmenter, soit par testament, soit par donation entre-vifs, le mobilier de la couronne.

SECTION II.

De la Conservation des biens qui forment la Dotation de la Couronne.

10. Les biens qui forment la dotation de la couronne sont inaliénables et imprescriptibles.

11. Ils ne peuvent être engagés ou chargés d'hypothèques ou d'affectations.

12. L'échange des immeubles attachés à la dotation de la couronne, ne peut avoir lieu qu'en vertu d'un sénatus-consulte.

SECTION III.

De l'Administration des biens qui forment la Dotation de la Couronne.

13. Les biens de la couronne sont administrés par un intendant-général, lequel exerce les actions judiciaires de l'Empereur, et contre qui toutes les actions à la charge de l'Empereur sont dirigées et les jugemens prononcés.

14. Les domaines productifs qui se trouvent attachés à la dotation de la couronne, par l'effet des réunions, ou de toute autre manière, peuvent être affermés, sans que néanmoins la durée des baux puisse excéder le temps déterminé par les articles 595, 1429, 1430, et 1718 du Code Napoléon, à moins qu'un bail emphytéotique n'ait été autorisé par décret délibéré au Conseil d'Etat.

15. Les bois et forêts dépendans de la couronne sont exploités conformément aux lois et réglemens sur l'administration forestière.

SECTION IV.

Des Charges de la Dotation de la Couronne.

16. Les biens qui forment la dotation de la couronne sont grevés de toutes les charges civiles de la propriété : ils ne supportent pas de contribution publique.

17. Les biens de la couronne ne sont jamais grevés des dettes de l'Empereur décédé : ces dettes sont acquittées sur le domaine privé.

18. Toutes les pensions accordées par l'Empereur décédé ne peuvent être acquittées *que sur le domaine privé.*

À défaut, ou en cas d'insuffisance du domaine privé, elles ne seront acquittées qu'autant qu'elles seront confirmées par l'Empereur régnant. [1]

19. Toutes les pensions de retraite des personnes employées au service de la maison de l'Empereur, sont acquittées sur un fonds de retenue fait sur le traitement desdits employés, *lequel ne peut recevoir d'autre affectation ,* et est placé sous l'administration et la responsabilité de l'intendant-général. [2]

TITRE II.

Du Domaine extraordinaire.

20. Le domaine extraordinaire se compose des domaines et biens mobiliers et immobiliers que l'Empereur, exerçant le droit de paix et de guerre, acquiert par des conquêtes ou des traités, soit patens, soit secrets.

21. L'Empereur dispose du domaine extraordinaire, 1º pour subvenir aux dépenses de ses armées; 2º pour récompenser ses soldats et les grands services civils ou militaires rendus à l'État ; 3º pour élever des monumens, faire faire des travaux publics, encourager les arts, et ajouter à la splendeur de l'Empire.

22. Les biens qui composent le domaine extraordinaire sont assujettis à toutes les charges de la propriété, à toutes les contributions et charges publiques, dans la même proportion que les biens des particuliers.

23. Il y aura un intendant-général et un trésorier du domaine extraordinaire.

24. L'intendant-général exerce les actions judiciaires de l'Empereur; toutes les actions à la charge de l'Empereur sont dirigées et les jugemens prononcés contre lui.

---

[1] Pour être prises également sur sa liste civile, et après lui, sur son domaine privé; mais jamais sur le trésor public.

[2] Ces pensions assignées *limitativement* sur le fonds des retenues ne peuvent jamais retomber à la charge du trésor.

25. La comptabilité du trésorier sera vérifiée, chaque année, par une commission du Conseil d'Etat.

26. L'Empereur dispose du domaine extraordinaire, mobilier ou immobilier, par décrets ou par décisions émanés de lui.

27. Si la disposition est faite sur le domaine mobilier, l'intendant délivrera, au profit des parties prenantes, une ordonnance, qui sera acquittée par le trésorier-général, et sans laquelle tout paiement sera rejeté de ses comptes.

28. Si la disposition est faite sur le domaine immobilier, l'intendant dressera un état des biens, et l'enverra au prince archichancelier, lequel fera faire l'acte d'investiture par le conseil du sceau des titres en faveur du donataire. Il fera tenir, par l'intendant, des états des biens dont la transmission aura été ainsi opérée.

29. La réversion des biens donnés par Sa Majesté sur le domaine extraordinaire, sera toujours établie dans l'acte d'investiture.

30. Toute disposition du domaine extraordinaire faite où à faire par l'Empereur, est irrévocable.

TITRE III.

Du Domaine privé de l'Empereur.

31. L'Empereur a un domaine privé, provenant, soit de donations, soit de successions, soit d'acquisitions; le tout conformément aux règles du droit civil.

32. Les biens du domaine privé sont administrés par un intendant-général, qui exerce les actions judiciaires de l'Empereur, et contre qui toutes les actions à la charge de l'Empereur sont dirigées et les jugemens prononcés.

33. Tous les meubles de la couronne excédant la valeur de trente millions, fixée par l'article 9 titre 1er, font partie du domaine privé.

34. Le domaine privé supporte toutes les charges de la propriété, toutes les contributions et charges publiques, dans la même proportion que les biens des particuliers.

35. L'argent comptant et les valeurs de toutes espèces déposés dans les caisses de la couronne et du domaine privé, au moment de l'ouverture de la succession, appartiennent au domaine privé.

36. L'Empereur dispose de son domaine privé, soit par acte entre-vifs, soit par disposition à cause de mort, sans être lié par aucune des dispositions prohibitives du Code Napoléon.

37. Les dispositions entre-vifs des biens du domaine de l'Empereur, sont faites par un décret impérial, contre-signé par l'intendant-général.

38. Si la disposition est faite sur le domaine mobilier, on procède comme il est dit ci-dessus à l'article 27.

39. Si la disposition est faite sur le domaine immobilier, l'intendant dressera un état des biens, et le donataire entrera en possession, en remplissant les formalités prescrites par les lois.

40. Les dispositions testamentaires par lesquelles l'Empereur donne des biens de son domaine privé, sont reçues dans les formes déterminées par les articles 23 et 24 du statut du 30 mars 1806.

41. L'Empereur ne peut, avant vingt-cinq ans, faire aucune disposition entre-vifs de son domaine privé.

42. L'Empereur, âgé de seize ans, pourra disposer, par acte de dernière volonté, jusqu'à concurrence de la somme de douze millions.

43. En cas de décès de l'Empereur sans avoir disposé, en tout ou en partie, de son domaine privé, sa succession est réglée ainsi qu'il va être expliqué.

44. Si l'Empereur ne laisse qu'un enfant, et qu'il soit mâle, il recueillera tout le domaine privé.

45. Si l'Empereur laisse plusieurs enfans mâles, ou des deux sexes, ils partageront également entre eux le domaine privé, mobilier ou immobilier, jusqu'à concurrence du capital de trois millions de rente pour chacun d'eux, avec la propriété d'un palais meublé et l'avance d'une somme égale à une année de revenu; le tout indépendamment de leur apanage, s'ils en ont un.

Le surplus appartiendra à l'aîné.

46. Si l'empereur ne laisse que des princesses, elles recueillent leur part du domaine privé, comme le feraient les princes, et jusqu'à la même concurrence. L'aînée desdites princesses pourra hériter jusqu'à concurrence de six millions de revenu.

L'Empereur régnant aura les mêmes droits que s'il était

fils de l'Empereur décédé, et héritera comme il est dit à l'article 45 ci-dessus.

47. Les princes et princesses appelés à des couronnes étrangères, sont mis hors de l'hérédité.

Toutefois, les princesses, en cas de viduité, les princes puînés, les princesses et leurs descendans, peuvent être rappelés par l'Empereur à son hérédité.

Les princes ne peuvent exercer aucun droit à l'hérédité du domaine privé, s'ils n'ont été élevés dans la maison impériale dont il est parlé à l'article 27 du statut du 30 mars 1806.

48. Les biens immeubles et droits incorporels faisant partie du domaine privé de l'Empereur, ne sont, en aucun temps, ni sous aucun prétexte, réunis de plein droit au domaine de l'État : la réunion ne peut s'opérer que par un sénatus-consulte.

49. Leur réunion n'est pas présumée, même dans le cas où l'Empereur aurait jugé à propos de les faire administrer, pendant quelque laps de temps que ce soit, confusément avec le domaine de l'État ou de la couronne, et par les mêmes officiers.

50. Le domaine privé restera chargé du paiement des sommes que l'Empereur décédé aurait, par décret ou décision, affectées sur ledit domaine à des services publics, comme constructions d'édifices, monumens, routes, canaux ou autres dépenses.

51. Tout diamant et pierre précieuse taillés ou gravés, d'une valeur au-dessus de trois cent mille francs, tout tableau de peintres morts depuis cent ans, toute statue, médaille ou manuscrits antiques, seront réunis de droit au mobilier de la couronne.

52. Les biens appartenant à l'Empereur et qui ont été donnés à charge de retour, reviennent au domaine privé, s'ils proviennent du domaine privé ; et au domaine extraordinaire, s'ils proviennent du domaine extraordinaire.

53. Les règles établies par le présent sénatus-consulte pour l'acquisition, la jouissance et la disposition du domaine privé, seront observées nonobstant toutes les dispositions contraires des lois civiles.

TITRE IV.

Du Douaire des Impératrices, et des Apanages des Princes français.

—

SECTION Ire.

Dispositions générales.

54. Le douaire des impératrices est à la charge de l'État.

La quotité de ce douaire est fixée par un sénatus consulte, lors du mariage de l'Empereur et du prince impérial, ou lors de l'avénement au trône du prince puîné, s'il a été marié avant le temps où il a acquis la qualité d'héritier présomptif de la couronne.

55. Les apanages sont dus,

1° Aux princes fils puînés de l'Empereur régnant, ou de l'Empereur et du prince impérial décédés;

2° Aux descendans mâles de ces princes, lorsqu'il n'a pas été accordé d'apanage à leurs père ou aïeul.

56. Il n'est pas dû d'apanage aux princesses et à leurs descendans, sans préjudice des dispositions du titre V ci-après.

L'État y pourvoit, s'il y a lieu.

La plus grande partie des apanages des princes consiste toujours en immeubles situés dans l'étendue du territoire français.

57. Lorsque l'empereur a des immeubles dans le domaine extraordinaire, ou dans son domaine privé, il les affecte aux apanages des princes.

En cas d'insuffisance, il y est pourvu par un sénatus consulte.

58. Les biens personnels des princes apanagés ne sont point confondus avec ceux qui forment leur apanage.

59. Les princes apanagés possèdent leurs biens personnels patrimonialement; ils en jouissent et disposent conformément aux règles du droit civil.

SECTION II.

De la Transmission des Apanages.

60. Après le décès des princes apanagistes, le fils aîné recueille l'apanage.

61. En cas d'extinction de la ligne masculine, l'apanage retourne, soit au domaine extraordinaire, soit au domaine de l'État, selon qu'il a été fourni par l'un ou par l'autre, soit au domaine privé de l'empereur régnant, s'il a été fourni par le domaine privé.

62. Le droit aux apanages n'est ouvert que lorsque les princes auxquels ils appartiennent se marient, ou ont atteint leur dix-huitième année.

63. En cas de défaillance d'une ou plusieurs branches masculines de la ligne apanagère, l'apanage passe à la branche masculine la plus proche jusqu'à extinction absolue de la descendance masculine.

64. Les biens apanagés sont transmis aux princes de tous les degrés, appelés à les recueillir ; francs et libres de dettes et des engagemens des apanagistes précédens, sauf le maintien des baux faits dans les termes des articles 595, 1429, 1430 et 1718 du Code Napoléon, ou les baux emphytéotiques faits conformément aux dispositions de l'article 14.

65. En cas de contestation sur l'ordre d'hérédité des apanages, ou sur leur transmission et conservation, il est statué par le conseil de famille.

SECTION III.

De la Concession des Apanages.

66. Les apanages, soit sur le domaine extraordinaire, soit sur le domaine privé, sont faits par décret de l'empereur, communiqué et enregistré au sénat. Les apanages sur l'État ne sont concédés que sur la proposition faite au nom de l'empereur, après l'époque où le droit de les obtenir est ouvert, et par sénatus-consulte.

67. L'empereur peut différer, tant qu'il lui plaît, la proposition de l'apanage, sans que le retard, quelque long qu'il puisse être, soit jamais réputé renonciation.

68. L'empereur peut aussi diviser la constitution ou la proposition, en ne faisant ou ne requérant que successivement et par partie la constitution de l'apanage.

La division est présumée tant que l'empereur n'a pas épuisé la somme à laquelle l'apanage peut être élevé, à moins qu'il n'ait formellement renoncé à faire des réquisitions ultérieures, si la constitution est faite sur l'Etat.

69. Si l'empereur décède avant d'avoir fait ou épuisé la constitution ou la proposition, ses droits sont exercés par les empereurs qui lui succèdent, dans les limites déterminées par l'article suivant.

SECTION IV.

De la Fixation des Apanages.

70. La fixation des apanages n'est pas uniforme.

Elle est déterminée par l'empereur, sans que néanmoins elle puisse être élevée à un revenu de plus de trois millions.

Le palais du Petit-Luxembourg et le Palais-Royal sont destinés à être concédés à des princes apanagés, pour leur habitation, au même titre que leur apanage et sans aucune diminution.

SECTION V.

Des Charges que les Apanagistes supportent.

71. Sont imputés sur les revenus des apanages,

1° L'éducation des princes et princesses, enfans naturels et légitimes de l'apanagiste ;

2° Leur entretien jusqu'à leur mariage et établissement ;

3° Le douaire qui aura été constitué à leurs veuves, en la manière prescrite par l'article 6 du statut du 30 mars 1806 : cette charge ne peut cependant être imputée sur les revenus de l'apanage, que jusqu'à concurrence du tiers de ces revenus.

72. A quelque degré de la descendance masculine que l'apanage soit arrivé, les princesses filles de l'un des apanagistes actuels, si elles ne sont pas mariées, reçoivent un mariage avenant, lequel est proposé par le conseil de la famille impériale, et dont le capital est payé sur le domaine

extraordinaire, sur le domaine privé, ou enfin, sur l'Etat, s'il est ainsi réglé par un sénatus-consulte.

73. Les apanages sont transmis aux princes appelés à y succéder, libres de toutes dettes et engagemens des apanagistes précédens, à l'exception du douaire des veuves, ainsi qu'il est dit en l'article 74 : toutefois l'héritier de l'apanage est tenu d'acquitter les dettes, jusqu'à concurrence de moitié d'une année des revenus de l'apanage, en pronant terme et délai, dont la durée sera fixée par le conseil de famille.

SECTION VI.

De la conservation des biens apanagés.

74. Les biens immeubles et les rentes qui forment les apanages, ne peuvent être ni aliénés, ni engagés; ils sont imprescriptibles.

75. Les immeubles apanagés ne peuvent être échangés qu'en vertu d'un sénatus-consulte.

76. Tous échanges qui ne sont pas faits en vertu d'un sénatus-consulte, sont nuls et de nul effet.

77. Il est défendu aux cours et tribunaux de connaître de la nullité.

Elle est prononcée par le Conseil d'Etat, sur la dénonciation du grand-juge ministre de la justice, et après que le Conseil d'Etat a pris connaissance des moyens des parties.

78. Les bois et forêts dépendans des apanages sont exploités conformément aux lois et réglemens sur l'administration forestière.

SECTION VII.

De l'extinction des apanages.

79. Sont exclus de l'apanage les princes qui n'auraient pas été élevés, depuis l'âge de sept ans, dans le palais désigné par l'article 27 du statut de famille, du 30 mars 1806.

80. Les apanages s'éteignent,

1° Par la défaillance de la postérité masculine du premier concessionnaire, sous la réserve néanmoins des douaires dont ils se trouvent affectés ;

2° Par la vocation de l'apanagiste actuel à une couronne étrangère , lorsqu'il n'existe pas de princes collatéraux de la branche qui soient appelés à recueillir l'apanage ;

3° Par la sortie du prince apanagé du territoire de l'empire , sans la permission de l'empereur, lorsqu'il n'existe aucun prince appelé après lui à recueillir l'apanage.

Dans ces deux cas , l'apanage passe au prince collatéral , appelé à recueillir, à défaut du prince apanagé et de ses enfans.

81. Les princes dont l'apanage est ou aurait été éteint par vocation à une couronne étrangère , peuvent être dépossessionnés, moyennant indemnité, eux et leurs descendans, des biens personnels et patrimoniaux de toute nature dont ils se trouvent propriétaires en France , au moment de leur avénement au trône.

82. Les biens des princes ainsi dépossessionnés demeurent dans la famille impériale, et sont réunis de plein droit au domaine privé de l'empereur.

L'indemnité due aux princes dépossessionnés est réglée par le conseil de famille , et acquittée sur le trésor de la couronne ou sur le domaine privé.

83. Les descendans mâles et les filles des princes dépossessionnés ne sont pas exclus des donations que l'empereur peut leur faire des biens qui composent son domaine privé ou le domaine extraordinaire.

84. La propriété des biens qu'il leur donne est soumise entre leurs mains , jusqu'au cinquième degré exclusivement de leur descendance , aux conditions établies par les articles de la section V du présent titre , pour les apanages. Après le cinquième degré , les biens donnés sont affranchis de ces conditions, et les concessionnaires acquièrent la plénitude des droits que donne la propriété.

85. Si, jusques et compris le cinquième degré , les concessionnaires vont s'établir dans l'étranger sans la permission de l'empereur , la concession cesse de plein droit , et les biens qui en étaient l'objet rentrent dans le domaine privé ou dans le domaine extraordinaire, selon qu'ils proviennent de l'un ou de l'autre.

TITRE V.

De la dotation des princesses.

86. Les princesses filles de l'empereur régnant ou décédé, et les filles des princes fils de l'un ou de l'autre empereur, lorsque celles-ci ont perdu leur père, ou que le père n'a point d'apanage, sont dotées par l'empereur sur son domaine privé ou sur le domaine extraordinaire; *et, en cas qu'il ne soit pas suffisant, par l'Etat, dans lequel cas il sera statué par un sénatus-consulte.*

87. Quand la princesse n'épouse pas un Français régnicole, la dot ne peut être constituée *qu'en argent.*

88. Elle n'est accordée que sur la réquisition de l'empereur, et est réglée, par un sénatus-consulte, à la somme que l'empereur indique.

89. Les princesses parvenues à l'âge de dix-huit ans accomplis sans être mariées, auront droit à une pension annuelle.

90. Cette pension sera fixée, pour chacune d'elles, ainsi qu'il est dit à l'article 66 de la section III du titre IV, pour les apanages.

91. Le présent sénatus-consulte sera transmis, par un message, à sa majesté l'empereur et roi.

Les président et secrétaires du sénat, *signé* Cambacérès, prince archi-chancelier de l'empire, *président*: F. Jaucourt, Cornet, *secrétaires*. Vu et scellé, *le chancelier du sénat,* signé comte Laplace.

Mandons et ordonnons que les présentes, revêtues des sceaux de l'Etat, insérées au Bulletin des lois, soient adressées aux Cours, aux Tribunaux et aux autorités administratives, pour qu'ils les inscrivent dans leurs registres, les observent et les fassent observer; et notre grand-juge ministre de la justice est chargé d'en surveiller la publication.

Donné en notre palais des Tuileries, le 1ᵉʳ février de l'an 1810.   Signé NAPOLEON.

Vu par nous, archi-chancelier de l'empire, signé Cambacérès.

Par l'Empereur:

Le grand-juge ministre de la justice, signé duc DE MASSA.
Le ministre secrétaire d'État, signé H. B. duc DE BASSANO.

(Suit l'état des domaines, etc.)

NAPOLÉON, EMPEREUR.

État des Domaines ser

DEPARTEMENS.	DÉSIGNATION DE CHAQUE DOMAINE.	Hectares
	Parcs, Forêts et Bois.	h. a
Seine.	Mouceaux.	52
	Boulogne.	665 5
	Bagatelle.	45
	Vincennes avec les enclaves du bois de Beauté	855 5
	Saint-Maur.	173
Oise.	Laigue	5,820 9
Seine-et-Oise. .	Verrières.	621 2
	Les Yvelines	1,957 7
	Vindrins.	492
	Hautes-Bruyères.	182 8
	Prieuré de Saint-Thomas-d'Épernon. .	42
	Vente-aux-Moines.	15
	Bois-Dieu	11 5
	Saint-Pierre d'Yvette.	52
	Prieuré de Jardy.	5 1
	Senart, avec le bois de la commune de Draveil	2,559 1
Seine. . . . . . Seine-et-Oise. . Seine-et-Marne.	Bondy.	2,108
Seine-et-Marne.	Ville-Fermoy.	1,617
	Saint-Germain-Laval.	459 7
	Saint-Denis-du-Rozoir.	554 2
	Champagne.	518 5
		16,546 2

...mpléter la Dotation de la Couronne.

TENANCE.			TOTAL.			PRODUIT MOYEN.	OBSERVATIONS.
ares vides.							
h.	a.	c.	h.	a.	c.	fr.	
»			32	0	0	700	Les parties éparses sur les reins des forêts de la couronne y seront comprises.
	0	0	753	55	68	18,987	
»			45	0	0	»	
	74	54	957	27	66	27,306	L'échange de ces enclaves sera consommé pour les réunir à la dotation de la couronne.
	0	0	573	0	0	6,813	
»			5,820	95	0	179,492	
»			621	26	0	33,336	
»			1,957	72	0	97,612	
»			492	0	0	27,440	
»			182	89	0	14,986	
»			42	0	0	4,868	
»			15	0	0	»	
»			11	50	0	644	
»			32	08	0	379	
»			5	16	0	546	
	3	0	2,423	14	0	107,810	L'échange de ce bois sera consommé pour le réunir au domaine de la couronne.
»			2,108	0	0	103,645	
»			1,617	0	0	66,602	
»			459	72	0	24,997	
»			854	24	0	23.523	
»			518	58	0	12,776	
	77	54	16,822	07	54	752,262	

Suite de l'*État servant à compl*

DÉPARTEMENS	DESIGNATION DE CHAQUE DOMAINE.
	Report. . .
Seine.	Maison servant de porte au bois de Boulogne
Seine et-Oise . . .	Terres en friche et bruyères à Saint-Léger.
	Le prieuré de Neuf-Fontaines, consistant en à Cuise-Lamotte . . . .
	Bois taillis à Cuise-Lamotte. . . . . .
	Anciennes plantations de bois à Berneuil. .
	Bois de bouleau et chêne à Berneuil . . .
	Les carrières dites Grisettes et des Noyers, n de pierres de taille, à Berneuil . . . .
	Bois de chêne et de bouleau, à Berneuil. . .
	Idem. . . . . idem. . . . .
	Idem. . . . . à St.-Crépin-aux-
Oise.	Idem. . . . . . . à Cuise. . . .
	Maison et dépendances, à Crépy. . . .
	1 faux 1 quartier, en deux pièces de prairi Carenne. . . . .
	3 faux de prés, en deux pièces, idem. . .
	2 faux 1|2 de prés, en une pièce, à d'Apilly.
	Terres. . . . . à Attichy.
	Idem. . . . . idem. .
	Prés ap. Malnaizière. . . . . à Chevrière
	7 ou 8 mines de terre labourable à Margés Compiègne. . . . .
	1 corps de ferme et dépendances à Courloisy

Dotation de la couronne.

NTENANCE.			PRODUIT MOYEN.		OBSERVATIONS.
h.	a.	c.	fr.		
22	07	34	752,262	00	
»			»		Elle est régie par l'administration des domaines de l'Etat.
27	0	0	928	64	
7	14	53	70	00	
12	75	95	125	00	
25	52	0	170	00	
10	21	0	150	00	
	»		50	00	
7	66	0	100	00	
9	90	0	200	00	
18	50	0	400	00	Ces biens sont actuellement possédés par la caisse d'amortissement.
41	40	0	1,250	00	
	»		43	30	
	»		42	00	
	»		78	00	
	»		78	00	
1	37	89	»		
0	55	15	9	00	
5	67	58	37	75	
	»		114	00	
	»		487	51	
92	77	44	756,595	20	

Certifié conforme :

Le Ministre secrétaire d'Etat, signé H. B. DUC DE BASSANO.

SÉNATUS-CONSULTE

qui réunit divers immeubles au domaine de la couronne.

Du 1er mai 1812.

NAPOLÉON, etc.

Le sénat, après avoir entendu les orateurs du Conseil d'Etat, a décrété et nous ordonnons ce qui suit :

Extrait des registres du Sénat conservateur, du vendredi 1er mai 1812.

Le Sénat conservateur, réuni au nombre de membres prescrit par l'article 90 de l'acte des constitutions du 13 décembre 1799 ;

Vu le projet de sénatus-consulte, rédigé en la forme prescrite par l'article 57 de l'acte des constitutions du 4 août 1802 ;

Après avoir entendu, sur les motifs dudit projet, les orateurs du Conseil d'Etat, et le rapport de la commission spéciale nommée dans la séance du 28 avril dernier ;

L'adoption ayant été délibérée au nombre de voix prescrit par l'article 56 de l'acte des constitutions du 4 août 1802,

DÉCRÈTE :

Art. 1er Sont réunis et demeurent annexés au domaine de la couronne les immeubles acquis au nom de Sa Majesté, et dont la désignation suit ; savoir :

Saint-Cloud.

L'hôtel des Pages ;

Le terrain et les deux échoppes acquis du sieur *Leuiller* ;

Maison du jardinier fleuriste, commune de Sèvres ;

Maison du portier, à la grille du Mail ;

Maison dite *des Sarps* ;

Deux maisons rue des Ursulines, et rue du Chevalier de Lorraine ;

Laiterie de Montretout ;

L'hôtel de Brancas, situé à Sèvres ;

Versailles.

Le pavillon et l'enclos du Butard ;
Les bâtimens formant l'aile droite de la Vénerie ;
La ferme de Galli ;
La ferme de la Ménagerie et de la Faisanderie ;
La ferme du Désert ;
La ferme du Bois-Robert ;
Quatre pièces de terre labourable acquises des héritiers *Richaud* ;
Deux pièces de terre labourable acquises du sieur *Very* et sa femme ;
Un jardin et un petit bâtiment acquis du sieur *Millon* ;
Une pièce de terre labourable acquise du sieur *Bardon* ;
La ferme de Satory ;
Le bâtiment et enclos appelé *la Porte-de-Saint-Cyr* ;
Une maison et un enclos en face de la Ménagerie ;
Les deux glacières du palais de Versailles ;
La maison et enclos dite *la Porte-de-Landry* ;
Une pièce de terre acquise du sieur *Flot* ;
L'auberge de la Chaumière ;
Une pièce de terre acquise du sieur *Lehuby* ;
Un jardin acquis du sieur *Gervais* ;
La ferme de l'Ermitage ;
Vingt-six hectares vingt-quatre ares soixante-dix centiares provenant de concessions faites à soixante-un particuliers de Roquencourt ;
Une pièce de terre acquise du sieur *Robert* ;
La ferme de Lessart ;
Rendez-vous de chasse de Verrières ;
Soixante-une redevances achetées des sieurs *Rollet* ;
Bâtiment et portion de terrain de la ferme de Trousale.

Meudon.

Le petit parc de Meudon, et les étangs de Trivaux et de Chalais ;
Trois pièces de terre labourable, dans le grand parc, acquises du sieur *Peyronnet* ;
Deux pièces de terre labourable, dans le grand parc, acquises du sieur *Delamain* ;
La ferme de Grange-Dame-Rose.

Saint-Germain.

Le pavillon du Fer-à-Cheval ;
Les terrains acquis des sieurs *Ladoucette, Racle, Metayer,* la veuve *Perron*, et de divers particuliers, par voie d'échange, pour servir de clôture de la forêt;
Le domaine de Marly.

Rambouillet.

Le pavillon du Fer-à-cheval ;
Le château de Saint-Léger et terrains adjacens ;
Le parc d'en haut, acquis de madame *Louvet* ;
La ferme des Petites-Hogues et des Brulins ;
L'étang du Moulinet ;
Le Chenil, ou maison des chasses ;
Emplacement de l'hôtel du Gouvernement, à Rambouillet ;
Deux hectares quatre-vingt-dix ares seize centiares de terrain labourable, en ce comprise une petite lisière de bois ;
Bois de Pouras, contenant quarante-quatre hectares quarante-sept ares, avec une maison de garde enclavée dans la forêt de Laint-Léger.

Fontainebleau.

L'enclos du sieur *Dubois*, près les grandes écuries ;
L'hôtel du Gouvernement ;
Une maison de garde aux Sablons ;
Une maison de garde à la Rochette ;
L'ancien Chenil et ses dépendances;
Un hectare sept ares vingt centiares de terrain près la Pyramide, entre le parc et la forêt ;
Deux pièces de terre acquises du sieur *Mion* ;
Une maison de garde aux Basses-Loges ;
Deux pièces de terre acquises du sieur *Poussaint*;
Huit hectares soixante-trois ares trois centiares de terrain inculte, contigu au parc.

Compiègne.

Les terrains situés entre le jardin impérial et la forêt,

Un emplacement contigu à la Secrétairerie d'Etat ;

Glacière, jardin, bâtiment et terrain dans les fossés du palais, acquis des héritiers *Radix-de-Sainte-Foi* ;

Terrain et emplacement dit *les Écuries-de-la-Reine* ;

Paris.

Soixante-dix ares de terre attenant au parc de Mouceaux ;

L'ancienne melonnière de Monceaux et les bâtimens de portiers qui en dépendent.

2. Sont également réunis et demeurent annexés au domaine de la couronne, les palais de Strasbourg et de Bordeaux, mis au nombre des palais impériaux par les décrets des 21 janvier 1806 et 28 avril 1808.

3. Le présent sénatus-consulte sera transmis, par un message, à Sa Majesté l'empereur et roi.

DÉCRET IMPÉRIAL

Qui détermine la forme et les conditions des actes d'échange avec le domaine de la couronne.

Au quartier-général impérial de Wilna, le 11 juillet 1812.

Napoléon, etc.

Sur le rapport de notre intendant-général du domaine de la couronne ;

Vu l'article 12 du sénatus-consulte du 30 janvier 1810 ;

Voulant déterminer la forme et les conditions des actes d'échange avec le domaine de la couronne, sur lesquels doit intervenir le sénatus-consulte prescrit par l'article 12 de celui du 30 janvier 1810 ;

Notre Conseil d'Etat entendu,

Nous avons décrété et décrétons ce qui suit :

Art. 1er. Lorsqu'il y aura proposition d'un échange avec le domaine de la couronne, l'intendant-général se fera remettre, par l'échangiste proposé, les titres de sa propriété, avec une déclaration signée de lui, des charges, servitudes et hypothèques dont elle est grevée : il les soumettra au conseil de l'intendance, avec un exposé de la convenance ou disconvenance de l'échange. Le conseil donnera son avis, tant sur cette convenance que sur l'établissement de la propriété en la personne de l'échangiste.

2. Lorsque le conseil aura jugé l'échange convenable au domaine, et la propriété bien établie, il sera nommé trois experts, un par l'intendant-général du domaine de la couronne, un par l'échangiste, un par le président du tribunal de la situation des biens, et dans le cas où les domaines à échanger seraient situés dans le ressort de deux tribunaux différens, par le président du tribunal du lieu où le domaine appartenant à la couronne, ou sa plus forte partie, s'il s'étendait dans le ressort de deux tribunaux, sera situé ; lesquels, après serment prêté en la forme accoutumée, visiteront et estimeront les domaines proposés en échange, et en constateront la valeur, eu égard aux charges réelles et servitudes dont ils seraient grevés, et du tout dresseront procès-verbal par eux affirmé.

3. Lorsque des procès-verbaux il résultera que le bien offert en échange est de valeur égale à celui à concéder en contre-échange, il nous en sera fait, par l'intendant-général du domaine de la couronne, un rapport, à l'effet d'obtenir notre agrément à l'échange.

4. Si l'échange nous paraît convenable, il sera par nous rendu un décret qui autorisera l'intendant-général à en passer l'acte.

5. L'acte d'échange sera passé entre l'intendant-général du domaine de la couronne et l'échangiste, devant notaires.

6. Le contrat d'échange spécifiera les domaines échangés, par leur nature, consistance et situation, avec énonciation des charges et servitudes dont ils seraient grevés, et relatera les procès-verbaux d'estimation, qui y demeureront annexés : il pourra être stipulé, si l'échangiste le requiert, que l'acte d'échange demeurera comme non avenu, si le sénatus-consulte prescrit par l'article 12 de celui du 30 janvier 1810, n'intervenait pas dans un délai convenu.

7. Le contrat d'échange sera enregistré et transcrit ; l'enregistrement sera fait *gratis*, conformément à l'article 90 de la loi du 22 frimaire an VII : il ne sera payé pour la transcription que le salaire du conservateur.

8. Les formes établies par l'article 2494 du Code Napo-

léon , par les avis du Conseil d'État des 9 mai 1807 et 5 mai 1812 , et par l'article 834 du Code de procédure civile , pour mettre tous créanciers ayant, sur le bien offert en échange au domaine de la couronne, hypothèque non inscrite, en demeure de prendre inscription , seront remplies à la diligence de l'intendant-général du domaine de la couronne.

9. S'il existe des inscriptions sur l'échangiste, il sera tenu d'en rapporter main-levée et radiation dans quatre mois du jour de la notification qui lui en aura été faite par notre intendant-général du domaine de la couronne , s'il ne lui a pas été accordé un plus long délai par l'acte d'échange.

10. Faute par lui de rapporter ces main-levée et radiation pleines et entières, le contrat d'échange sera résilié de plein droit , et tous les frais en resteront à la charge de l'échangiste.

Néanmoins notre intendant-général du domaine de la couronne aura la faculté, après avoir pris l'avis du conseil de l'intendance, selon la convenance de l'échange et la solvabilité de l'échangiste , de suivre l'exécution du contrat , en exerçant contre lui l'action en garantie , pour le contraindre à fournir deniers suffisans pour acquitter les dettes inscrites jusqu'à concurrence de la valeur à laquelle l'immeuble par lui donné en contre-échange demeurera fixé : cette faculté sera expressément stipulée dans l'acte d'échange ; et en ce cas, l'intendant-général remplira toutes les formalités nécessaires pour purger le bien de toute hypothèque.

11. S'il ne survient point d'inscriptions sur l'échangiste , ou lorsque les main levée et radiations de celles existantes auront été rapportées , le projet du sénatus-consulte prescrit par l'article 12 de celui de janvier 1810 sera soumis à la délibération du sénat ; et à cet effet, le contrat d'échange , l'avis du conseil de l'intendance, et les procès-verbaux d'estimation, y seront joints.

Le sénatus-consulte ne sera d'ailleurs requis que sauf les droits d'autrui, et ne fera point obstacle à ce que des tiers, revendiquant tout ou partie de la propriété du domaine échangé, ne puissent se pourvoir par les voies de droit dans les tribunaux ordinaires.

12. Le sénatus-consulte sera transcrit sur la grosse du

contrat d'échange, qui demeurera déposée aux archives du domaine de la couronne, avec toutes les pièces relatives, dont l'échangiste aura droit de se faire délivrer expédition.

13. Notre grand-juge ministre de la justice, notre ministre des finances, et notre intendant-général du domaine de la couronne, sont chargés, chacun en ce qui le concerne, de l'exécution du présent décret qui sera inséré au Bulletin des lois.

SÉNATUS-CONSULTE

Qui autorise l'échange[1] de bois dépendans du domaine de la couronne avec une forêt du domaine impérial.

Du 14 avril 1813.

NAPOLÉON, etc.

Le Sénat, après avoir entendu les orateurs du Conseil d'Etat, a décrété et nous ordonnons ce qui suit :

Art. 1er. Les bois de Rochefort, faisant partie de la forêt des Yvelines, réunie au domaine de la couronne par le sénatus-consulte du 30 janvier 1810, qui se composent, 1° du triage des Yvelines, divisé en seize coupes, contenant, avec les cordons et bordures qui en dépendent, trois cent soixante-dix-huit hectares un are, 2° du triage de la haie et des buttards de Rochefort, divisé en dix-huit coupes, contenant, avec les cordons et bordures qui en dépendent, six cent dix hectares quinze ares, ensemble neuf cent quatre-vingt-huit hectares seize ares, et dont le revenu annuel est de trente mille deux cent quarante-cinq francs soixante-onze centimes, seront distraits des biens affectés à la dotation de la couronne.

2. La forêt de Dourdan, faisant partie du domaine impérial, contenant neuf cent quarante-sept hectares vingt-deux ares, et donnant un revenu annuel de quarante-cinq mille six cent quatre-vingt-seize francs un centime, est réu-

[1] Voyez le décret du 11 juillet 1812, *qui règle la forme et les conditions des échanges avec le domaine de la couronne.*

nie au domaine de la couronne, en remplacement des bois de Rochefort mentionnés en l'article précédent.

3. Pour couvrir le domaine impérial de la plus-value de la forêt de Dourdan, il lui sera donné en échange, par le domaine de la couronne, le bois des Hautes-Bruyères, dont le revenu annuel est de quinze mille quatre cent quarante-neuf francs trente centimes.

Mandons et ordonnons, etc.

LOI

Relative à la liste civile et à la DOTATION *de la couronne.*

A Paris, le 8 novembre 1814.

Louis, par la grâce de Dieu, roi de France et de Navarre; à tous ceux qui ces présentes verront, salut.

La chambre des députés de nos départemens nous ayant adressé, au sujet de notre liste civile et de la dotation de la couronne, une *offre* à laquelle les pairs de notre royaume se sont empressés de concourir, nous avons été vivement sensibles à cette démarche, et c'est avec la plus entière confiance que nous agréons la demande qui nous est faite par les deux chambres, de proposer, sur cet objet, une loi conforme aux vues que leur attachement à notre personne et à la majesté du trône leur a inspirées.

A ces causes, nous avons proposé, les chambres ont adopté, nous avons ordonné et ordonnons ce qui suit :

TITRE Ier.

SECTION PREMIÈRE.

Art. 1er. Il sera payé annuellement, par le trésor royal, une somme de vingt-cinq millions pour la dépense du roi et de sa maison civile.

2. Cette somme sera versée, chaque année, entre les mains de la personne que le roi aura commise à cet effet,

en douze paiemens égaux qui se feront de mois en mois, sans que lesdits paiemens puissent, sous aucun prétexte, être anticipés ou retardés.

3. Le Louvre et les Tuileries sont destinés à l'habitation du Roi. Le Roi jouira également de tous les bâtimens adjacens employés actuellement à son service.

Les palais, bâtimens, emplacemens, terres, prés, corps de fermes, bois et forêts composant les domaines de Versailles, Marly, Saint-Cloud, Meudon, Saint-Germain-en-Laye, Rambouillet, Compiègne, Fontainebleau et autres palais et domaines, tels qu'ils sont désignés dans la loi du 1er juin 1791, et les sénatus-consultes des 30 janvier 1810, 1er mai 1812 et 14 avril 1813, ainsi que la Monnaie des médailles, l'hôtel de Valentinois, rue de Varennes; l'hôtel du Chatelet, rue de Grenelle, Faubourg-Saint-Germain; un hôtel sis place Vendôme, n° 9; l'hôtel des Menus, rue Bergère; le garde-meuble placé dans les bâtimens du couvent de l'Assomption, le magasin des marbres à Chaillot, ainsi que le château et domaine de Villiers et le clos Toutain, *formeront la dotation de la couronne*, sous la réserve des droits des anciens propriétaires, dans le cas où quelques-uns des biens ci-dessus désignés seraient susceptibles de restitution.

Il sera fait, aux frais de l'État, une nomenclature exacte, et dressé des plans des palais, châteaux, bois, forêts et autres immeubles affectés à la dotation de la couronne par les lois ci-dessus relatées : les états et plans susdits seront transmis en double à la chambre des pairs et à celle des députés.

La couronne demeure chargée de meubler, entretenir et réparer les palais, maisons et biens qui lui sont affectés.

4. Les diamans, perles, pierreries, statues, tableaux, pierres gravées et autres monumens des arts, ainsi que les bibliothèques et musées qui se trouvent, soit dans les palais du Roi, soit dans le garde-meuble, font partie de la dotation de la couronne ;

L'inventaire en sera dressé, et transmis en double à la chambre des pairs et à celle des députés.

Dans le cas où, par la suite, des statues, tableaux ou autres effets précieux seraient acquis aux frais de l'État, et *placés dans les palais et musées royaux*, ces objets deviendront *dès-lors* partie de la dotation de la couronne, et seront *ajoutés à l'inventaire* dont il vient d'être parlé [1].

5. Les manufactures royales de Sèvres, des Gobelins, de la Savonnerie et de Beauvais, continueront d'appartenir à la couronne, et d'être entretenues aux frais de la liste civile.

6. Tous les domaines et revenus non compris, dans les articles précédens font partie du domaine de l'Etat, sans déroger toutefois à l'ordonnance du 4 juin concernant la dotation du sénat et des sénatoreries, l'affectation des fonds provenant de cette dotation et leur administration ; sauf à pourvoir, par une loi, aux dispositions ultérieures que pourrait exiger l'exécution de ladite ordonnance.

7. Conformément à l'article 23 de la Charte constitutionnelle, la présente liste civile est fixée pour tout le règne du roi.

8. Il sera payé par le trésor royal, pour la présente année 1814, une somme de quinze millions cinq cent dix mille francs pour la dépense du roi et de sa maison civile ;

Le paiement en sera fait conformément à ce qui est prescrit par l'article 2.

SECTION II.

De la conservation des biens qui forment la dotation de la couronne.

9. Les biens qui forment *la dotation de la couronne* sont inaliénables et imprescriptibles, sauf ceux qui, provenant de confiscations, auraient été réunis aux domaines de l'Etat, et dont la restitution serait ordonnée par une loi.

10. Ces biens ne peuvent être engagés, ni grevés d'hypothèques ou d'autres charges.

11. L'échange des immeubles affectés à la dotation de la couronne ne peut avoir lieu qu'en vertu d'une loi.

12. Les biens qui forment la dotation de la couronne ne supportent pas les contributions publiques.

13. Les biens de la couronne ne sont jamais grevés des

[1] Donc ils ne constitueront pas un actif particulier du roi ; mais ils appartiendront au domaine de la couronne à qui le roi en a fait tradition.

dettes du roi décédé, non plus que des pensions qu'il pourrait avoir accordées[1].

SECTION III.

De l'administration des biens qui forment la dotation de la couronne.

14. Les biens de la couronne sont régis par le ministre de la maison du roi, ou, sous ses ordres, par un intendant. Le ministre, ou l'intendant par lui commis, exerce les actions judiciaires du roi ; et c'est contre lui que toutes les actions à la charge du roi sont dirigées, et les jugemens prononcés. Néanmoins, conformément au Code de procédure civile, les assignations lui sont données en la personne des procureurs du roi et procureurs généraux, lesquels seront tenus de plaider et défendre les causes du roi, soit dans les tribunaux, soit dans les cours.

15. Les domaines productifs, affectés à la dotation de la couronne peuvent être affermés sans que néanmoins la durée des baux puisse excéder le temps déterminé par les articles 595, 1429, 1430 et 1718 du Code civil, à moins qu'un bail emphytéotique n'ait été autorisé par une loi.

16. Les bois et forêts faisant partie de la dotation de la couronne sont exploités conformément aux lois et réglemens concernant l'administration forestière.

17. *Les pensions* de retraite accordées pour service dans la maison civile du roi ne *subsisteront*, après son décès, *qu'autant qu'elles auront été établies* sur un fonds formé à cet effet par *une retenue sur le traitement* des employés ; auquel cas, ce fonds sera placé sous l'administration et la responsabilité du ministre de la maison du roi, et ne *pourra recevoir d'autre affectation*[2].

---

[1] Après la révolution de 1830, je me suis fondé sur cet article pour soutenir que ces pensions ne pouvaient pas être mises à la charge du *trésor public*.

[2] C'est sur cet article que je me suis appuyé pour en conclure que le *trésor public* ne pouvait pas être tenu de ces pensions : et que, s'il accordait quelque chose, ce ne pouvait être qu'à titre *de secours*, pour une somme fixe, et non indéfiniment. Voyez mon discours à la séance du 15 avril 1834.

TITRE II.

Des domaines privés du roi.

18. Le roi peut acquérir des domaines privés par toutes les voies que reconnaît le Code civil, et suivant les formes qu'il établit.

19. Ces domaines supportent toutes les charges de la propriété, toutes les contributions et charges publiques, dans les mêmes proportions que les biens des particuliers.

20. Les biens particuliers du prince qui parvient au trône, sont, de plein droit et à l'instant même, réunis au domaine de l'Etat, et l'effet de cette réunion est perpétuel et irrévocable.

21. Les domaines privés, possédés ou acquis par le roi à titre singulier, et non en vertu du droit de la couronne, sont et demeurent, *pendant* sa vie, à sa libre disposition; mais, s'il vient à décéder sans en avoir disposé, ils sont *réunis de plein droit* au domaine de l'Etat [1].

22. Dans la disposition que le roi peut faire de ses domaines privés, il n'est lié par aucune des prohibitions du Code civil.

TITRE III.

Dispositions relatives a la dotation des princes de la famille royale.

23. Il sera payé annuellement par le trésor royal une somme de huit millions pour les princes et princesses de la famille royale, pour leur tenir lieu d'apanage. Le paiement de la dite somme de huit millions sera fait conformément à ce qui est prescrit par l'article 2. Le roi en fera la répartition.

La présente fixation ne pourra eprouver de changemens qu'autant qu'il en surviendrait dans le nombre des membres de la famille royale, auquel cas il y sera pourvu par une loi.

24. Il sera payé par le trésor royal, pour la présente

[1] Telle etait l'ancienne loi de la monarchie.

année 1814, une somme de quatre millions pour la dotation de la famille royale. Le paiement et la répartition en seront faits conformément à ce qui est prescrit par les articles 2 et 23 [1].

LOI

Relative à la fixation de la liste civile.

A Paris, le 15 janvier 1825.

CHARLES, par la grâce de Dieu, roi de France et de Navarre, à tous présens et avenir, salut.

Nous avons proposé, les chambres ont adopté, nous avons ordonné et ordonnons ce qui suit :

Art 1er. Les biens acquis par le feu roi, et dont il n'a pas disposé, ainsi que les écuries d'Artois, faubourg du Roule, provenant des biens particuliers du roi régnant, *sont réunis à la dotation de la couronne.*

2. La liste civile du roi est fixée, pour toute la durée de son règne, à la somme de *vingt-cinq millions*, qui seront payés annuellement par le trésor-royal, sur les ordonnances du ministre de la maison du roi.

3. Il sera payé en outre, par le trésor-royal, sur les ordonnances du même ministre, la somme annuelle de *sept millions* pour tenir lieu d'apanage aux princes et princesses de la famille royale.

4. Les biens restitués à la branche d'Orléans, en exécution des ordonnances royales des 18 et 20 mai, 17 novembre et 7 octobre 1814, et provenant de l'apanage constitué par les édits des années 1661, 1672 et 1692 à Monsieur frère du roi Louis XIV, pour lui et sa descendance masculine, *continueront* [2] à être possédés aux mêmes titre et conditions par le chef de la branche d'Orléans jusqu'à ex-

---

[1] Il n'est pas question de la branche d'Orléans dans cette loi, parce qu'elle avait été remise en possession de son *apanage.*

[2] *Continueront :* ce n'est pas la constitution d'un droit nouveau, mais le rappel du droit préexistant.

tinction de sa descendance mâle, auquel cas, ils feront retour au domaine de l'État.

5. Une somme de *six millions* sera payée extraordinairement par le trésor-royal, sur les ordonnances du ministre de la maison du roi, pour les frais des obsèques du feu roi, et ceux du sacre du roi régnant.

La présente loi, discutée, délibérée et adoptée, etc.

Si, donnons en mandement à nos cours et tribunaux, etc.

DISCOURS

Prononcé par M. Dupin, député de la Nièvre, à la séance du 14 mai 1829.

(Constitutionnel du 15.)

Contre l'échange proposé au nom de la couronne, de deux portions de bois dans la forêt de Bondy, contre le domaine de la Madeleine, situé près de la forêt de Fontainebleau ; et au moyen d'une soulte de 82,000 fr. payée par la liste civile.

M. Dupin, *aîné* : Messieurs, dit l'orateur, l'ajournement qu'on a proposé n'est pas possible. La chambre ne vote jamais que par adoption ou par rejet sur les projets de loi qui lui sont soumis. Sans doute si un projet de loi de la nature de celui-ci est rejeté dans une session, il peut être présenté dans la session suivante, en l'appuyant de nouveaux documens. Quant à présent, il faut le juger avec et d'après les documens actuels.

C'est une chose bien grave, messieurs, que de disposer par voie d'échange des biens du domaine de la couronne. De tous temps, ces échanges ont excité l'attention des hommes soigneux des intérêts de ce domaine, et ont appelé un sévère examen.

A l'époque où fut portée la célèbre ordonnance qui déclarait le domaine inaliénable, les courtisans, qui ne pouvaient plus se le faire adjuger à vil prix et qui ne pouvaient pas non plus se le faire donner à découvert, eurent recours

à la forme des échanges, à l'aide desquels ils donnaient
des héritages de nulle valeur contre les meilleurs domaines
de l'Etat. C'est ainsi qu'une grande partie de ces domaines
est passée dans leurs mains, au mépris des lois de l'Etat.

Aussi les cahiers des états-généraux sont pleins de doléances sur l'abus scandaleux de ces échanges. L'ancienne
législation avait essayé d'y pourvoir, en prescrivant des règles à l'observation desquelles les parlemens s'efforcèrent
de tenir la main par la sévérité de leurs vérifications.

Dans ces temps modernes, lorsque la forme monarchique
eut été rétablie, le chef de l'Empire, quoiqu'il n'aimât
point à s'imposer des entraves, rendit le décret du 11 juillet 1812, par lequel il détermine avec soin à quelles conditions pourront se faire les échanges du domaine de la
couronne. Ces règles sont les mêmes qu'autrefois. Eh bien !
on a violé toutes ces lois. Je n'insiste pas sur le défaut de
convenance et d'utilité ; c'est un point de fait signalé d'ailleurs par votre commission ; mais j'insiste sur le défaut de
déclaration préalable des servitudes qui grèvent et déprécient l'immeuble ; c'est précisément parce que l'échange se
consomme en forme de loi, c'est-à-dire dans la forme la
plus solennelle et la plus irrévocable, qu'il importe d'observer scrupuleusement toutes les règles établies.

Ce défaut de déclaration a entraîné un autre inconvénient : c'est que les experts n'ont pas eu égard à l'existence
de ces servitudes dans l'évaluation, et vous devez savoir
gré à votre commission de vous l'avoir signalée.

Que vient-on dire pour défendre l'échange ? Que s'il y a
une différence de valeur, la liste civile la comble avec une
soulte de 82,000 francs. C'est ici, messieurs, que com-
mencent les droits de la chambre, et j'aime qu'elle se fasse
une idée nette des pouvoirs qu'elle exerce. Quand vous êtes
appelés à voter sur un échange, vous n'examinez pas seulement dans l'intérêt de l'Etat, mais aussi dans l'intérêt du
roi, qui peut avoir été compromis. N'accepteriez-vous donc
que la première partie de cette mission ? Non, sans doute,
et si vous vous apercevez que le roi ait été lésé dans l'administration de sa liste civile, vous devez... (Vives ex-
clamations à droite ; interruption.)

Plusieurs voix. La liste civile est votée par la chambre
sans discussion !... Nous n'avons pas droit d'examen.

M. Dupin, avec force. Oui, messieurs, je le répète, si

vous vous apercevez qu'il y a lésion, vous devez la signaler en rejetant l'échange ; c'est le devoir d'un bon et loyal conseiller, et, avant tout, vous êtes les conseillers de la couronne [1]. (Bravos à gauche, vive agitation.) Sans doute, quand nous ne sommes pas légalement appelés à nous occuper de la liste civile, nous n'avons pas à nous en inquiéter ; mais toutes les fois que, dans l'ordre de nos fonctions, nous sommes amenés à y porter nos regards, nous devons le faire sans hésitation, etc.

Suite de la séance du 14 mai.

Après M. Pardessus qui avait dit : « *Vous voulez donc mettre les rois en tutelle ?* »

M. Dupin aîné demande la parole.

A droite, vivement : Aux voix ! la clôture ! *A Gauche en masse* : Parlez ! parlez !

M. Dupin monte à la tribune. (Les cris de clôture redoublent.)

M. le Président. Puisqu'on insiste, je dois mettre la clôture aux voix.

M. Dupin aîné. Eh bien ! je demande la parole contre la clôture.

M. le Président. En ce cas, vous avez la parole.

M. Dupin aîné. Je parlerai contre la clôture, parce que dans l'intérêt de la loyauté du contrat soumis à votre appréciation, il importe que la discussion soit libre et complète. Au reste, si la clôture était prononcée, je réclamerais

----

[1] Le *Journal des Débats*, au lieu de *Conseillers de la couronne*, a mis : *tuteurs des rois.* Il est le seul qui ait cru entendre ainsi ; mais le lendemain, il a expliqué la cause de sa méprise en ces termes :

« En rendant compte hier du premier discours de M. Dupin » sur l'échange du domaine de la Madeleine, on a intercalé par » erreur, dans son texte, après ces mots : *vous êtes les conseil-* » *lers de la couronne*, ceux-ci : *vous êtes les tuteurs des rois.* » C'est au contraire des bancs de la droite qu'est partie l'excla- » mation : *vous n'êtes pas les tuteurs des rois.* Cette interrup- » tion a donné lieu à la remarque de M. Pardessus, et ensuite » à la réplique de M. Dupin, qui a rappelé le mot de Henri IV » aux notables de Rouen. »

encore la parole comme pour un fait personnel, parce qu'en répondant à la dernière partie de mon opinion, le préopinant l'a tout-à-fait dénaturée. (*De toutes parts* : parlez! parlez!)

M. le Président. Puisqu'on ne demande pas la clôture, vous avez la parole. (*Profond silence.*)

M. Dupin aîné. La chambre pense bien que je ne veux pas m'arrêter long-temps sur cette discussion. Je ne dirai qu'un mot, mais un mot qui me paraît impérieusement nécessaire. Je ne me rends pas du tout à cette raison, que l'échange est avantageux par cela seul qu'il fait toucher la forêt de Fontainebleau à la Seine. Cette forêt touche à la Seine par beaucoup d'autres points, et l'y faire toucher par un petit point de plus, est un prétexte qui ne devrait pas même être allégué sérieusement. D'ailleurs, on aura beau racheter, le roi aura toujours des voisins. (On rit à gauche.)

L'examen que je réclame, que j'appelle, et de l'absence duquel je me plains dans l'échange dont il s'agit, est d'autant plus important, que, dans ces sortes d'échanges, il y a toujours des agens qui veulent bénéficier, et des agens qui ne sont pas toujours incorruptibles. (Murmures à droite.)

Je le répète donc : vous ne pouvez adopter l'échange qui vous est proposé; car aucune des formalités qui servent de garantie dans de pareilles transactions n'a été suivie. Je m'oppose à l'adoption de l'article; je m'y oppose par respect pour les vrais principes. L'adoption d'un tel échange serait une violation des dispositions précises du décret qui fait règle sur cette matière. Cette adoption serait de plus un fâcheux précédent. Si une fois la chambre validait un échange dans lequel les formalités auraient été négligées, on viendrait dans une autre occasion s'en prévaloir contre vous-mêmes. (A gauche : c'est juste.)

Reconnaissons donc que, dans l'échange dont il s'agit, il n'y a pas eu d'expertise sincère. Nous en avons eu ici l'aveu. Je me trompe : ce défaut de sincérité a été découvert par votre commission; c'est à vos commissaires que nous en avons l'obligation; c'est de leur part une bien importante découverte; elle témoigne en faveur du scrupule religieux qu'ils ont apporté dans leur examen, et je rends ici hommage à l'honorable rapporteur qui a mis dans son travail la conscience et l'aptitude d'un magistrat [1]. (Vive adhésion à gauche).

Rappelez-vous, messieurs, qu'un pareil rejet n'a en soi rien d'irrévocable. Que les agens du gouvernement reviennent à nous, une autre année, avec une estimation plus sincère, et alors nous verrons. (Rire d'approbation à gauche.) Aujourd'hui vous ne pouvez prononcer sur un échange qui n'a été conclu que par suite d'une estimation simulée.

Je reviens maintenant à ma dernière observation. On a semblé, en me répondant, vouloir établir que j'avais osé élever ma censure jusqu'à l'objet éternel de notre vénération. (Ecoutez ! écoutez !) On est venu dire : « Nous ne sommes pas les tuteurs du roi ! » Non, sans doute, dans le sens de l'acception fâcheuse de ce mot. Mais que le préopinant se rappelle ce que disait Henri IV aux notables de Rouen : « Je viens, leur disait-il, me mettre en tutelle au milieu de vous; fantaisie qui ne prend guère aux rois, aux barbes grises et aux victorieux comme moi. » (Bravos à gauche, interruption à droite.)

M. de la Boulaye. Où avez-vous appris cela ? (Hilarité.)

M. Dupin à M. de la Boulaye. Dans l'histoire; lisez-la.

On a dit encore : « *Le roi a le droit de donner.* » Oui, mais quand le roi donne, il faut qu'il sache qu'il donne, et qu'il ne croie pas payer.

On trompe donc le roi, quand on lui fait croire qu'il paie alors qu'il donne. Souvent, messieurs, et dans bien des circonstances, on a dit : *Ah ! si le roi le savait !* Eh bien ! dant cette circonstance, le roi le saura. Il saura que vous êtes les défenseurs de ses domaines, de sa liste civile, et que vous ne négligez jamais l'occasion de lui faire arriver un loyal avertissement. (Bravos prolongés à gauche.) Je vote contre l'échange. (Une foule de voix : Appuyé !)

L'échange a été rejeté. (Loi du 28 juin 1829, art. 2.)

[1] M. de Metz est président à la Cour royale de Nancy.

LOI

Du 28 juin 1829, relative à un échange de biens dépendant de la dotation de la couronne.

Art. 2. L'échange conclu par acte des 7 et 12 décembre de la même année (1826) avec le sieur *Louis Barmont* et la demoiselle *Louis*, sa sœur, de trente-deux hectares trente-trois ares de la forêt de Bondy contre le domaine de la Madeleine, enclavé dans la forêt de Fontainebleau, *est et demeure rejeté.*

CHARTE DE 1830.

Sur la liste civile.

Article 19. « La liste civile est fixée pour toute la durée » du règne, par la première législature assemblée depuis » l'avènement du roi. »

Exposé des motifs et projet de loi relatif à la liste civile, présenté par M. le ministre secrétaire-d'état au département des finances, président du conseil des ministres (M. J. Laffitte). — Séance du 15 décembre 1830.

Messieurs, nous sommes chargés de vous présenter aujourd'hui la loi qui doit fixer la dotation de la couronne et la liste civile.

Vous appréciez tous la nature et l'importance de l'objet qui vous est soumis. La Charte a fixé les prérogatives politiques de la royauté ; il reste à fixer *son état, sa représentation, son influence, par la loi de la liste civile.* Ces choses, vous le savez, ont une importance non moindre que l'étendue des pouvoirs politiques, et méritent une sérieuse attention.

La royauté, dans presque tous les pays de l'Europe, jouit de domaines magnifiques et de revenus considérables. Cet état brillant, elle le tient d'un ancien ordre de choses, qui remonte jusqu'à la féodalité. Il s'agit de conserver à la royauté cet éclat, cette supériorité de représentation, mais en les modifiant, comme on a modifié ses prérogatives politiques, et en les fondant sur des motifs nouveaux et légi-

times, le vœu raisonné des peuples. Les mêmes considérations qui nous ont portés à accorder à la royauté un pouvoir supérieur, nous porteront à lui accorder une représentation supérieure à celle que peuvent déployer tous les
autres citoyens.

Tout paraît inexplicable dans la société si on l'envisage
d'un certain point de vue, celui de l'égalité absolue. On
ne comprend pas pourquoi, dans la monarchie, il existe
une famille élevée au-dessus de toutes les autres, qui, dans
la formation des lois, peut placer sa volonté à côte de celle
de la nation ; on ne comprend pas davantage la représentation nationale ; car on ne voit pas pourquoi deux ou trois
cent mille individus, réduits par l'élection à trois ou quatre
cents, ont le droit de décider du sort de trente millions
d'hommes. De ce point de vue étroit la république ne se
légitime pas plus que la monarchie, car on ne s'explique
pas comment, dans cet ordre de choses, quelques familles
plus riches, plus puissantes que les autres, arrivent presque toujours à décider du sort de l'Etat. On arrive ainsi à
ne comprendre aucune société humaine, parce qu'il y a
chez toutes une gradation dans les existences, et que la
liberté elle-même, quand elle existe, consiste à permettre
cette gradation, consiste à permettre à chacun de s'élever
et de sortir de l'égalité.

Il faut considérer l'état social sous un autre point de vue,
sous celui de l'utilité commune. Alors on comprend, alors
on admet certaines combinaisons, au moyen desquelles
toutes les places ne sont pas égales, mais au moyen desquelles existent et se maintiennent l'ordre, la sécurité, la
vraie liberté.

Dans l'histoire des peuples, un fait a frappé l'imagina-
tion des hommes, c'est le combat violent, acharné, que se
livrent les partis dans les républiques, pour s'emparer du
pouvoir et le donner à leurs chefs. C'est, pleins de ces
images effrayantes, que les peuples modernes ont voulu
se donner spontanément, irrévocablement, des chefs choisis, avoués par eux. C'est ainsi qu'ils ont espéré résoudre
eux-mêmes, et par leur propre délibération, ces questions
dont l'épée sanglante des partis a seule jusqu'ici décidé
dans le monde. C'est là la pensée unique et profonde de la
royauté ; c'est cette pensée qui, nous saisissant il y a
quatre mois, dans un moment où tout vous était possible,

vous faisait élever sur le pavois le *roi-citoyen*. C'est cette pensée qui a saisi un peuple voisin, et lui a fait voter la monarchie à la presque unanimité. *C'est dans cette pensée que les peuples modernes, imaginant la fiction d'un être supérieur, qui ne finit pas, qui ne faillit pas, l'ont placé ainsi au-dessus des orages des partis, et ont placé au-dessous des êtres qui changent, qui s'élèvent et tombent, qui faillissent et sont punis, et qui donnent, au-dessous de l'immuabilité de la royauté, la représentation de toutes les vicissitudes humaines.*

C'est avec cette pensée qu'ont été fondées les prérogatives politiques de la couronne : c'est avec elles que doivent être fondés son état et sa représentation extérieure. Si on ne considérait que les besoins d'une famille, il ne faudrait pas tant de palais, tant de millions pour y suffire, même avec abondance. Mais on considère le *chef de l'Etat*, on considère cet individu qu'on a voulu placer au-dessus de toutes les rivalités.

En lui donnant des palais, des parcs magnifiques, en l'entourant des chefs-d'œuvres des arts, en plaçant autour de lui l'élite des braves, la pensée politique, qui fait tout cela, considère toujours cet invividu qui, pour le repos du pays, *doit dominer, contenir, désespérer toutes les ambitions.* En le comblant ainsi de ces dons, le pays ne perd rien ; car, dans cette grandeur de la royauté, il contemple sa propre grandeur, car c'est lui dont le génie a créé ces chefs-d'œuvre, c'est lui dont l'industrie a accumulé ces richesses.

La royauté a encore d'autres attributs supérieurs : un publiciste que la France regrette, l'a qualifiée de *pouvoir modérateur*, portant partout la main, pour suppléer aux insuffisances des lois, tantôt dissolvant une chambre qui se trompe, tantôt cassant un jugement ¹ pour faire grâce. Pécuniairement, la royauté a quelque chose de pareil à faire. Elle a à soulager toutes *les infortunes auxquelles l'Etat ne peut pourvoir lui-même :* car l'Etat, inexorable comme la loi, ne récompense, ne soulage que dans la limite des lois. Il y a des veuves, de vieux serviteurs, auxquels une

---

¹ Expression inexacte : la royauté ne peut pas *casser un jugement,* mais elle peut en arrêter les effets en remettant ou commuant les peines qu'il prononce.

insuffisance de trois mois fait perdre les services de trente années, parce que le terme légal n'est pas atteint ; c'est la loyauté qui peut seule y pourvoir. Et cette espèce de vocation providencielle est si marquée, que la dernière liste civile, bien peu favorable assurément aux services rendus sous la révolution et l'empire, se trouve cependant grevée de secours qu'elle n'avait pu refuser à de vieux soldats ou à leurs veuves.

La royauté française a été richement dotée par le génie de la France. Ce beau et fécond génie a élevé le Louvre, les Tuileries, Saint-Cloud, Versailles, Fontainebleau. C'était beaucoup trop aujourd'hui s'il n'avait fallu que procurer une habitation à la royauté ; mais, s'il fallait *conserver ces monumens des arts*, et si l'une des plus convenables manières de les conserver, c'était *d'y montrer quelquefois cette royauté, pour laquelle ils ont été construits, et de les confier à ses soins*, nous avons dû les laisser à la couronne et en former sa dotation immobilière. Sans doute, si nous n'étions pas dans le pays des arts, il eût fallu raisonner autrement ; il eût fallu donner une habitation décente, une seule, à la royauté, y ajouter peut-être un bois à quelques lieues de Paris, pour aller y oublier les soucis de la souveraine puissance, et ensuite vendre ou remplir de métiers ces habitations magnifiques, où les grands maîtres ont prodigué les ressources de leur art, où ont vécu Turenne, Vauban, Racine et Bossuet. Mais pouvons-nous répudier à volonté nos goûts, nos penchans, nos souvenirs ? La révolution française, dans ses vœux gigantesques et patriotiques, avait formé de ces projets d'austérité. Elle voulut vendre et utiliser ces chefs-d'œuvre des arts : aucune main ne voulut toucher à ces monumens ; ils restèrent déserts, inutiles et délabrés. Je ne sais quel reproche de barbarie leur vide, leur abandon, faisait peser sur nous ; et quand, par une réaction violente, nous fûmes ramenés au luxe par la gloire, une main réparatrice vint les orner, les restaurer, les consacrer au souverain de l'État.

Nous avons pensé qu'il fallait *rendre à la couronne des monumens qui ne peuvent appartenir dignement qu'à elle* : là se réfugieront les arts, à l'abri d'une royauté populaire, éclairée et civilisatrice.

Le Louvre, les Tuileries, Versailles, Saint-Cloud, Meudon, Fontainebleau, Compiègne, Saint-Germain, et d'autres domaines, nous ont paru devoir appartenir à la couronne.

Nous avons cru devoir en détacher les bâtimens qui n'étaient pas des monumens dignes de conservation. Nous avons désigné à Paris, à Versailles et en d'autres lieux, tels que Bordeaux et Strasbourg, un certain nombre de châteaux, d'hôtels, de bâtimens, qui n'étaient pas nécessaires à la splendeur de la royauté, et qui ne lui causaient que des frais inutiles. Nous en avons décidé la vente au profit de l'Etat. Nous espérons qu'elle produira un capital de dix à douze millions au moins.

Nous avons pensé encore qu'il fallait laisser attachés aux domaines formant la dotation de la couronne, les bois ou corps de ferme qui en composent la portion productive, parce que le produit de ces domaines, comme on le verra bientôt, est de beaucoup insuffisant pour en payer l'entretien.

A la dotation immobilière de la couronne, nous devions joindre la dotation mobilière. Elle consistait naturellement dans ces pierreries, ces tableaux, ces musées, ces collections précieuses, qui forment l'ornement des palais royaux. Les pierreries de la couronne de France sont célèbres : l'emploi n'en est pas facile à trouver, *aujourd'hui que les pompes d'un sacre gothique nous touchent beaucoup moins, que le simple et noble spectacle d'un roi jurant en présence de la nation le pacte qui l'unit à elle.* Peut-être quelqu'un de ces inutiles trésors pourra-t-il trouver place sur l'épée de la France, que nous avons suspendue à la ceinture du roi. Mais, en attendant, on ne pouvait vendre à des princes étrangers ces célèbres vestiges du luxe de nos pères. Les tableaux, les musées, les bibliothèques, ces monumens d'un luxe qui ne vieillit pas, nous n'avons éprouvé aucun embarras à les laisser attachés aux habitations de la royauté ; ils en étaient l'ornement convenable ; c'est d'elle qu'ils pouvaient obtenir des soins dignes d'eux. Les arts ne sont pas plus propres à un gouvernement qu'à un autre. Les orages de la république ne leur sont pas moins favorables que l'éclat de la royauté ; car tout spectacle est bon pour les inspirer ; mais, dans les républiques comme dans les monarchies.ils recherchent la grandeur. Ils se rangeaient, à Florence, autour du premier citoyen, autour de Médicis.

Dans notre monarchie libre, *le premier citoyen c'est le roi*; c'est lui qui représente la grandeur nationale; c'est autour de lui qu'il faut laisser les chefs-d'œuvre des Le sueur et des Poussin.

Telles sont les hautes considérations qui nous ont fait *respecter et conserver cet ancien et magnifique état de la royauté*. L'assemblée constituante pensait comme nous à cet égard. L'empire avait adopté les mêmes principes.

Après avoir composé la dotation mobilière et immobilière de la couronne, il fallait fixer les conditions de ce genre de propriété Il fallait faire revivre les sages dispositions au moyen desquelles nos lois, de toutes les époques, ont assuré la conservation des biens de la couronne. Nous avons établi qu'ils seraient inaliénables, que le roi en aurait la jouissance, l'entretien, l'exploitation, qu'il pourrait les augmenter, les embellir, y faire les changemens convenables; mais qu'il ne pourrait jamais aliéner ces propriétés que la nation consacre à ses rois. Nous avons empêché qu'il pût les aliéner sous une forme déguisée, en lui interdisant les baux d'une durée illimitée. Nous avons établi que les constructions qu'il ajouterait aux immeubles, ainsi que les objets précieux qu'il ajouterait au mobilier, resteraient attachés à la dotation de la couronne, et ne pourraient plus en être distraits. Cette condition d'inaliénabilité fixée, nous avons laissé ces propriétés dans le droit commun. Elles seront soumises au Code civil, dans tous leurs rapports avec les autres propriétés privées.

L'administrateur de la liste civile sera mis en cause pour la royauté. Nous avons affranchi les domaines royaux de l'impôt général, mais nous les avons soumis *à l'impôt local*, que les communes se paient à elles-mêmes. Sous ce rapport, nous avons continué ce qui existait, parce que ce qui existait nous a semblé juste. L'Etat, par exemple, n'a pas voulu que ses biens payassent l'impôt, parce qu'il se le serait payé à lui-même et qu'il lui en aurait coûté des frais de perception inutiles. Imposer les domaines de la couronne, c'était faire à peu près de même, c'était diminuer la liste civile; or, il est bien plus simple d'en réduire le chiffre. Il en est autrement pour l'impôt communal. Dans ce cas, les domaines de la couronne font partie d'une association particulière qui n'est point l'Etat, et ils lui doivent leur part des charges communes. S'il faut l'exemple de la soumission générale à l'impôt, de la part du roi, comme de la part des autres citoyens, il est donné là d'une manière bien suffisante. Il est donné encore ailleurs, comme on va le voir, pour les biens que le roi possède en propre.

Après avoir immobilisé les propriétés de la couronne dans les mains du roi, il s'agissait de savoir si nous ne lui attribuerions pas, pour ses biens propres, la qualité de *propriétaire libre* dont jouissent les autres citoyens. Là naissait la double question du domaine extraordinaire et du domaine privé ; nous n'avons pas hésité à proscrire l'un comme injuste, et à admettre l'autre comme juste et parfaitement entendu dans l'intérêt des vertus royales.

Le domaine extraordinaire, vous le savez, attribue au souverain les provenances de la conquête. Le guerrier illustre qui avait introduit cette disposition dans nos lois avait des raisons d'en agir ainsi ; et il serait injuste de dire qu'il voulût en abuser et qu'il en ait abusé : mais nous ne devions plus souffrir qu'il en fût ainsi aujourd'hui. Un souvenir récent devait même nous mettre en garde, car nous avons des raisons de croire qu'on voulait faire revivre à l'égard du trésor d'Alger les lois du domaine extraordinaire. Il faut empêcher que cela puisse être ; *il faut que les trésors acquis avec le sang de la nation appartiennent à elle*, excepté toutefois certains objets d'art que sa munificence voudrait donner à la royauté, comme expression de sa joie ou de sa reconnaissance pour un roi qui aurait remporté des victoires ou bravé des dangers.

Il en est autrement pour le domaine privé. *Les biens qui le constituent sont ceux que les rois peuvent acquérir pendant leur vie à titre singulier.* Il fallait leur permettre ce genre de propriété privée par une haute considération, celle *de les encourager à l'économie.* Nous devons souhaiter des vertus à nos rois, nous devons les encourager à en avoir. Les rois qui ne pourraient pas jouir en propre de leurs propriétés personnelles ne songeraient pas à en acquérir, et dissiperaient leur riche revenu. Nous leur avons permis d'acheter, de vendre, de tester, relativement aux biens acquis par eux pendant leur vie. Ces biens, ils seront portés à les transmettre à leurs enfans puinés, et ce sera un bénéfice pour l'État, *qui aura d'autant moins à faire pour leur établissement.* C'est *le motif* qui nous a portés à les affranchir de la loi commune en fait de partage, parce que de tels biens étant destinés aux cadets des familles royales, il ne fallait pas suivre à cet égard les règles du Code civil. Sauf cette exception, les biens du domaine privé seront considérés comme biens de simples particuliers : ils seront soumis à toutes les lois ; ils paieront l'impôt local et l'impôt général ; ils ne seront exempts d'aucune des charges communes de la société.

Telles sont les dispositions au moyen desquelles nous avons assuré *l'établissement de la royauté* en France. Il restait à présenter quelques dispositions accessoires relativement aux biens que la maison d'Orléans apporte à la France. Vous savez tous, messieurs, que les biens de la nouvelle famille que nous avons adoptée se composaient de biens libres et de biens apanagers. Les biens libres sont ceux que la sagesse de notre roi avait, depuis son retour en France, ou acquis avec le fruit de ses économies, ou recueillis des débris d'un vaste naufrage. *Les biens apanagers* sont ceux que Louis XIV avait constitués en faveur de son frère, et qui se sont transmis de génération en génération jusqu'au prince actuel. Le roi a disposé de ses biens personnels en faveur de ses enfans puinés [1] ; il les a dédommagés des rigueurs du droit d'aînesse que nous sommes obligés de faire subir aux enfans de la royauté. Ses biens apanagers ont fait retour à la couronne, dont ils viennent augmenter la dotation.

Nous avons jugé convenable de faire à ce sujet une disposition particulière. Cette disposition nous a semblé à la fois digne du trône et favorable même au trésor. Nous avons pensé que l'apanage d'Orléans formerait une dotation digne des héritiers présomptifs de la couronne. En conséquence nous vous proposons d'établir que, lorsque les héritiers présomptifs auront atteint l'âge de dix-huit ans, l'apanage se détachera de la couronne, et formera leur dotation temporaire, pour revenir à la couronne lorsqu'ils monteront sur le trône [2]. Cette disposition nous a

---

[1] Cette disposition est à regretter, parce qu'elle a été faite indistinctement aux filles et aux fils du roi, et qu'au moyen de cet abandon, elles porteront leur part du patrimoine royal dans des maisons étrangères.

[2] Cette disposition n'a pas été adoptée. L'apanage d'Orléans est entré dans le domaine de la couronne. Loi du 2 mars 1832, art. 4

paru assurer aux fils aînés des rois une situation convenable ; elle épargnera d'ailleurs au trésor la dépense de leur dotation. L'apanage d'Orléans produit un revenu de deux millions.

Le Palais-Royal sera seul excepté, et restera définitivement attaché à la couronne. C'est un vœu du roi, qui ne veut point aliéner cette belle habitation, à laquelle le rattachent nos souvenirs et les siens.

Vous approuverez sans doute la disposition par laquelle nous avons établi que les reines douairières, en cas de décès du roi, obtiendraient une rente viagère et une habitation convenable à leur rang ; et celle enfin par laquelle les princes puînés devront recevoir une dot, quand sera venu le temps de leur établissement. Nous la leur donnerons en propriétés qui rapportent peu dans nos mains, mais qui rapporteront beaucoup dans des mains particulières, c'est-à-dire en forêts.

Après avoir réglé la dotation mobilière et immobilière de la couronne, et avoir fixé les règles particulières à ce genre de propriété, il fallait fixer le revenu annuel que le trésor doit compter au roi. Vous apprécierez toutes les difficultés *de cette question délicate.* Il fallait concilier l'économie que réclament les besoins du trésor avec *la dignité de la nation qui donne,* et avec la libéralité qu'autorisent les vertus du prince régnant. Cette proportion était difficile à saisir ; nous allons vous *exposer les calculs sur lesquels nous nous sommes appuyés.*

Le domaine comprend, vous le savez, outre les palais, les châteaux, les forêts ou champs cultivés qui s'y rattachent, quelques établissemens publics, et surtout diverses manufactures, telles que celles de Sèvres et des Gobelins, que l'industrie particulière ne pourrait soutenir, et que l'on ne pouvait cependant abandonner. L'entretien du mobilier de la couronne, des musées, des bibliothèques, exige des dépenses considérables et inévitables. Il vous sera soumis des états des dépenses et du produit des domaines de la couronne : vous y verrez que le produit des domaines s'élève actuellement *à trois millions huit cent vingt-six mille deux cent quatre-vingt-dix-huit fr.,* somme dans laquelle les forêts entrent pour plus de 3 millions, et que les dépenses de ces domaines en exploitation, entretien, mobilier, s'élèvent *à sept millions deux cent quarante neuf mille quatre cent vingt neuf* francs. Le surplus de la dépense sur le produit s'élève donc à 3,423,131 francs. Dans cette dépense, ne sont pas compris les frais de conciergerie pour la garde des maisons royales. C'est donc une charge de 3 millions et demi, non un revenu qu'on procure à la royauté, en lui donnant la dotation de la couronne.

Cette somme est à déduire de celle que vous adjugerez pour la liste civile. La caisse dite *de Vétérance*, sur laquelle reposent les pensions d'anciens serviteurs, impose de nouvelles charges à la liste civile. Ces anciens serviteurs ont été placés auprès du chef de l'Etat à toutes les époques. Plusieurs d'entre eux appartiennent à l'empire, et même au roi Louis XVI. Leurs droits ne peuvent être méconnus, car ils sont fondés sur des retenues. Cette caisse, transmise à la nouvelle liste civile, lui impose 800,000 francs de charge. C'est donc près de 4 millions et demi qu'il faut défalquer de la somme générale.

Nous avons cru, messieurs, qu'en considération de ces charges inévitables, la *liste civile devait être fixée à dix-huit millions*. D'après le calcul que nous venons de vous présenter, la somme nette qui resterait au roi serait de 13 à 14 millions.

Vous consulterez à la fois, Messieurs, la dignité de la nation que vous représentez, et vous jugerez si c'est trop, si c'est assez. Les convenances ne nous permettent guère d'insister sur une question pareille. Cependant la liste civile étant votée pour le règne, et s'appliquant uniquement au roi régnant, vous prendrez en considération les vertus personelles de ce roi, son économie, sa sagesse, le nombre de ses enfans. Vous n'oublierez pas la grandeur de la capitale, dont il forme le vœu d'achever à ses frais les monumens; *vous n'oublierez point Paris*, qui a *si bien mérité de la France*, qui *souffre particuliérement* des atteintes portées au crédit, parce que la plus grande partie des fonds publics appartient à ses habitans, qui souffre surtout de la diminution survenue dans la consommation des riches, et qu'une classe d'hommes voudrait apppauvrir par leur retraite. Vous n'oublierez point toutes ces considérations, et vous fixerez cette partie des dépenses publiques avec ce sentiment des convenances que vous avez manifesté en tant d'occasions.

Si vos calculs s'accordent avec les nôtres, la liste civile

étant fixée à 18 millions, l'économie qui résultera de l'établissement d'une royauté nouvelle sera considérable. L'ancienne famille royale coûtait à l'État 32 millions. Sa maison militaire coûtait 3 millions, ce qui portait à 35 la somme totale. En la bornant à 18, ce sera une économie de 17 millions, somme considérable et qui procurera de grands moyens de réduction dans les charges publiques. Nous avons pensé que, pour le temps écoulé entre l'époque de l'avénement au trône et le 1er janvier 1831, il convenait de fixer une somme proportionnée aux dépenses extraordinaires de cette époque intermédiaire ; nous vous proposons de la fixer à 12 millions.

Tels sont, messieurs, les motifs de la loi nouvelle. Notre but a été de conserver à la royauté un état convenable, un état digne d'elle et de la France. Vous la connaissez tous, cette royauté nouvelle, car vous avez pu l'approcher et la juger de bien près. Elle sera, comme il convient à notre pays et à notre temps, simple, élégante et noble. L'esprit de famille en chassera les mœurs de cour; mais il faut que le goût, la grandeur de la France puissent s'y maintenir et s'y perpétuer. Il le faut pour la France, il le faut pour l'Europe. Vous ne voudriez pas que la royauté de notre aveu, *celle que nous avons édifiée nous-mêmes*, fût moins brillante, moins fière que les vieilles royautés qui l'entourent. Il ne faut pas que son état soit mesquin; *mieux vaut qu'elle soit jalousée que dédaignée.* Il nous sied de prouver qu'une cour libre et nouvelle peut présenter autant d'éclat et de convenance qu'une cour ancienne et absolue.

PROJET DE LOI.

LOUIS-PHILIPPE, ROI DES FRANÇAIS, à tous présens et à venir, salut.

Nous avons ordonné et ordonnons que le projet de loi dont la teneur suit sera présenté à la Chambre des Députés par notre ministre secrétaire d'État au département des finances, que nous chargeons d'en soutenir la discussion.

TITRE PREMIER.

ART. 1er. Le Roi aura la jouissance des biens composant la dotation de la couronne, et recevra un revenu annuel, qui sera voté pour la durée du règne, conformément à l'article 19 de la Charte constitutionnelle.

TITRE II.

SECTION PREMIÈRE.

Dotation de la Couronne.

2. La dotation de la couronne se compose de biens immeubles et de biens meubles.

3. Les biens immeubles comprendront le Louvre, les Tuileries, ainsi que leurs dépendances, les châteaux, maisons, bâtimens, manufactures, terres, prés, corps de ferme, bois et forêts composant principalement les domaines de Versailles, Marly, Saint-Cloud, Meudon, Saint-Germain-en-Laye, Rambouillet, Compiègne, Fontainebleau, Pau et autres, tels qu'ils ont été désignés par la loi du 1er juin 1791. par les sénatus-consultes du 30 janvier 1810, 1er mai 1812. 14 avril 1813, par les lois du 8 novembre 1814, 15 janvier 1825, et par diverses autres lois survenues relativement à des acquisitions ou échanges de biens royaux.

4. Ne feront pas partie de la dotation de la couronne, les châteaux, hôtels et bâtimens, dont l'énumération est contenue dans le tableau ci-annexé, afin d'être employés ou vendues au profit de l'Etat.

5. Les biens meubles comprendront les diamans, perles, pierreries, statues, tableaux, pierres gravées, musées, bibliothèques, et autres monumens des arts, contenus dans l'hôtel du garde-meuble et les divers palais et établissemens royaux.

6. Deviendront propriétés de la couronne les monumens et objets d'art qui seront placés dans les palais royaux, soit aux frais du roi, soit aux frais de l'Etat.

SECTION II.

Conditions de propriétés particulières aux biens de la Couronne.

7. Les biens meubles et immeubles de la couronne seront inaliénables, et ne pourront être par conséquent ni donnés, ni vendus, ni grevés d'hypothèques.

8. Toutefois l'échange de certains biens composant la dotation de la couronne sera, lorsqu'il y aura lieu, autorisé par une loi.

9. Les biens de la couronne ne seront jamais grevés des dettes des rois précédens.

Les pensions par eux accordées ne subsisteront après leur règne qu'autant qu'elles auraient été accordées à des employés de leur maison, et imputées sur un fonds provenant de retenues faites sur des appointemens.

10. Les domaines productifs de la couronne pourront être affermés. La durée des baux ne pourra excéder le temps déterminé par les articles 595, 1429, 1430, et 1718 du Code civil, à moins qu'un bail emphytéotique n'ait été autorisé par une loi.

11. Sauf les exceptions énoncées ci-dessus, les propriétés de la couronne seront soumises à toutes les règles du Code civil. Les actions dont elles pourront être l'objet seront dirigées contre l'administrateur nommé par le roi, et les jugemens rendus, prononcés contre lui.

12. Les forêts de la couronne continueront d'être soumises aux dispositions du Code forestier.

13. Les propriétés de la couronne ne seront pas soumises à l'impôt. Elles supporteront néanmoins les charges locales.

14. Le roi pourra faire aux palais, bâtimens et domaines de la couronne, tous les changemens, additions ou démolitions qu'il jugera utiles à leur conservation ou à leur embellissement.

15. Les biens, meubles et immeubles de la couronne devront être entretenus et exploités aux frais du roi, et avec les fonds et revenus de sa liste civile.

TITRE III.

Domaine privé du Roi.

16. Le roi conservera en propre l'usufruit des biens dont il a disposé antérieurement à son avénement au trône. Les biens qu'il pourra acquérir à titre gratuit ou onéreux pendant son règne lui appartiendront en propre, et composeront son domaine privé.

17. Le roi pourra disposer à volonté de son domaine privé, il pourra tester dans les formes ordinaires, sans être toutefois astreint aux règles de partage imposées par le Code civil.

S'il vient à décéder sans avoir testé, son domaine privé appartiendra de droit à l'État.

18. Sauf l'exception ci-dessus mentionnée, les propriétés du domaine privé seront soumises à toutes les lois qui régissent les autres propriétés. Elles seront cadastrées et imposées; les actions qui leur seront relatives, seront dirigées contre l'administrateur du domaine privé, et les jugemens dont elles deviendront la matière, prononcés contre lui.

19. Il ne sera plus formé de domaine extraordinaire. En conséquence, tous les biens meubles ou immeubles qui proviendraient de la guerre appartiendront à l'État, sauf toutefois les objets qu'une loi décernerait à la couronne.

TITRE IV.

De l'Apanage d'Orléans.

20. L'ancien apanage d'Orléans, constitué en 1664, 1672, 1692, ainsi que la petite forêt d'Orléans, qui en faisait originairement partie, ayant fait retour à l'État, il en sera disposé comme il suit.

21. Cet apanage formera la dotation particulière de l'héritier présomptif de la couronne, quand il aura atteint l'âge de dix-huit ans.

Quand il n'y aura pas d'héritier mâle, quand cet héritier n'aura pas dix-huit ans, ou quand il arrivera au trône. l'apanage d'Orléans se confondra avec la dotation de la couronne, et n'en sera détaché de nouveau que dans les cas ci-dessus énoncés.

22. Le Palais-Royal sera détaché de l'apanage d'Orléans, et réuni à la dotation de la couronne, pour toute la partie qui était apanagère, sauf l'indemnité de droit, telle qu'elle est réservée dans l'acte constitutif dudit apanage.

La partie non apanagère du Palais-Royal, appartenant à S. A. R. madame la princesse Adélaïde d'Orléans, y sera réunie par voie d'acquisition ou d'échange.

TITRE V.

Liste civile.

23. Le roi recevra du trésor public pendant toute la durée de son règne, une somme fixe et annuelle de dix-huit millions.

24. Cette somme sera comptée par douzièmes, de mois en mois, à la personne commise par le roi à cet effet.

25. La liste civile, telle qu'elle est fixée par l'article 23 ci-dessus, ne courra qu'à partir du 1er janvier 1831.

Il sera payé pour l'année courante 1830 et pour les dépenses extraordinaires du roi et de sa maison, une somme de douze millions, dont le crédit est ouvert par la présente loi.

TITRE VI et dernier.

Dotation de la famille royale.

26. En cas de décès du roi, il sera attribué un douaire à la reine survivante. Ce douaire consistera en un revenu annuel et viager déterminé par une loi. L'Elysée-Bourbon lui sera assigné pour sa demeure.

27. La dotation des fils puinés du roi et des princesses ses filles,

sera réglée ultérieurement par une loi à mesure que les princes et princesses atteindront l'âge auquel il devra être pourvu à leur établissement.

Fait à Paris, le 14 décembre 1830. *Signé* LOUIS-PHILIPPE.

Par le Roi :

Le Ministre Secrétaire d'État des finances, Signé J. LAFFITTE.

Exposé des motifs et projet de loi relatif à la liste civile, présentés par M. le président du conseil, ministre secrétaire d'État au département de l'intérieur (M. C. Périer). — Séance du 3 octobre 1831.

Messieurs, nous venons soumettre à vos délibérations la loi qui doit fixer *la dotation* et *le revenu* de la couronne.

C'est à vous que l'article 19 de la Charte réservait ce vote, que vous jugerez sans doute convenable de placer entre ceux du budget de 1831 et du budget de 1832. C'est pour obéir à la fois à ce vœu de la Charte, et à l'ordre naturel des travaux parlementaires, que nous avons différé jusqu'à ce jour la présentation de ce projet, et que nous sollicitons aujourd'hui de votre part une prompte décision qui importe à de nombreux intérêts, comme à la dignité du trône.

Je vous ai indiqué le système de la loi, messieurs, en vous annonçant qu'elle avait pour objet de fixer la dotation et le revenu de la couronne. Nous vous proposons, en effet, de déterminer quels biens, meubles et immeubles, *formeront cette dotation,* dont le roi aura *la jouissance,* et de fixer le revenu annuel qui sera voté pour toute la durée de son règne. La loi se résume donc dans son article premier; *qui établit ce double principe.*

En ce qui concerne le choix des immeubles qui doivent composer la dotation de la couronne, nous nous sommes appliqués, messieurs, *à conserver à la royauté la majesté des souvenirs qui appartiennent à l'histoire du pays,* et à consulter en même temps les idées de bonne administration et d'utilité qui régissent aujourd'hui toutes les fortunes, tous les intérêts. Ainsi, parmi les domaines qui ont fait jusqu'ici partie de la dotation de la couronne, il en est auxquels ne se rattache aucun souvenir historique, et qui, privés d'ailleurs de tout intérêt pour les arts, nous ont paru ne pas devoir être compris dans la nouvelle dotation de la couronne. Ces immeubles pourront être utilement employés dans d'autres branches de l'administration publique, et ceux qui ne le seraient pas, pourront être vendus. La valeur des immeubles, ainsi retranchés de la dotation de la couronne, s'élève de huit à dix millions.

Mais si nous pouvions sacrifier sans regret ces domaines de peu d'importance, nous devions, au contraire, un respect religieux à tous ceux qui sont illustrés par l'histoire, ou embellis par les arts. Le Louvre, les Tuileries, Versailles, Saint-Cloud, Fontainebleau, Saint-Germain, ne sont pas seulement des châteaux, des résidences royales, ce sont des *monumens nationaux; et, à ce titre, il importe à l'honneur de notre révolution de les conserver et de les léguer à l'avenir, en les mettant sous la sauve-garde de la couronne.*

Dans la liste de ces habitations royales, nous avions omis d'abord celles de Strasbourg et de Bordeaux; mais ces deux villes nous ont adressé de si vives instances, que nous avons cru devoir réparer cette omission.

Après avoir ainsi laissé à la royauté la possession de ces divers palais, châteaux et domaines, nous devions lui assurer aussi la jouissance des bois, des terres, des corps de ferme qui y sont attachés, et qui en forment la partie productive. Leur revenu s'élève actuellement à 3 millions 500,000 francs environ : mais cette somme, quelque considérable qu'elle soit, est encore insuffisante pour couvrir les frais d'exploitation, d'entretien, de conservation et de mobilier de tous les domaines compris dans la dotation; c'est donc une charge, et non un revenu qu'on procure à la royauté en lui donnant les domaines de la couronne.

La dotation mobilière est également une source de dépenses; mais la nécessité de ces dépenses n'est pas moins incontestable. En effet, de quoi se compose cette dotation? des pierreries, des tableaux, des musées, des bibliothèques qui font l'ornement des palais et des établissemens royaux. Vous sentez tous, messieurs, la nécessité d'assurer la conservation de ces trésors acquis à grands frais depuis quatre siècles, objets d'admiration et d'envie pour toutes les nations de l'Europe.

Si nous voulons les conserver, c'est à la royauté que nous devons en confier la garde, ne fût-ce que pour empêcher que leur conservation puisse être mise en question chaque année par le vote des lois de finances.

Il est encore d'autres charges qui doivent peser sur la liste civile. Divers établissemens d'industrie, tels que les manufactures de Sèvres et des Gobelins ne peuvent être abandonnés. Ce sont aussi dans leur genre des établissemens nationaux, des ateliers modèles dont la perfection est d'une véritable utilité aux progrès des industries particulières, sans jamais entrer avec elles dans une concurrence dangereuse. Il importe donc que le roi continue à les soutenir de sa munificence.

Ajoutons enfin que c'est à la liste civile aussi que nous devons demander de pourvoir au service de la caisse dite de *Vétérance*, sur laquelle reposent les pensions d'anciens serviteurs des divers pouvoirs qui se sont succédé depuis quarante ans. Leurs droits ne peuvent être contestés [1], car ils sont fondés sur des retenues opérées sur leurs appointemens : la somme de ces pensions s'élève par an à plus d'un million.

Vous le voyez donc, messieurs, avant de pouvoir disposer de la moindre partie des revenus que vous lui assurerez, la couronne doit prélever une somme considérable pour faire face aux charges qui lui sont imposées, et ces charges, toutes de conservation, ne sont qu'une faible partie de celles que nécessitent non-seulement l'entretien d'une maison royale, mais l'accomplissement de ces devoirs de générosité et de munificence, le plus précieux peut-être des priviléges accordés à la royauté.

Ce serait ici le lieu, messieurs, d'apprécier l'étendue de toutes ces charges réunies, et d'en conclure quelle est la somme nécessaire pour constituer la liste civile.

Notre premier dessein était de vous présenter cette évaluation, et de suivre en cela l'exemple qui nous avait été donné dans la session précédente. Mais après avoir consulté une haute volonté, nous avons dû nous en abstenir. Nous n'aborderons donc pas cette question, messieurs, vous laissant le soin non-seulement de la résoudre, mais de

---

[1] Dans les limites de la loi en vertu de laquelle elles ont été établies. Voyez ci-devant page 156.

la poser. Qu'il nous suffise d'avoir demandé pour la royauté la dotation immobilière et mobilière qui lui est prédestinée par la loi, et qui fait en quelque sorte partie de ses prérogatives; quant à cette dotation d'une autre nature, dont le trésor doit faire les frais, *c'est à vous, messieurs, c'est à votre sagesse à la fixer.* Nous ne saurions douter, d'ailleurs, que vous ne consultiez, en cette circonstance, la dignité de la France et l'honneur de la couronne.

Permettez-nous seulement, avant de vous donner lecture du projet de loi, d'entrer devant vous dans quelques, détails au sujet de la dotation immobilière et mobilière, et des règles particulières à ce genre de propriété que nous avons cru devoir adopter.

De sages dipositions ont assuré, jusqu'à ce jour, la conservation des biens de la couronne ; nous avons maintenu la plupart de ces dispositions. Les biens de la couronne seront inaliénables et imprescriptibles. Le roi en aura la jouissance ; il pourra les embellir, les augmenter, y faire tous les changemens convenables : mais il ne pourra ni les donner, ni les vendre. Il ne les échangera qu'en vertu d'une loi ; et afin d'empêcher toute aliénation, même sous une forme déguisée, l'autorisation des chambres sera nécessaire pour contracter des baux d'une durée qui excéderait les termes ordinaires.

Nous avons établi que les constructions que le roi ajouterait aux immeubles, ainsi que les objets précieux dont il enrichirait le mobilier, seraient et demeureraient de plein droit attachés à la dotation de la couronne, et ne pourraient plus en être distraits. Nous avons, en cela, non pas établi un droit nouveau, mais suivi l'esprit de la loi du 8 novembre 1814, *en donnant à son texte un sens plus clair et plus explicite* [1].

Ces diverses conditions fixées, nous avons laissé les propriétés de la couronne dans le droit commun. Elles seront soumises au Code civil dans tous leurs rapports avec les autres propriétés privées.

Les actions dont les biens de la couronne pourraient être l'objet seront dirigées contre l'administrateur de la liste civile ; les jugemens rendus seront prononcés contre lui.

En affranchissant les domaines royaux de l'impôt géné-

[1] Voyez ci-devant pages 134 et 135.

ral, nous avons suivi les règles établies jusqu'à ce jour. L'État ne veut pas que ses biens payent l'impôt, parce qu'il se le paierait à lui-même, et qu'il lui en coûterait des frais de perception inutiles. Imposer les domaines de la couronne, ce serait faire à peu près de même; ce serait diminuer la liste civile, et obliger ainsi à en augmenter le chiffre par compensation. Quant à l'impôt local que les communes se paient à elles-mêmes, il en doit être autrement. C'est en raison de leur situation, et comme faisant partie d'une association particulière qui n'est point l'État, que les domaines de la couronne sont sujets à cet impôt; à ce titre, ils doivent supporter leur part des charges communales. Il est d'ailleurs d'un bon exemple que le roi, comme tous les autres citoyens, fasse preuve de soumission à l'impôt, et qu'il sente le poids de cette charge.

Après avoir ainsi posé les règles relatives aux biens de la couronne, il nous en restait encore d'autres à déterminer. En effet, le roi peut être propriétaire d'autres biens que ceux qui lui sont donnés en dotation : il peut acquérir à titre singulier, et jouir en propre de biens personnels. Ainsi, à côté des questions qui concernent le domaine royal, viennent se présenter celles qui regardent le *domaine privé*.

Sous l'ancienne monarchie, et même encore sous l'empire, une troisième sorte de domaine était consacrée par les lois; on le nommait domaine extraordinaire. Il se composait des provenances de la conquête. Une telle disposition est injuste : *ce n'est pas au souverain, mais à la nation que doivent appartenir les domaines et les trésors acquis avec le sang de la nation.* Nous vous proposons donc de déclarer qu'à l'avenir il ne sera point établi de domaine *extraordinaire*.

Quant au domaine *privé*, il n'existe aucun motif de le proscrire. Les biens qui le composeront seront considérés comme biens de simples particuliers : ils seront soumis à toutes les lois, ils paieront tous les impôts, aussi bien ceux de l'État que ceux des communes; enfin ils ne seront exemptés d'aucune des charges qui pèsent sur toutes les autres propriétés. Le roi pourra en disposer, soit par testament, soit par acte entre-vifs. Dans le cas où il décéderait sans en avoir disposé, ils seront réunis de droit à l'État.

Il ne nous reste maintenant qu'à vous présenter quelques dispositions accessoires relativement aux biens que la maison d'Orléans apporte à la France. Vous savez tous, Messieurs, que ces biens sont de deux espèces, les uns libres, les autres apanagers. Les biens libres sont ceux que sa majesté a acquis ou recueillis depuis son retour en France. Les biens apanagers sont ceux que Louis XIV avait constitués en faveur de son frère mineur, pour lui tenir lieu de sa part héréditaire dans la succession du roi leur père. Ces biens, constitués en apanage, se sont transmis de générations en générations, jusqu'au prince actuel. Le roi a disposé de ses biens libres en faveur de ses enfans puinés (¹). Ses biens apanagers ont fait retour à l'Etat; ils viennent augmenter la dotation de la couronne.

Vous approuverez, nous l'espérons, messieurs, une disposition particulière que nous avons cru devoir prendre à ce sujet ; *il s'agit de faire de l'apanage d'Orléans la dotation perpétuelle de l'héritier présomptif de la couronne.*

En conséquence, nous vous proposons d'établir que, lorsque l'héritier présomptif aura atteint l'âge de dix-huit ans, *l'apanage d'Orléans se détachera du domaine royal,* et formera la dotation temporaire du prince royal pour revenir à la couronne, lorsqu'il montera sur le trône. Cette dotation, dont le fonds appartiendra toujours au domaine de l'Etat, et dont les fruits seuls seront attachés au service de la dotation, évitera au trésor et aux chambres l'embarras de toute fixation ultérieure, en faveur de l'héritier présomptif de la couronne.

Nous espérons enfin, messieurs, que vous approuverez encore la disposition par laquelle nous avons établi que la reine douairière, en cas de décès du roi, obtiendrait une rente viagère, et une habitation convenable à son rang.

Nous terminons ici nos observations sur le projet de loi que nous allons soumettre à votre examen. C'est à vous maintenant, messieurs, de peser tous les grands intérêts

---

¹ Cette disposition, faite dans la crainte d'une réunion *de plein droit*, qui n'était pas à redouter, puisque le droit public allait être établi sur de nouvelles bases, est à regretter, parce que l'abandon ayant été fait à tous les enfans indistinctement, les filles y ont eu part comme les mâles.

qui se rattachent à cette importante question, afin de lui donner une solution qui, tout en soulageant le pays d'une grande partie des sacrifices qui lui étaient imposés depuis quinze ans, procure néanmoins à notre royauté nouvelle un état digne d'elle, digne de la France, et du rang qu'elle occupe parmi toutes les nations de l'Europe.

Nota. Le projet avec les amendemens de la commission se trouvent à la suite du rapport de M. de Schonen.

RAPPORT *fait au nom de la commission chargée de l'examen du projet de loi sur la liste civile, par m. le baron de Schonen, député de la Seine.*

Messieurs, votre commission nommée pour l'examen du projet de loi sur la liste civile vient vous présenter le résultat de son travail. Des questions graves et multipliées se sont élevées lors de la discussion, dans son sein, de cette matière importante. Elles n'avaient été ni abordées ni même signalées dans les *exposés des motifs* qui ont accompagné les *deux* projets de loi soumis aux chambres, l'année dernière et cette année. Il a fallu les résoudre. Des faits nombreux ont également attiré l'attention de votre commission. Il a fallu les vérifier; des explorations sur les lieux où nous nous sommes transportés ont été faites dans ce but. Telles sont les causes du retard qu'ont éprouvé les travaux de la commission. Vous allez maintenant décider, messieurs, si elle a rempli, comme vous l'avez désiré, le mandat que vous lui avez confié.

La première question qu'elle a dû se faire, a été celle de savoir si la dotation immobilière de la couronne serait *perpétuelle*, ou bien si elle serait *viagère* et votée *à chaque règne* comme la liste civile.

La Charte est muette sur la question. Elle ne parle que d'une *liste civile*. Dans ces mots, doit-on entendre la dotation de la couronne? c'est ce que rien n'indique. La loi du 26 mai 1791 est la première qui ait fait usage de cette appellation. Les mots liste civile ne s'appliquent qu'à la rente annuelle faite au roi. Une dotation immobilière est accordée.

Rien n'annonce qu'elle doive être ou viagère ou perpétuelle. Le projet de loi actuel paraît d'abord ne rien résoudre; mais en le lisant avec attention, il est facile de s'apercevoir que ses auteurs veulent la *perpétuité de la dotation*, par la manière dont ils ont rédigé l'article premier qui, n'attribuant le vote qu'au revenu fixe et annuel, l'excluait par conséquent pour les biens composant la dotation de la couronne, et encore par la rubrique de la section deuxième du projet, qui porte : *conditions de propriétés particulières aux biens de la couronne.* La loi du 8 novembre 1814, bien qu'elle ait, comme le projet en discussion, formé une dotation nouvelle, n'avait point prononcé sur la question; mais celle du 15 janvier 1825, qui règle la liste civile de Charles X, la résout implicitement dans le sens de la perpétuité, en ne soumettant à la chambre *que le vote de la somme annuelle et l'accroissement* que reçoit la dotation immobilière. Ce précédent, messieurs, a peu de poids aujourd'hui, il faut en convenir. Résolvons donc la question par les principes de la matière, et surtout par ceux de notre droit public régénéré.

Si l'on considère seulement les avantages quant à la propriété, il n'y a pas de doute que la fixité ne lui soit favorable. La propriété, dans des mains qui peuvent la transmettre, est mieux entretenue, mieux défendue. Il y a amour du propriétaire pour elle. Il use avec ménagement, tandis que l'usufruitier use et abuse, que lui importe?

Mais ce ne sont pas des considérations de cette nature qui ont pu arrêter votre commission : de plus élevées se sont emparé d'elle. Elle a pensé que les mêmes raisons ' qui avaient fait régler la liste civile pour le règne seulement, militaient pour que la dotation n'eût pas une plus longue durée; qu'il y avait un immense avantage politique de la

---

' Et cependant ces raisons ne sont pas les mêmes. La valeur de l'argent peut varier, il y a donc nécessité de changer le chiffre de règne en règne. Mais la royauté est perpétuelle : *le roi est mort, vive le roi;* il faut donc une *dotation de la couronne* perpétuelle au moins pour les habitations et quelques domaines, pour qu'à chaque avénement le nouveau roi soit *chez lui*, et non pas en *maison de loyer*, en attendant le renouvellement de la dotation.

part du pays, à doter complétement le chef qui le gouverne, de manière à resserrer le plus possible les liens qui unissent et le prince et la nation. Si cette dotation devait suivre la dynastie jusque dans ses rejetons les plus reculés, elle pourrait devenir trop considérable, et n'être plus analogue à ses besoins. Toutes choses subissent les vicissitudes du temps; il faut donc que la volonté humaine gouverne celles-ci pour les accommoder et aux exigences du pays et à l'intérêt du prince. Nous avons donc pensé que si, en fait, la dotation de la couronne pouvait rester perpétuelle, il importait que *son principe reposât sur la volonté nationale.*

C'est dans ce sens, messieurs, que nous avons rédigé, et l'art. 1er du projet, et le titre de la seconde section qui porte maintenant *conditions de la jouissance*, au lieu de: *conditions de la propriété.*

Ce premier point arrêté, il s'est agi de savoir si l'on constituerait la dotation de notre nouvelle royauté par énumération ou par exclusion. Le premier mode avait l'avantage d'être une conséquence du principe qui venait d'être adopté : mais aussi on risquait de faire une énnmération incomplète, et la voie de l'exclusion, sous ce rapport, a été préférée. Ainsi, messieurs, a été rédigé l'article 2 du projet de la commission. La dotation actuelle est consacrée dans celle des règnes antérieurs ', sauf les biens que le projet en exclut, et qui sont détaillés dans un tableau annexé à la loi.

Ici, arrêtons-nous un moment : suivant le projet qui vous est soumis, *la France donne au roi, pour la dotation de sa couronne*, à Paris, le Louvre et les Tuileries, palais consacrés depuis long-temps à la demeure de nos rois, et qui ne peuvent convenir qu'à eux, comme les représentans de la majesté du peuple français; et dans les départemens, les châteaux, parcs, domaines, forêts de Versailles, Marly, Meudon, Saint-Cloud, Saint-Germain, Fontainebleau, Compiègne, Rambouillet et Pau. Nous lui donnons Pau, messieurs, comme nous lui donnons le Jeu de Paume de Versailles.

Cette dotation, ainsi que vous le remarquerez, messieurs,

' L'orateur veut dire, que les biens et domaines qui constituaient précédemment la dotation de la couronne conserveront la même destination, sauf les distractions portées dans le tableau.

sauf cependant de nombreuses distractions sur lesquelles nous appellerons bientôt votre attention, est à peu près la même que celle de 1791 et de 1814.

L'antiquité de la consécration de ces différens domaines à la couronne, non plus que les réclamations pressantes des citoyens des villes où sont situés ces châteaux, n'ont point influé sur notre décision. Nous avons voulu voir par nous-mêmes les distractions que l'on pouvait, que l'on devait opérer dans l'intérêt de l'Etat et du prince qu'il s'agissait d'exonérer d'un entretien ruineux.

Versailles a surtout été l'objet d'un examen particulier, et nous avons recherché avec scrupule à quel genre de service public on pourrait employer ses vastes bâtimens. La majorité de la commission a reconnu que le transport des invalides dans ce palais était un projet chimérique, dont l'exécution entraînerait des frais immenses pour, en résultat, ne loger ni convenablement, ni sainement ces vétérans de la gloire française. Elle a pensé que Versailles ne pouvait servir qu'à un conservatoire de musées, recueillis dans ses magnifiques galeries, et elle croit devoir signaler cet usage, ainsi que la création d'une école des beaux-arts, qui y serait atta-chée [1].

Nous avons tous été frappés de l'accumulation de ces châteaux dans un rayon peu étendu, et nous nous sommes demandés quel était le moyen d'en réduire le nombre et sur quelles habitations tomberait notre choix. Saint-Cloud sera nécessairement la demeure du roi pendant l'été, Meudon n'en est qu'un pavillon détaché. Le château de Marly n'existe plus ; quand aux deux Trianons, ils sont situés au milieu du parc de Versailles ; si on ne les conserve pas, il faut les démolir, car, qui les achèterait ? Quatre-vingt-treize a reculé devant cette insulte aux beaux-arts, et ce serait nous, au dix-neuvième siècle, qui nous chargerions volontairement de cette destruction ! Non, messieurs, nous ne laisserons qu'au temps, je l'espère, le soin d'accomplir son œuvre, et le plus tard possible. D'ailleurs, le roi est le père d'une jeune et nombreuse famille ; des dotations seront bientôt à former : ces châteaux, ces parcs qui les environ-nent, pourront être concédés par la sollicitude paternelle.

[1] Ce projet a déjà reçu en grande partie son exécution (1834).

Les dotations seront alors moins fortes, et la famille ne sera pas séparée.

Nous avons conservé, comme monumens historiques, Compiègne et Fontainebleau. Nous pouvons y ajouter aussi Rambouillet, qui est plutôt une ferme expérimentale et domaine utile, qu'une résidence royale. En général, messieurs, votre commission a pris à tâche de conserver à la couronne *les grandes masses de bois* qu'elle avait autrefois, au moment où l'Etat vend une partie des siens, et où des particuliers défrichent une partie des leurs. Ces bois inaliénables seront bientôt *les seules futaies* que possédera la France, et, rapprochés de Paris, ils contribueront à assurer pour cette capitale une modération dans le prix de cet objet de première nécessité.

Après avoir doté la couronne d'immeubles qui peuvent lui être nécessaires, utiles et convenables, nous venons à la conservation d'établissemens d'une autre nature, dont nous lui confions encore le soin et la direction; nous voulons parler des manufactures de Sèvres, des Gobelins et de Beauvais.....

Maintenant, messieurs, la commission va vous entretenir des distractions qu'elle a ajoutées à celles déjà nombreuses, que vous propose le projet du gouvernement et qu'elle admet en totalité..... (Suit le détail des objets retranchés, dont la valeur est portée à 18 millions.)

Tous ces biens pourront être vendus et livrés à l'industrie particulière. Ils étaient hors du commerce, d'une garde coûteuse, d'un produit presque nul. Il y aura un double avantage pour l'Etat.....

Nous passons ainsi à la dotation mobilière de la couronne. Il n'y a aucune difficulté sur les meubles proprement dits; les palais, les châteaux, les hôtels sont généralement meublés : la valeur de ce mobilier est même très-importante. Ils doivent être entretenus en cet état. C'est une des obligations de la liste civile. Mais il est un autre mobilier, c'est celui d'objets de luxe ou d'arts, tels que les diamans de la couronne, les tableaux, les statues, musées d'antiques, mobilier vraiment national qui, sans perdre ce caractère, orne depuis long-temps les palais de nos rois.

Ici votre commission s'est divisée; les uns voulaient que ces objets précieux décorassent un musée qui resterait étranger à la couronne et à l'administration de ses domaines. Un ministre responsable en serait chargé. Ce musée aurait même pu continuer à occuper les galeries du Louvre. Les autres, et ceux-là formaient la majorité, ont cru qu'ils ne pouvaient être placés plus convenablement que dans les palais qu'ils occupent actuellement.

Qu'y mettre, en effet, si ce n'est les chefs-d'œuvre de la statuaire et de la peinture? Ces palais ont réellement été élevés pour cette destination. D'un autre côté, ils ont été assignés pour demeure au roi; il y a là une complication de causes et d'effets qui ne permet pas de séparer les jouissances des uns de la jouissance des autres, et de confier à une autre surveillance que celle de la couronne, la conservation de ces objets précieux. C'est ainsi que, dans les pays d'une vieille civilisation, on ne peut pas reprendre la société en sous-œuvre, et qu'on est obligé de laisser subsister de ces faits qui, dans un pays neuf, ne se seraient pas présentés.

La réunion de tant d'objets d'art au mobilier de la couronne, qui n'a d'ailleurs point d'inconvénient, puisque *celui-ci est toujours le mobilier de l'État*, fait naître des devoirs de conservation qui exigent la coopération des hommes les plus distingués, et qui devient une véritable administration. Possesseurs d'immenses richesses en ce genre, les rois ne peuvent pas être de simples dépositaires; ils deviennent nécessairement eux-mêmes *des protecteurs éclairés des arts*; ils encouragent les artistes, et leurs récompenses, quoi qu'on en dise, ne sont pas toujours inutiles à l'enthousiasme qui crée les belles choses. Si la France républicaine comme la Grèce antique, a eu ses grands statuaires et ses grands peintres, la France, sous Louis XIV, comme Rome sous Auguste, l'Italie sous Léon X, a eu aussi les siens. Des causes différentes produisent quelquefois les mêmes effets. L'histoire, au surplus, en rend compte. L'Angleterre, pays éminemment aristocratique et de fortunes immenses, peut se passer de ce protectorat. En France, le morcellement progressif des patrimoines, *la destruction de l'hérédité de la pairie, des majorats qui en sont la conséquence*, laisseront bientôt ce soin à la seule royauté.

Pour assurer la conservation de l'intégrité de la dotation mobilière et immobilière de la couronne, nous avons rétabli dans notre projet une disposition qui se trouvait dans la loi du 8 novembre 1814, relative aux plans, à la no-

menclature des immeubles, et à l'inventaire descriptif des
meubles ; les états et inventaires seront déposés aux archives des chambres. Nous avons de plus exigé que l'inventaire des meubles susceptibles de se détériorer par l'usage
fût estimatif, et que le tout fût signé par un ministre responsable. Cette mesure nous a paru nécessitée par l'importance d'un mobilier évalué à 32,540,000 francs, non compris les diamans et les objets d'art.

Le projet du gouvernement contient aussi une disposition
nouvelle, c'est d'attribuer à la couronne tous les objets
d'arts, qui, acquis à quelque titre que ce soit, sont placés
dans les maisons royales. Nous l'avons adoptée comme une
garantie salutaire pour la conservation du mobilier de la
couronne.....

Dans la section II, intitulée des *conditions de la jouissance des biens formant la dotation de la couronne*, nous
avons cru utile aux exploitations agricoles d'autoriser les baux
à de plus longs termes. Nous permettons ceux de dix-huit
ans. Les baux ruraux sont en France de trop courte durée.
Cette innovation peut avoir d'heureux résultats et être imi-
tée au grand avantage de la production.

Le principe qui assujettit le domaine de la couronne aux
charges locales nous a paru s'appliquer aux charges départementales, et afin qu'il n'y eût point de doute à cet
égard, nous l'avons formellement exprimé.

L'article 13 de notre projet, 15 du projet du gouvernement, étend les droits du roi au-delà de ceux d'un usufruitier. En effet, si sa dotation est un usufruit quant à la
durée, c'est une quasi-propriété quant à la jouissance. *Le
roi peut faire tout ce qui ne détériore pas*, et nous ne supposons pas l'abus moralement possible. L'article est rédigé
dans ce sens.

Votre commission, Messieurs, a cru devoir supprimer le
second paragraphe de l'art. 9 et l'art. 10 en entier ; relativement au paragraphe, elle a pensé que si les dettes du
roi régnant ne pouvaient jamais frapper ni l'Etat ni le domaine de la couronne, à plus forte raison en était-il de
même des pensions, et qu'il *était inutile de le dire* [1] ; que,

[1] Non, puisque même après l'avoir très explicitement dit
dans la loi du 8 novembre 1814 (suprà page 156), il n'est pas d'efforts qu'on n'ait faits depuis pour mettre ces pensions à la charge
du trésor public.

d'ailleurs, la loi ne devait point s'occuper du mode de rémunérer les services dans la maison du roi; *que c'était une affaire d'intérieur laissée à la sagesse du prince.* La rigueur de ce principe n'a pas permis à votre commission de consacrer la mesure bienveillante proposée par l'article 10 du projet.

Elle a pensé que la caisse de vétérance de l'ancienne liste civile ne pouvait faire partie de la nouvelle *sans une confusion de choses et d'idées qui devaient rester à jamais séparées;* que mettre à la charge du roi les retraites des employés de l'ancienne liste civile, était une *véritable atteinte à la liberté de son choix dans l'intérêt de ces derniers...*

Avant d'arriver au chiffre de la liste civile proprement dite, nous avons besoin, messieurs, de vous faire revenir, ainsi que nous l'avons annoncé, sur le complément de la dotation de la couronne formée par l'apanage d'Orléans; de vous parler ensuite du domaine privé du roi, ainsi que du douaire éventuel de la reine et de la dotation des princes et princesses, enfans du roi.

Le roi, avant son avénement, n'étant encore que duc d'Orléans, avait sa fortune particulière divisée en biens libres et en biens apanagers.

En France, sous l'empire des anciennes lois, comme sous celui des lois du 22 novembre 1790 et du 8 novembre 1814, le principe de la dévolution à l'État des biens personnels du prince qui advient à la couronne est hors de doute.

Quant à l'apanage, à plus forte raison en est-il de même, puisque les biens qui le composent sont un démembrement temporaire des biens de l'État fait en faveur d'un prince puîné et de sa descendance mâle par ordre de primogéniture, pour l'aider à soutenir avec honneur son rang, sa dignité. Le prince apanagiste arrivant au trône n'a plus besoin d'apanage : une liste civile lui est assurée. Son apanage fait retour au domaine de l'État : voilà les principes de la matière.

Ces principes, qui remontent aux premiers temps de la monarchie, sont conservateurs de la fortune publique : nos parlemens se faisaient gloire de les maintenir par la justice de leurs arrêts et la sévérité de leurs remontrances; ils avaient été scandaleusement violés par le fameux sénatus-consulte du 30 janvier 1840. Il faut le dire, ce n'est qu'en 1814 qu'on est revenu à de saines théories.

C'est sous l'influence de cette dernière loi qu'a eu lieu l'avènement du 7 août 1830, et les conseillers de la couronne l'ont bien senti, en faisant faire au roi, le matin du même jour [1], une donation générale de ses biens personnels aux princes, ses fils puinés, et aux princesses ses filles; l'usufruit seulement réservé.

Ainsi, Messieurs, en principe, et suivant toute la rigueur du droit, la dévolution des biens que le roi possédait, à quelque titre que ce soit, aurait eu lieu au profit de l'Etat, dès le moment même de son avénement.

Messieurs, ce n'est pas cependant ce que propose de déclarer votre commission. Les circonstances qui ont amené l'avénement de Louis-Philippe sont de telle nature, que la rigueur du droit serait une véritable injustice ; La royauté ne lui est pas venue comme aux autres p inces. La légitime colère du peuple a brisé une dynastie parjure, *et sa volonté souveraine a fait un roi.* N'ajoutons pas au sacrifice ; laissons-le à ses douces et anciennes habitudes, et ne lui ravissons pas ce qu'il s'était plu à créer ou à embellir ; qu'enfin il puisse rêver quelquefois qu'il est encore duc d'Orléans et libre des soucis du diadème. L'apanage faisait retour à l'Etat, nous le déclarons ; mais nous le plaçons dans le domaine de la couronne, qui n'est, comme vous le savez, qu'un dépôt viager dans les mains du roi.

Ce n'est pas là ce qu'avaient proposé les deux projets ministériels ; l'un et l'autre voulaient que cet apanage qui, ils en convenaient, avait fait retour au domaine de l'Etat, formât une dotation particulière à l'héritier du trône, dès qu'il aurait atteint dix-huit ans, et qui se confondrait avec la dotation de la couronne, toutes les fois qu'il n'y aurait pas d'héritier mâle, ou qu'il n'aurait pas dix-huit ans.

Cette disposition d'un *domaine flottant,* si l'on peut

---

[1] Et il est fort à regretter que cet abandon ait eu lieu. Il a été dicté par la crainte de voir les biens privés du duc d'Orléans réunis *de plein droit* au domaine de l'Etat, ce qui n'aurait eu lieu qu'autant qu'il serait parvenu à la couronne *jure hereditario,* en vertu de l'ancien ordre de dévolution, et non pas lorsqu'il y arrivait *jure novo* et sous des conditions nouvelles, qui devaient être debattues avec lui.

s'exprimer ainsi, tantôt uni à la couronne, tantôt séparé, reposait sur le système de perpétuité de la dotation royale que nous n'avons pas pu admettre ; elle tombait avec lui. En faisant entrer les biens composant l'ancien apanage d'Orléans dans le domaine de la couronne, nous rendons inutile la disposition de l'article 21, qui conserve au roi l'usufruit du Palais-Royal. Le second paragraphe du même article devient également sans application.

Le retour de l'apanage au domaine de l'État entraîne le paiement de l'indemnité de droit, *telle qu'elle est réservée dans l'acte constitutif de l'apanage* [1], pour les améliorations qui ont pu y être apportées.

L'exercice de ce droit fait encore l'objet de l'article 21, qui prononce, dès-à-present, l'exigibilité de cette récompense, quoique l'apanage soit incorporé, non pas au domaine de l'État, mais à celui de la couronne.

La commission s'est fait ici deux questions ; la première est celle de savoir quelles étaient les améliorations pour lesquelles une indemnité pouvait être due ; la seconde, s'il y avait *dès-à-présent* ouverture à cette indemnité.

Les biens formant l'apanage constitué par les édits de 1661, 1672 et 1692, avaient, à la révolution, subi le sort commun des biens d'émigrés et de condamnés. Ils avaient été confisqués. Les qualités de créancier et de débiteur se sont trouvées réunies dans la même personne, l'État ; il y a eu confusion, dès lors extinction de la dette. Ce n'est qu'en 1814, que ces mêmes biens ont été rendus au duc d'Orléans. Ils l'ont été *à titre nouveau*, [2] et sans aucune charge de la part de l'État, qui restituait. Depuis qu'ils sont revenus aux mains du duc d'Orléans, beaucoup et d'importantes améliorations ont été faites. Il en est dû récompense, cela n'est pas douteux ; mais comme la récompense n'a d'autre but que d'indemniser l'apanagiste dépossédé, de la jouissance perdue, il a paru évident à votre commission qu'il n'y avait pas en ce moment ouverture à ce droit, puisque le roi jouit de l'apanage, en sa qualité de détenteur du domaine de la couronne. Telles sont les raisons qui

[1] Voyez ci-devant, Traité de l'apanage page 80 ; et Loi du 2 mars 1832, article 4.

[2] Erreur complète. Voyez ci-devant page 29 et 55.

ont déterminé votre commission, dans la rédaction de l'article 3 de son projet.

Nous passons maintenant au domaine privé du roi.

Y aura-t-il un domaine privé ?

De quels biens se composera-t-il ?

Nous venons de voir que sous l'ancienne monarchie, comme dans les principes de la nouvelle, la dévolution des biens personnels du prince arrivant à la couronne, avait lieu en faveur du domaine de l'Etat, et nous avons fait de cette règle un article spécial, semblable à l'article 20 de la loi du 8 novembre 1814. Ainsi, en supposant même qu'il y ait un domaine privé, on en exclut le patrimoine du prince.

En effet, Messieurs, le prince, en devenant roi, contracte une union indissoluble avec la nation, dont l'effet est de le rendre en quelque sorte étranger à toute possession antérieure, de l'identifier tellement au pays, que toutes ses affections l'y rattachent, et que la satisfaction de tous ses besoins en dépendent. De son côté, la nation lui doit et se doit à elle-même de le doter comme son chef, c'est à-dire, magnifiquement. Elle doit de même adopter sa famille; c'est la sienne. Les princes, fils du roi, sont *les enfans de France*.

C'est ce qui faisait dire à Henri IV, dans son célèbre édit de 1607, par lequel il révoquait ses lettres-patentes de 1590 et 1596, contenant une donation qu'il avait faite à sa sœur, que « les rois sont dédiés et consacrés au public, » duquel ne voulant rien avoir de distinct et séparé, ils ont » contracté avec leur couronne une espèce de mariage, » communément appelé saint et politique, par lequel ils » l'ont dotée de toutes les seigneuries qui, à titre particu- » lier, leur pouvaient appartenir. »

Les conséquences de tels principes étaient qu'il n'y avait pas de domaine privé. Alors il n'y avait pas de distinction entre le domaine de l'Etat et celui de la couronne. Il n'y en avait qu'un, *le domaine*, appartenant au roi, et qui était inaliénable et imprescriptible, lequel *pendant plusieurs siècles*, comme le dit l'assemblée constituante, dans son décret de novembre 1790, *a été la principale et presque l'unique source de la richesse nationale, et a longtemps suffi aux dépenses ordinaires du gouvernement. Tout ce que le roi achetait, ou tout ce dont il héritait, s'y* incorporait par la seule puissance de la loi ; c'est ainsi qu'en jugeait le procureur-général du Harlay, quand il répondait à Louis XIV, qui lui annonçait l'acquisition qu'il venait de faire en son nom du Luxembourg, pour l'échanger contre le Palais-Royal qu'il avait donné au duc de Chartres, son gendre, *tant pis, Sire; car tout ce que vous acquérez appartient à la couronne.*

Les édits de 1566 et 1567 avaient cependant modifié le principe. Quand l'incorporation n'était par formellement exprimée, elle pouvait être rétractée pendant dix ans, au bout desquels l'union était irrévocable.

Ces principes se sont conservés jusqu'en 1790. L'assemblée nationale, article 7 de la loi du 22 novembre, donna au roi la faculté de disposer, pendant son règne, de biens acquis par lui à titre singulier, et non en vertu des droits de sa couronne. Voilà l'origine du domaine privé, et tels sont les biens qui d'abord le composèrent.

Le sénatus-consulte de 1810, que nous avons déjà signalé, non-seulement admit un domaine privé, mais en créa un *extraordinaire*, composé des biens conquis par la guerre ou acquis par des traités, dont l'empereur avait également la libre disposition.

La loi de 1814 rentre dans l'esprit de celle de 1790. Cependant la généralité des termes de son article 18 semble accorder au roi le droit de tester, ce que ne paraissent pas comporter ceux de la loi de 1790. Telles sont les différentes variations de la législation antérieure au projet de loi.

Le projet du gouvernement admet dans l'art. 17 l'existence d'un domaine privé (sans dire de quels biens il se composera) et dont le roi peut disposer comme tout citoyen, en se conformant aux règles du Code.

La question du domaine privé a été au sein de la commission l'objet d'une discussion très-approfondie et fort controversée.

Plusieurs membres ont pensé que le domaine privé provenant nécessairement, quand il s'agit d'acquisitions, d'économies faites sur la liste civile, c'est-à-dire, des deniers de l'État, devait lui revenir quand, à la fin du règne, le prince n'en avait pas disposé, et qu'il n'y avait lieu à se renfermer de nouveau dans les termes de la loi de 1790.

La majorité n'a pas partagé cet avis, elle a pensé qu'il y

avait dans nos mœurs nécessité de laisser le roi propriétaire, que cette jouissance était un besoin de la vie actuelle,
et que, *sans encourager les économies* faites sur la liste
civile, *destinée à entretenir l'éclat et la splendeur du trône*,
il était bon que le roi ne restât point étranger aux conditions et aux habitudes de la vie privée.

Ainsi, le roi aura un domaine privé qui se composera de
tous les biens qu'il pourra acquérir par les voies autorisées
par le code civil. Il pourra en disposer par actes entre-
vifs et même par testament, et dans la forme de legs particuliers ; comme il n'y a pas de succession *ab intestat*, il ne
peut y avoir de succession testamentaire ; nous avons pensé
que le roi ne pouvait instituer d'héritier universel ou à
titre universel, et nous avons borné cette faculté à des legs
particuliers, sans l'astreindre toutefois aux règles du code
civil, qui sont inapplicables au cas actuel, puisqu'il n'y a pas
hérédité.

Votre commission a cru que des dispositions dérnières
ne sauraient être interdites. Quelques-uns voulaient même
qu'il n'y eût de permis que des legs rémunérateurs. La
majorité a trouvé trop de rigueur dans cette restriction.
Les biens dont il n'aura pas été disposé, sont de plein droit
incorporés au domaine de l'Etat.

Messieurs, en statuant sur le domaine privé du roi, nous
avons dû faire une *exception toute personnelle* et fondée
sur les circonstances de son avénement au trône.

Déjà nous avions été unanimes pour placer l'apanage
d'Orléans dans le domaine de la couronne et ne pas le laisser dans celui de l'Etat ; nous l'avons été également dans la
disposition dont il s'agit de vous rendre compte.

La commission a cru convenable de placer dans le domaine privé tous les biens dont le roi ne se serait pas déssaisi avant son avènement, ainsi que l'usufruit de ceux dont
il a disposé, et cela par exception au principe formel de la
dévolution.

Le projet du gouvernement porte qu'il ne sera plus formé
de domaine extraordinaire, et que les biens meubles et immeubles qui proviendraient de la guerre appartiendront à
l'Etat. La commission, en applaudissant à cette disposition y ajoute *les biens acquis par des traités patens ou
secrets*.

Nous rentrons ainsi dans la pureté de notre ancien droit,

où , comme le disait en 1591 le procureur-général de la Guesle : « C'est une maxime de nos docteurs que, pour le » regard de la conquête qui se fait avec les armes, forces » et finances publiques, et par le sang des hommes, le droit » du domaine public est sans difficulté. »

Le titre II du projet que nous vous soumettons règle le douaire de la reine, la dotation de l'héritier présomptif de la couronne et des princes et princesses ses frères et sœurs.

L'article 24 du projet du gouvernement, adopté par votre commission devient l'art. 18 du sien. Nous n'avons pas vu pourquoi l'art. 27 de l'ancien projet relatif à l'établissement des princes et princesses non héritiers du trône n'était plus reproduit dans le nouveau. Le principe qu'il établit est incontestable ; nous l'avons replacé dans notre projet et il en forme l'art. 20.

Maintenant, Messieurs, il faut doter le prince hérédi-taire, qui, d'après le projet de la commission, ne doit plus avoir l'apanage que lui réservait le gouvernement. [1] Votre commission vous propose une somme annuelle d'un million, qui serait élevée jusqu'au double quand il se marierait. [2]

Il ne nous reste plus, pour terminer toute cette partie du travail de la commission, que de vous dire en peu de mots ce que nous avons fait pour régler les droits des créanciers et déterminer le mode des actions judiciaires.

Nous avons, dans les articles 24 et 25, posé en principe que la dévolution des biens appartenant au roi avant son avénement n'a lieu que *sauf le droit des tiers* et qu'après le prélèvement des dettes au profit de ses créanciers, les-quels n'auraient aucune action non-seulement sur la dota-tion de la couronne, mais même sur son domaine privé. Ce sont les anciens principes qu'il nous a paru salutaire de conserver pour préserver la jeunesse des princes des spé-culateurs usuraires qui voudraient l'exploiter. *La couronne*

---

[1] Le prince royal n'aura pas l'*ancien* apanage d'Orléans ; mais rien n'empêche qu'à son mariage on ne lui constitue un apanage *nouveau*.

[2] En argent, ou en terres ; car le principe des apanages territo-riaux n'est pas détruit par la loi nouvelle. Il reste ce qu'il était auparavant.

n'est pas un *héritage qui ait dû faire naître leur convoitise*, et les fonds qui en proviennent ne peuvent, sous aucun rapport, leur appartenir, quelle que soit la transformation qu'ils aient subie. Quant aux créanciers postérieurs à l'avènement, leur condition est différente; ils ont traité avec le roi; ils doivent être payés sur son domaine privé, mais dans aucun cas, les saisies pratiquées ne pourraient l'être dans l'intérieur des palais, manufactures et maisons royales.

Les ajournemens qui auraient pour but de mettre le roi en cause, seront donnés à la personne de l'administrateur des biens de la couronne ou du domaine privé, suivant qu'il y aura lieu. En cela, il est dérogé à l'article 69 du code de procédure, qui prescrit de remettre l'exploit au procureur du roi : ce seront ces administrateurs qui poursuivront toutes les actions du roi, tant en demandant qu'en défendant. Les procureurs du roi sont ainsi ramenés à toute l'indépendance de leurs fonctions : [1] ils ne seront que les avocats de la loi; et, d'un autre côté, les administrateurs des domaines royaux ne courront plus le risque de ne connaître quelquefois un procès important, que par le jugement qui le leur fait perdre.

Après avoir ainsi rendu compte des principales dispositions du projet, de leur esprit et de leur but, nous arrivons à nous expliquer sur le montant de la liste civile proprement dite.

Dans la dernière session, le chiffre de 18 millions avait été positivement demandé. Cette année, il est resté en blanc; c'est à vous de le fixer, et c'est à votre commission de vous en proposer un.....

Il y a eu partage sur le chiffre que nous avons fixé. Les uns veulent 14 millions; les autres seulement 12,500,000 fr.; je dois le dire, comme rapporteur exact et scrupuleux, tous les membres n'ont pas été d'avis de ces chiffres. Quelques-uns donnaient plus ou moins; mais, les voix prises, elles se sont réunies en nombre égal autour de ces deux sommes.

Ceux qui veulent le chiffre le plus faible se sont appuyés sur la nécessité de faire des économies, et d'en donner

---

[1] Ce besoin s'était vivement fait sentir dans le procès du chevalier Desgraviers contre Louis XVIII.

l'exemple du sommet de l'édifice social. Il y a une grandeur sans faste qui convient à la gravité de l'époque et au titre civique de notre roi. Celle-là est inhérente à sa position et à l'amour du peuple dont il tire et sa force et sa gloire. Le roi ajoutant d'ailleurs à sa dotation son ancien apanage, et l'usufruit de ses anciens biens personnels, augmente le chiffre de la liste civile d'un revenu annuel de 4 millions, ce qui est *tout-à-fait suffisant* pour les dépenses qu'exige la royauté. [1]

Ceux qui ont pensé que le chiffre devait être porté à 14 millions, et je dois le dire, je suis de ce nombre, croyent d'abord qu'il ne faut nullement prendre en considération la fortune personnelle du prince. C'est un heureux accident, étranger à la dot que la France lui donne. Ils croyent ensuite que ce n'est pas seulement dans l'intérêt de la royauté qu'il faut stipuler ce chiffre; le roi personnellement, il est vrai, a besoin de peu. Il connaît les fortunes diverses, et à travers les plus mauvaises, il a su conserver sa dignité. Mais, Messieurs, il y a en France une foule d'arts et d'industries que les fortunes particulières ne peuvent plus soutenir.

Si vous les abandonnez, que vont devenir ceux qui, s'en occupant exclusivement, ne peuvent plus donner une autre direction à leurs idées non plus qu'à leurs bras? Marchons donc progressivement, et ne franchissons pas d'un seul coup de si grands intervalles. Imitons la nature, et procédons lentement afin de mieux édifier. Remarquez le chemin déjà fait; la liste civile de Charles X se montait à 35,500,000 francs [2]. La liste civile actuelle ne sera plus que de 15,000,000, y compris le million du prince royal. 18 millions de valeurs immobilières seront, en outre, dis-

---

[1] L'événement l'a prouvé; la liste civile, est dit-on, fort arriérée.

[2] L'ancienne liste civile recevait :
25,000,000 de dotation pour le roi.
7,000,000 de dotation pour les princes.
5,152,000 subvention payée par le ministère de la guerre.
390,000 sur les *jeux* de Paris pour le *grand-aumônier* et pour des bourses.

35,512,000

traits de l'ancienne dotation. Certes, voilà d'importantes économies. 20 millions, 500 mille francs de charges annuelles de moins et 18 millions de capitaux rendus au commerce ou à des services publics ; craignons que de plus grandes ne soient point un véritable allégement, et qu'elles ne jettent au contraire dans la perturbation.

Dans le sein de la commission, il a été convenu, à peu près unanimement, *qu'une dette avait été contractée envers la capitale, et que c'était au roi qu'il appartenait de l'acquitter* ; c'est l'achèvement du Louvre, et sa réunion, trop long temps retardée, au palais des Tuileries. Nous n'avons laissé dans le domaine de la couronne les maisons sises sur le Carrousel, et dans les rues adjacentes, que pour être démolies, et *nous avons fait, les uns et les autres, entrer dans nos calculs, un chiffre de 2,000,000 francs, à employer, par an, à ces travaux, et pour les acquisitions qui en sont la conséquence.*

Vous parlerai-je des voyages du roi et du prince royal ? Vous le savez, *c'est la première fois que ces visites se font aux frais des princes* et aux véritables acclamations des peuples qui se voient enrichis en quelque sorte, par ce qui les ruinait naguères. Voilà des dépenses nouvelles, et d'un intérêt national. Autrefois les rois s'enfermaient avec le petit nombre de leurs leudes, de leurs fidèles, dans l'intérieur de leurs châteaux. *La royauté populaire de juillet ouvre ses salons à tous les citoyens.* Le roi est, en quelque sorte, l'hôte de la nation.

Enfin, Messieurs, lui et la reine ont encore d'autres devoirs à remplir; c'est d'atteindre là où la loi ni l'action régulière du Gouvernement ne sauraient intervenir; et, quoi qu'on en ait dit, ils doivent être une providence pour toutes les infortunes publiques et privées...

Nous avons donc cru, Messieurs, que ce n'était pas prodiguer l'argent des citoyens que de donner à la royauté le moyen de remplir sa haute et généreuse mission.

Une disposition dernière et transitoire fixe au premier janvier 1832 l'exécution de la présente loi, et ratifie les perceptions de revenus et de sommes qui auraient été faites jusqu'à présent. La commission n'aura pas à insister pour faire sentir la convenance de ce dernier article.

PROJET DE LOI SUR LA LISTE CIVILE.

<table>
<tr><td>

PROJET DE LOI
Présenté par le Gouvernement.

—

TITRE PREMIER.

ART. 1er. Le roi aura la jouissance des biens composant la dotation de la couronne, et recevra un revenu fixe et annuel, qui sera voté pour toute la durée de chaque règne, conformément à l'article 19 de la Charte constitutionnelle.

TITRE II.

SECTION PREMIÈRE.

Dotation de la Couronne.

2. La dotation de la couronne se compose de biens immeubles et de biens meubles.

3. Les biens immeubles comprendront le Louvre, les Tuileries, ainsi que leurs dépendances ; l'Elysée-Bourbon, les châteaux, maisons, bâtimens, manufactures, terres, prés, corps de ferme, bois et forêts composant principalement les domaines de Versailles, Marly, Saint-Cloud, Meudon, Saint-Germain-en-Laye, Rambouillet, Compiègne, Fontainebleau, Strasbourg, Bordeaux, Pau et autres, tels qu'ils ont été désignés par la loi du 1er juin 1791, par les sénatus-consultes du 30 janvier 1810, 1er mai 1812, 14 avril 1813 ; par les lois des 8 novembre 1814, 15 janvier 1825, et par diverses autres lois survenues relativement à des ac-

</td><td>

PROJET DE LOI.
Adopté par la Commission.

—

TITRE PREMIER.

ART. 1er. Conformément à l'art. 9 de la Charte constitutionnelle, le roi jouira, pendant toute la durée de son règne, d'une liste civile.

Elle sera composée d'une dotation mobilière et immobilière et d'une somme fixe et annuelle.

SECTION PREMIÈRE.

De la Dotation de la Couronne.

2. La dotation immobilière comprend les palais, châteaux, maisons, bâtimens, manufactures, terres, prés, jardins, corps de ferme, bois et forêts, tels qu'ils ont été désignés par la loi du 1er juin 1791, par les sénatus-consultes du 30 janvier 1810, 1er mai 1812, 14 avril 1813 ; par les lois des 8 novembre 1814, 15 janvier 1825, et par diverses autres lois relatives à des acquisitions ou échanges de biens royaux.

Ne font pas partie, néanmoins, de cette dotation, les palais, châteaux, hôtels, bâtimens et biens dont l'énumération est contenue dans le tableau annexé à la présente loi, lesquels seront em-

</td></tr>
</table>

PROJET DE LOI
Présenté par le Gouvernement.

—

quisitions ou échanges de biens royaux.

4. Seront distraits de la dotation de la couronne, les châteaux, maisons et bâtimens, dont l'énumération est contenue dans le tableau ci-annexé, afin d'être employés ou vendus au profit de l'Etat.

5. Les meubles comprendront les diamans, perles pierreries, statues, tableaux, pierres gravées, musées, bibliothèques et autres monumens des arts, contenus dans l'hôtel du garde-meuble et les divers palais et établissemens royaux.

PROJET DE LOI
Adopté par la Commission.

—

ployés ou vendus au profit de l'Etat.

3. Sont, en outre, réunis à la dotation immobilière les biens de toute nature composant l'apanage d'Orléans, constitué par les édits de 1661, 1672 et 1692, ainsi que la petite forêt d'Orléans qui en faisait originairement partie, et qui, par l'avénement du roi, ont fait retour au domaine de l'Etat.

L'indemnité qui peut être due à raison des accroissemens faits à cet apanage depuis qu'il a été rendu à la maison d'Orléans ne sera exigible qu'à la fin du règne actuel.

4. La dotation mobilière comprend les diamans, perles, pierreries, statues, tableaux, pierres gravées, musees, bibliothèques et autres monumens des arts, ainsi que les meubles meublans contenus dans l'hôtel du Garde-Meuble et les divers palais et établissemens royaux.

5. Il sera dressé par récollement, aux frais de la liste civile, un état et des plans des immeubles, ainsi qu'un inventaire descriptif de tous les meubles. Ceux de ces meubles susceptibles de se détèriorer par l'usage seront estimés. Des doubles, tant de l'état

PROJET DE LOI
Présenté par le Gouvernement.

—

PROJET DE LOI
Adopté par la Commission.

—

des immeubles et des plans, que de l'inventaire du mobilier, seront déposés dans les archives des Chambres après avoir été certifiés et signés par un ministre responsable.

6. Les monumens et objets d'arts qui sont et seront placés dans les palais royaux, soit aux frais de la couronne, soit aux frais de l'État, seront et demeureront propriétés de la couronne.

6. Les monumens et les objets d'arts qui seront placés dans les maisons royales, soit aux frais de l'Etat, soit aux frais de la couronne, seront et demeureront, dès ce moment, propriétés de la couronne.

SECTION II.

Conditions de propriétés particulières aux biens de la couronne.

SECTION II.

Conditions de la jouissance des biens formant la dotation de la couronne.

7. Les biens meubles et immeubles de la couronne seront inaliénables et imprescriptibles ; ils ne pourront être, par conséquent, ni donnés, ni vendus, ni grevés d'hypothèques.

7. Les biens meubles et immeubles de la couronne sont inaliénables et imprescriptibles. Ils ne peuvent être par conséquent ni donnés, ni vendus, ni engagés, ni grevés d'hypothèques. Néanmoins, les objets inventoriés avec estimation pourront être aliénés moyennant remplacement.

8. Toutefois, l'échange de certains biens, composant la dotation de la couronne, sera, lorsqu'il y aura lieu, autorisé par une loi.

8. L'échange des biens composant la dotation de la couronne pourra être autorisé par une loi.

9. Les biens de la couronne ne seront jamais grevés des dettes du roi régnant, ni de celles des rois ses prédécesseurs.

Les pensions par lui accordées ne subsisteront, après son décès, qu'autant qu'elles auraient été accordées à des employés de sa maison, et assignées sur un fonds

9. Les biens de la couronne ne seront jamais grevés des dettes, de quelque nature que ce soit, contractées par le roi régnant.

PROJET DE LOI
Présenté par le Gouvernement.

PROJET DE LOI
Adopté par la Commission.

provenant des retenues faites sur leurs appointemens.

10. La liste civile recueillera toutes les valeurs appartenant à la caisse des retraites, dite de vétérance, créée en vertu de l'article 17 de la loi du 8 novembre 1814, et elle restera chargée d'acquitter les pensions qui sont ou seront liquidées à la charge de cette caisse.

11. Les domaines productifs de la couronne pourront être affermés ; la durée des baux ne pourra excéder le temps déterminé par les articles 595, 1429, 1430 et 1518 du Code civil, à moins qu'un bail emphythéotique n'ait été autorisé par une loi.

10. La durée des baux, à moins qu'une loi ne l'autorise, n'excédera pas dix-huit années. Ils ne pourront être renouvelés plus de trois ans avant leur expiration.

12. Sauf les conditions exprimées ci-dessus, les propriétés de la couronne seront soumises à toutes les règles du Code civil. Les actions dont elles pourront être l'objet, seront dirigées contre l'administrateur nommé par le roi, et les jugemens rendus seront prononcés contre cet administrateur.

13. Les forêts de la couronne continueront d'être soumises aux dispositions du Code forestier qui les concernent.

11. Les forêts de la couronne continueront d'être soumises aux dispositions du Code forestier, en ce qui les concerne.

14. Les propriétés de la couronne ne sont pas soumises à l'impôt. Elles supporteront néanmoins les charges locales.

12. Les propriétés de la couronne ne seront pas soumises à l'impôt. Elles supporteront néanmoins toutes les charges communales et départementales.

15. Le roi pourra faire aux palais, bâtimens et domaines de la couronne, tous les change-

13. Le roi pourra faire aux palais, bâtimens et domaines de la couronne, tous les change-

PROJET DE LOI
Présenté par le Gouvernement.

—

mens, additions ou démolitions qu'il jugera utiles à leur conservation ou à leur embellissement.

16. Les biens, meubles et immeubles de la couronne seront entretenus et exploités aux frais de la liste civile.

PROJET DE LOI
Adopté par la Commission.

—

mens, additions ou démolitions qu'il jugera utiles à leur conservation, et à leur embellissement.

14. L'entretien et les réparations de toute nature, des meubles et immeubles de la couronne, sont à la charge de la liste civile.

15. Sauf les conditions exprimées ci-dessus, et celle de l'obligation de fournir caution dont la jouissance du roi est affranchie, toutes les autres règles du Code civil régissent les propriétés de la couronne.

SECTION III.

Liste Civile proprement dite.

16. Le roi recevra du trésor public, pendant toute la durée de son règne, une somme de

14,000,000 fr.	Quatre membres ont été de cet avis.
12,500,000 fr.	Quatre membres pour le dernier chiffre.

17. Cette somme sera comptée par douzième, de mois en mois, et par avance, à la personne commise par le roi à cet effet.

TITRE II.

Du Douaire de la Reine, de la Dotation de l'héritier de la Couronne et des Princes et Princesses, fils et filles du roi.

18. En cas de décès du roi, il sera attribué un douaire à la reine survivante. Ce douaire con-

PROJET DE LOI
Présenté par le Gouvernement.

PROJET DE LOI
Adopté par la Commission.

sistera en un revenu annuel et viager déterminé par une loi. L'Elysée-Bourbon lui sera assigné pour sa résidence.

19. L'héritier de la couronne, prince royal, recevra sur les fonds du trésor une somme annuelle d'un million. Cette somme sera portée à 2 millions lorsqu'il se mariera.

Cette somme sera aussi payée par avance et par douzième.

20. Les dotations des fils puinés du roi et des princesses ses filles seront réglées ultérieurement par des lois spéciales.

TITRE III.

Domaine privé du Roi.

17. Le roi, comme propriétaire de son domaine privé, peut en disposer librement, soit par actes entre-vifs, soit par testament, en se conformant, pour ces dispositions, aux règles prescrites par le Code civil à tous les propriétaires. S'il vient à décéder sans en avoir disposé, soit par actes entre-vifs, soit par testament, son domaine privé appartiendra de droit à l'Etat.

TITRE III.

Du domaine privé.

21. Les biens meubles ou immeubles, corporels ou incorporels que le roi possède lors de son avénement au trône sont dévolus à l'Etat.

22. Néanmoins les biens dont le roi actuel ne s'est pas déssaisi avant son avénement, ainsi que l'usufruit de ceux dont il a aliéné la nue-propriété, sont placés dans son domaine privé, sans que cette exception puisse en rien modifier pour l'avenir le principe de la dévolution et de la réunion au domaine de l'Etat.

23. Feront également partie

PROJET DE LOI
Présenté par le Gouvernement.

—

18. Les propriétés du domaine privé seront soumises à toutes les lois qui régissent les autres propriétés ; elles seront cadastrés et imposées. Les actions qui leur seront relatives, seront dirigées contre l'administrateur du domaine privé, et les jugemens dont elles deviendront la matière prononcés contre lui.

19. Il ne sera plus formé de domaine extraordinaire ; en conséquence, tous les biens meubles ou immeubles qui proviendraient de la guerre, appartiendront à l'État, sauf toutefois les objets qu'une loi décernerait à la couronne.

TITRE IV.

De l'apanage d'Orléans.

20. L'ancien apanage d'Orléans, constitué en 1661, en 1672, 1692, ainsi que la petite forêt d'Orléans, qui en faisait originairement partie, formera la dotation particulière de l'héritier présomptif de la couronne, quand il se mariera, ou quand

PROJET DE LOI
Adopté par la Commission.

—

du domaine privé du roi tous les biens qu'il pourra acquérir par les voies autorisées par le Code civil.

24. Le roi peut disposer de son domaine privé, soit par des actes entre-vifs, soit par des legs particuliers, sans être assujetti aux règles du Code civil qui limitent la quotité disponible, et s'il vient à décéder sans en avoir disposé, son domaine privé appartiendra à l'État.

25. Les propriétés du domaine privé seront, sauf l'exception portée en l'article précédent, soumises à toutes les lois qui régissent les autres propriétés. Elles seront cadastrées et imposées.

26. Il ne sera plus formé de domaine extraordinaire. En conséquence, tous les biens meubles et immeubles acquis par droits de guerre ou par des traités patens, ou secrets, appartiendront à l'État, sauf toutefois les objets qu'une loi donnerait à la couronne.

PROJET DE LOI
Présenté par le Gouvernement.

PROJET DE LOI
Adopté par la Commission.

il aura atteint l'âge de dix-huit ans. Quand il n'y aura pas d'héritier mâle, quand cet heritier n'aura pas dix-huit ans, l'apanage se confondra avec la dotation de la couronne, et n'en sera détaché de nouveau que dans les cas ci-dessus énoncés.

21. Le roi conservera l'usufruit du Palais-Royal; la propriété de la partie apanagère ne pourra être réunie au domaine de la couronne, que sauf l'indemnité de droit, telle qu'elle est réservée dans l'acte constitutif dudit apanage.

La partie non-apanagère appartenant à madame la princesse Adelaïde d'Orléans pourra également y être réunie par voie d'acquisition ou d'échange.

TITRE V.

Liste civile.

22. Le roi recevra du trésor public, pendant toute la durée de son règne, une somme fixe et annuelle de. . . . . . .

23. Cette somme sera comptée par douzièmes, de mois en mois, à la personne commise par le roi à cet effet.

24. En cas de décès du roi, il sera attribué un douaire à la reine survivante. Ce douaire consistera en un revenu annuel et viager déterminé par une loi. L'Elysée-Bourbon lui sera assigné pour sa résidence.

PROJET DE LOI
Présenté par le Gouvernement.

—

PROJET E LOI
Adopté par la Commission.

—

TITRE IV.

*Des Droits des Créanciers et des
Actes judiciaires.*

27. La dévolution des biens
appartenant au roi, avant son
avènement au trône, n'a lieu, au
profit de l'Etat, que déduction
faite des dettes et sauf les droits
des tiers.

28. Les créanciers personnels
du Prince, dont les titres sont
antérieurs à son avènement,
n'ont aucune action, ni sur la
dotation de la couronne, ni sur
le domaine privé qui lui écheoit
ou qu'il acquiert pendant son
règne.

29. Ceux des créanciers dont
les titres sont postérieurs à l'a-
vènement auront action sur les
biens composant le domaine
privé, et ces biens, à la mort du
roi, ne seront unis au domaine
de l'Etat qu'après le paiement
de ces créanciers.

30. Les actions concernant la
dotation de la couronne seront
dirigées par et contre l'administrateur de cette dotation.

Les actions intéressant le domaine privé seront dirigées par
et contre l'administrateur de ce
domaine.

Les unes et les autres seront
d'ailleurs instruites et jugées dans
les formes ordinaires, sauf la présente dérogation à l'art 69 du
Code de procédure civile.

31. Les titres seront exécutoires seulement sur tous les biens

<table>
<tr><td>

PROJET DE LOI
Présenté par le Gouvernement.

</td><td>

PROJET DE LOI
Adopté par la Commission.

</td></tr>
</table>

meubles et immeubles composant le domaine privé. Ils ne le seront en aucun cas sur les effets mobiliers renfermés dans les palais, manufactures et maisons royales.

32. Les deniers de la liste civile seront insaisissables.

Disposition transitoire.

33. La présente loi est exécutoire à partir du 1er janvier 1832. Néanmoins, les revenus des biens composant l'ancienne dotation et l'apanage d'Orléans, perçus ou à percevoir jusqu'au 1er janvier 1832, et les sommes de 1,500,000 fr. par mois touchées du trésor, sont définitivement attribués à la liste civile.

Discours de M. DUPIN *aîné, député de la Nièvre, commissaire du roi, dans la discussion de la Loi sur la Dotation de la Couronne et la Liste civile; prononcés dans les séances des 7, 9, 10 et 13 janvier 1832. (Extraits du* Moniteur *des 8, 10, 11, et 14 janvier 1832.)*

1° Sur l'utilité de conserver les forêts dans la dotation de la couronne.

Messieurs, lors même que la chambre ne penserait pas convenable d'attribuer à la dotation de la Couronne les forêts de Saint-Germain, de Fontainebleau, de Boulogne, et les autres qui sont aux environs de la capitale, elle penserait certainement que, sous le rapport d'une saine administration publique, le projet de vente, coupe et destruction de ces forêts ne devrait jamais être admis, même sous prétexte de tirer du prix ou du sol un meilleur produit.

On a remarqué, et avec raison, que, dans le cours de la révolution, le grand nombre des masses de bois de haute futaie qui ont été détruites est provenu de ce que ces bois, au lieu d'être vendus à des gens qui auraient eu intérêt et obligation de les conserver par une bonne administration, étaient vendus à des gens qui payaient le fonds avec le produit des coupes.

Le résultat de ces ventes fut que ces bois furent coupés à blanc, de telle manière qu'ils devinrent même hors d'état de repousser sans de grandes difficultés, et que plusieurs forêts furent presque entièrement dépeuplées.

Cependant les bois ne sont pas seulement utiles pour la richesse d'un pays, ils sont encore indispensables à sa défense, surtout les bois de haute futaie, qui sont si nécessaires à la marine, à l'artillerie et aux autres genres de constructions publiques.

Il n'y a donc que les bois appartenant à la Couronne, à l'Etat et aux établissemens publics tels que les communes et les hospices, qui puissent faire de ces grandes réserves si nécessaires dans un grand pays.

Il y a plus; c'est à la porte de Paris, où il y a le plus grand besoin de ces bois, que l'on propose de les vendre, de les livrer au défrichement et à la petite culture, afin que les grandes forêts se trouvent plus éloignées de Paris, parce que, dit-on, le terrain, dans cette proximité de la capitale, est d'une valeur plus considérable.

Mais notre honorable collègue (M. Mauguin) n'aurait-il pas compris que les bois ne sont pas chers seulement à cause de leur valeur intrinsèque, mais aussi à cause des frais de transport?

Ne sait-il pas qu'une poutre venue du département des Basses-Alpes, de celui des Pyrénées, ou de tout autre département même moins éloigné, revient plus cher rendue à Paris que lorsqu'elle provient des forêts de Saint-Germain ou de Villers-Cotterets, où le transport moins long permet de la livrer à un prix raisonnable?

On a parlé d'abus possibles dans la jouissance de ces forêts; mais, Messieurs, pour prouver que les aménagemens ont été régulièrement faits, au moins pour l'apanage d'Orléans, je prendrai pour exemple cette même forêt de Villers-Cotterets, qui, anciennement s'exploitait principalement en bois taillis.

Ce fut un de ces princes apanagistes dont on a parlé pour blâmer leur administration, qui consentit à se priver pendant cent vingt ans, lui et les siens, de la jouissance de la forêt de Villers-Cotterets, pour faire acquérir à cette forêt la qualité de bois de haute futaie.

Ce sont encore des princes de la maison d'Orléans qui ont établi le canal de l'Ourcq pour faciliter l'exploitation de cette forêt; et voilà qu'on vous propose de la détruire !....

Je le répète, alors même qu'on ne comprendrait pas ces forêts dans la dotation de la Couronne, comme moyen de conservation, il y aurait nécessité de les maintenir encore dans le domaine de l'Etat, et dès lors n'est-t-il pas plus naturel de les laisser dans le domaine de la Couronne, dont ils ont toujours fait partie ?

Ainsi, ce qu'on a fait valoir comme prétexte de distraction ne saurait être pris en considération par vous; ce serait *destruction*, et non pas conservation.

Cette idée de livrer les forêts à l'agriculture rappellerait en grand ce que nous avons vu en petit, comme échantillon d'un système qui avait quelque chose d'analogue.

Dans le temps de la Convention, sous prétexte de mettre une plus grande quantité de terres en culture pour la subsistance du peuple, on proposait aussi de détruire les Tuileries pour y planter des pommes de terre. (Agitation et marques d'étonnement.)

Le fait est réel : on a labouré la grande allée des orangers et tous les parterres des Tuileries, et l'on donnait, dans les journaux de l'époque, de grands éloges à l'intelligence et à l'économie des représentans du peuple qui faisaient ainsi pousser les pommes de terre là où la cour étalait auparavant son luxe et ses splendeurs. Voulez-vous recommencer? (Vive sensation. Très-bien! très-bien!)

(On va aux voix : Versailles, Marly, Meudon, Saint-Germain, et toutes les forêts en dépendant, ainsi que celles de Boulogne, de Vincennes, de Senars, sont attribuées à la dotation de la Couronne.)

2° Contre la proposition de distraire Compiègne de la dotation de la Couronne. — Vrai caractère de la liste civile : point de vue politique sous lequel elle doit être considérée.

Messieurs, par l'art. 1er, que vous avez adopté, vous avez consacré, comme principe, que la liste civile serait composée d'une dotation immobilière et d'une dotation mobilière. Ainsi, vous avez admis en principe que ce n'était pas seulement une dotation en argent, mais encore une dotation composée de châteaux royaux et des forêts y attenantes.

L'art. 2 ne porte que sur la consistance et l'étendue des domaines publics qui doivent constituer la première partie de la liste civile. C'est dans cette première partie que se trouve le château de Compiègne. À cette occasion, on se récrie sur l'inconvénient de faire la liste civile trop forte, et l'on demande de laisser la forêt et le château de Compiègne dans le domaine de l'État.

Mais, Messieurs, si l'on avait commencé par voter le chiffre de la liste civile, et que les domaines qu'on demande d'attribuer à la dotation immobilière vinssent en accroissement de ce chiffre, c'est là qu'on pourrait dire : « Vous avez déjà voté une liste civile considérable en argent, on propose d'y ajouter encore des domaines d'un produit extraordinaire; vous allez trop loin. »

Ainsi, dans l'opinion de ceux qui trouveraient que le chiffre voté est suffisant, je reconnais qu'on viendrait dire à juste titre : « Vous avez tort d'ajouter encore des domaines au chiffre voté. » Mais le chiffre n'est pas voté, et vous vous occupez d'abord de voter la dotation immobilière; c'est donc le raisonnement inverse qui doit être fait.

Effectivement, si vous diminuez la dotation immobilière, vous serez forcés d'augmenter le chiffre constituant la dotation mobilière; car, dans l'opinion de tous, la dotation immobilière de l'ancienne liste civile, fût-elle même donnée intégralement, serait insuffisante pour constituer seule la liste civile actuelle.

La question du trop n'est donc pas celle qui doit, quant à présent, entrer en considération.

Le vrai point de vue à examiner, c'est de savoir si le château de Compiègne sera plus convenablement placé dans la dotation de la Couronne que dans le domaine de l'État;

c'est là la seule considération qui doit en ce moment fixer l'attention de la chambre.

Assurément, s'il s'agissait aujourd'hui de recommencer la construction des châteaux royaux, si, par exemple, le roi posait aujourd'hui les fondations du château de Versailles, la clameur publique s'élèverait de toutes parts contre une semblable folie, et ce projet ne recevrait pas son accomplissement.

Si aujourd'hui nous avions les milliards qui ont été employés à la construction de ces châteaux, nous nous en servirions pour terminer nos canaux, pour fortifier nos places-frontières, pour achever nos ports, pour augmenter notre marine. On ne laisserait pas élever ces édifices, construits par la folie des rois, avec la patience et l'impéritie des peuples. (Bravo !)

Mais la question est de savoir si, puisque ces objets sont créés, il nous faut les détruire, ou si nous ne devons pas plutôt veiller à leur conservation. C'est là que la pudeur nationale doit nous empêcher d'être des Vandales de notre propre chose, et de détruire ces monumens.

Puisqu'ils existent, nous devons les empêcher de périr, pour qu'ils nous conservent au moins le seul genre d'indemnité qu'ils puissent aujourd'hui nous apporter, en attirant chez nous la curiosité des étrangers, et en conservant aux villes qui les possèdent une des causes de leur prospérité.

Je crois donc que le château de Compiègne, sous le rapport de l'art et des souvenirs qui s'y rattachent, et par l'impossibilité d'une nouvelle application, est un de ceux qui méritent le mieux d'être conservés.

D'abord de tous les châteaux royaux, c'est celui qui est dans le meilleur état, et qui par conséquent, exigera le moins de réparations.

Autour de ce château se trouve une magnifique forêt d'un seul morceau ; et la conservation de ces grands corps de forêts est tellement nécessaire à l'intérêt public, que nos assemblées nationales, au moment même où la guerre nous enveloppait de toutes parts, au moment où la révolution était le plus ardente, et où l'on épuisait toutes les ressources de l'Etat, ont excepté de la vente la forêt de Compiègne et toutes celles dont la contenance compacte était d'une certaine étendue. C'est un morceau de onze mille hectares de bois. (*Voix au centre*. Quatorze mille !) Raison de plus. On

parle de vendre cette forêt pour payer les dettes de l'Etat !
Assurément, Messieurs, s'il y avait nécessité de s'en prendre aux forêts de l'Etat pour payer une portion quelconque
de cette dette, ou pour soutenir le crédit, ce ne serait pas
ces grands corps de forêts qu'on commencerait par vendre;
on commencerait par les objets détachés, par les objets les
plus éloignés et à la convenance d'un plus grand nombre
de particuliers; car il n'y aurait que des spéculateurs, des
banquiers, des escompteurs de profession qui pourraient
s'entendre pour acheter une forêt de l'étendue de celle de
Compiègne. (*Une voix.* La bande noire.) L'administration
de l'Etat, si elle est intelligente, ne vendra jamais, je le
répète, que des objets éloignés, divisés, à la convenance
des particuliers, et qui seraient d'une régie difficile et
coûteuse pour l'Etat.

Ainsi, Messieurs, sous le rapport de la convenance et de
l'utilité, dans l'intérêt de la conservation de cette forêt et
du château qui la domine, on doit les maintenir dans le
domaine de la Couronne.

Messieurs, on dit qu'il ne faut donner à la Couronne
aucun domaine qui lui soit onéreux : or, vous lui avez précisément donné hier le château de Versailles.

(*Voix à gauche.* Ce n'est pas nous, c'est vous.)

C'est la chambre. Or, Versailles est précisément de tous
les édifices de France celui qui est le plus onéreux, et qui ne
peut présenter aucune espèce de compensation à la Couronne.

Un instant après, la chambre a retiré à la Couronne le domaine de Rambouillet, dont le château, au contraire,
coûte peu, et dont la forêt rapporte 700,000 fr. La chambre
a eu sans doute ses raisons pour en user ainsi; cependant
elle n'a peut-être pas considéré, car personne ne le lui a rappelé, que c'était le seul domaine qui vînt originairement de
la famille du Roi, et qui avait été enlevé par l'ancienne
dynastie à la maison de Penthièvre, sans en payer le prix.
Il y a donc une raison de plus pour maintenir dans la dotation de la Couronne la forêt et le château de Compiègne.
Ce château offre des souvenirs anciens et modernes également chers aux Français; c'est une espèce de monument
de l'histoire de France.

Les dilapidations dans la jouissance sont impossibles, car
les bois de la Couronne sont soumis, par le Code forestier,

au même régime que les bois de l'Etat, et les agens chargés de leur conservation encourent la même responsabilité.

D'ailleurs, au sujet de ces craintes de dilapidations, je répondrai que les forêts de l'apanage d'Orléans sont les mieux conservées. Il n'y a pas de forêts de particuliers qui soient administrées avec autant de soin et mieux aménagées.

Il est indispensable de maintenir ce grand domaine dans la dotation de la couronne. Ce n'est pas sous le rapport de la magnificence et d'une vaine représentation, car la cour ira peu, sans doute, à Compiègne; et quant à moi, je considère la liste civile en elle-même, et dans son ensemble, sous un tout autre point de vue. Il ne s'agit pas ici d'un traitement de fonctionnaire. J'examine toujours les impressions que produisent certaines doctrines sur nos délibérations, et la coïncidence de ce que l'on présente comme les conséquences de la révolution de juillet, avec les pensées secrètes des plus grands ennemis de cette même révolution.

Ceux-ci proclament avec complaisance qu'il n'y avait rien de trop grand et de trop beau pour le Roi déchu, car celui-là seul, à leurs yeux, était vraiment Roi! mais votre royauté de juillet, nous disent-ils avec mépris, mais votre Roi-citoyen, allons donc! un simple traitement comme à un fonctionnaire; moins vous ferez pour lui et mieux ce sera. Ainsi vous entreriez parfaitement dans ces idées de nos adversaires, en donnant une liste civile rétrécie et sans importance; c'est là leur pensée. (Sensation prolongée.)

Je termine par un mot : je ne me fais pas l'orateur, le défenseur d'un vain luxe, d'une vaine et fausse magnificence; mais je vois dans la liste civile une institution, un complément nécessaire de la royauté pour qu'elle soit une royauté véritable et non une chose fausse et inutile.

La royauté, pour être constitutionnelle, ne doit pas s'immiscer directement dans l'administration des affaires de l'Etat; elle doit les remettre aux mains d'un ministère responsable.

Sous ce point de vue, il est vrai de dire que le Roi ne peut mal faire, car il ne fait rien par lui-même; mais si à cette qualité *de ne rien faire*, vous ajoutez cette condition *de ne pouvoir rien donner*, vous créez une chose inutile, et c'est encore la pensée des républicains comme des carlistes, et de tous les ennemis de la royauté de juillet.

Il faut être dans le vrai. Sans doute, la monarchie constitutionnelle doit être moins fastueuse, plus économique, faisant une dépense mieux entendue que l'ancienne dynastie; mais la royauté ne doit pas être impuissante, il faut qu'elle puisse se manifester par des bienfaits, au risque de faire des ingrats. (Oui, oui! très-bien! très-bien!)

Il faut à la France une royauté qui puisse donner avec intelligence des encouragemens aux arts, aux sciences et aux lettres; une royauté qui puisse porter des secours partout où il y aura souffrance; car vous ne voulez pas apparemment vous transformer en bureau de bienfaisance pour distribuer vous-mêmes des secours là où les besoins se font sentir.

Je vote pour le maintien de Compiègne et de ses dépendances dans le domaine de la Couronne.

(Marques réitérées d'adhésion.)

Voix nombreuses. Aux voix! aux voix!

(MM. De Corcelles, Bavoux, Salverte, Junyen, Levaillant, Auguis, et autres membres des extrémités, réclament l'appel nominal.

On procède au scrutin : le résultat est que le château de Compiègne et la forêt sont compris dans la dotation de la Couronne.)

3° *Incident sur la question de savoir si l'on maintiendra, dans l'article 2, l'énonciation des précédentes lois qui ont constitué les anciennes listes civiles.*

Cette énonciation est maintenue, sur l'observation de M. Dupin, que ces lois ne sont pas rappelées comme *constituant* la liste civile actuelle, mais comme renfermant des *désignations* plus détaillées et plus complètes des domaines qui sont attribués, *à titre nouveau*, à la nouvelle liste civile.

4° *Incident relatif au théâtre Favart.*

M. le président. M. Marmier propose de comprendre la salle Favart dans la dotation de la Couronne. Cette proposition est-elle appuyée? (Non, non! Oui, oui!)

M. de Belleyme. Il serait plus convenable de donner cette

salle à l'Opéra-Comique, qui est un spectacle éminemment français. (Hilarité générale.)

M. Dupin. C'est le Théâtre-Français qui est le spectacle éminemment français. (Interruption prolongée.) Je m'oppose à ce qu'il y ait aucun contact entre la liste civile et aucun théâtre ; je m'y suis opposé même pour l'Opéra et pour les autres théâtres ; je m'oppose encore pour celui-ci.

Je veux que la liste civile soit entièrement séparée de ces menus-plaisirs, car cela ne servait qu'à donner des loges aux gens d'antichambre. (Rires d'approbation.)

Un autre membre insiste et rappelle tout ce qu'a coûté la salle Favart à l'ancienne liste civile.

M. Dupin aîné, de sa place. Ajoutez qu'on a ruiné les comédiens en faisant gouverner leurs affaires par des gentilshommes de la chambre. (Rires prolongés. Bruits divers. Interruption prolongée.)

Divers membres citent des abus attachés à cette ancienne administration.

M. Mauguin. La chambre vient de trouver dans cette discussion la preuve de la manière dont la liste civile protège les arts. (Rumeurs aux centres. Interruption prolongée.)

M. Dupin aîné s'élance à la tribune et dit :

La chambre a pu voir par là de quelle manière peu intelligente les arts avaient été protégés par le passé ; mais elle ne peut rien en conclure contre la manière dont ils seront protégés à l'avenir. (Très-bien !)

Et c'est pour qu'il ne leur reste que cette protection vraiment royale, large et intelligente, qu'il faut réserver simplement au prince le droit de donner des encouragemens, et non pas réserver aux théâtres la protection de ces courtisans, de ces hommes d'antichambre dont vous parlez, qui s'interposent sans cesse entre le théâtre et le prince, et protègent, non pas les arts, mais d'autres choses qu'il ne s'agit pas d'encourager. (Rire général et approbation marquée.)

M. le président. Je mets aux voix la proposition de M. de Marmier, tendant à comprendre la salle Favart dans la dotation de la Couronne.

M. de Marmier se lève seul pour l'affirmative. (On rit.) Presque tout le reste de l'assemblée se lève contre. Le retranchement est ordonné.

5° Contre l'article additionnel proposé par M. Salverte, portant que « Les communes auxquelles la vente d'un de ces immeubles porterait préjudice, seront admises à faire valoir leurs droits à une indemnité : mais dans le cas seulement où la vente serait consommée dans le délai de six mois. L'indemnité sera réglée par une loi ; elle ne pourra excéder dix pour cent du produit net de la vente. »

Messieurs, je combats l'amendement qui tend à introduire dans la législation un principe nouveau, un principe tout-à-fait faux, et qui entraînerait des conséquences fâcheuses dans l'avenir. Cette question est en dehors de la question de la liste civile ; elle ne tient pas même au domaine de l'État en général : ce serait simplement une question de haute administration publique.

Je fais d'abord remarquer que les communes n'ont pas ici de droits acquis, car s'il s'agissait d'un droit acquis à une indemnité, la loi n'aurait pas le droit de dire que cette indemnité serait d'un dixième. Ce droit serait dans les termes du droit commun, et ce droit serait aussi positif après une année écoulée qu'après six mois.

J'ajouterai qu'on n'a pas contracté avec les communes l'obligation de leur conserver pendant tel ou tel espace de temps une résidence royale ; car ce qui aujourd'hui a pu être considéré comme étant conforme à l'intérêt de l'État, peut le lendemain être supprimé comme ayant cessé d'être utile.

Et sans cela, Messieurs, si vous laissiez introduire un précédent aussi dangereux, qu'arriverait-il ? Chaque fois qu'on vous proposerait de supprimer le moindre établissement public dans un lieu quelconque, on vous présenterait une demande en indemnité.

S'agirait-il, par exemple, de déplacer un tribunal de première instance, les cabaretiers diraient que les plaideurs ne viendront plus chez eux, et qu'ils en éprouveront une grande diminution. (On rit.)

S'il s'agissait de haras, les propriétaires diraient qu'ils ne vendront plus leurs fourrages. Ainsi, vous feriez contribuer le reste de la France pour indemniser une commune de ce qu'après avoir long-tems profité d'un établissement, on ne juge pas à propos de le perpétuer. Je vote contre l'amendement. (Appuyé ! appuyé !)

M. Salverte retire son amendement.

6° *Sur l'ancien apanage d'Orléans.*

Messieurs, je demande à la chambre la permission de lui donner quelques explications, que je m'efforcerai de resserrer, prétendant seulement répondre à la discussion fort habile et fort étendue à laquelle s'est livré notre honorable collègue M. Mauguin.

Il est-très vrai que les apanages ne furent accordés que sous la troisième race, seulement à l'époque où il cessa d'y avoir un domaine privé, transmissible et partageable entre les différens enfans du roi régnant.

L'apanage était dès-lors constitué en biens immeubles dépendant du domaine de la Couronne, qui n'était pas aliéné par là, mais dont la jouissance était attribuée aux enfans puînés du roi décédé, ou aux frères du roi régnant, à la charge de faire retour à la Couronne, dans le cas d'extinction de la descendance mâle de ces princes, ou dans le cas où l'un d'eux, venant à la Couronne, opérerait ainsi la réunion.

Dans ce dernier cas, en effet, le roi ne pouvait relever de lui-même et être son propre vassal : voilà les principes et l'origine des apanages ; voilà le principe et l'origine de leur réunion à la Couronne.

Ce qui était d'abord de simple usage pratiqué dans la maison de France, devint un principe de législation, et fut écrit dans l'édit de 1566. On permit à nos rois, par un article formel, de constituer des apanages réels en domaines de l'Etat, mais toujours à la charge du retour à la Couronne en cas d'extinction d'héritier mâle.

Ce principe a reçu son application sous Louis XIV, qui avait un frère unique, dont l'apanage a passé depuis à ses héritiers.

La branche d'Orléans a constamment joui de ces biens jusqu'à l'époque de la révolution. A cette époque, l'apanage fut supprimé, à l'exception toutefois du Palais-Royal.

En 1814, même avant la Charte, Louis XVIII a rendu le Palais-Royal au duc d'Orléans, et par une ordonnance subséquente, il a rendu aussi l'apanage d'Orléans, portant toujours ce nom générique, mais cependant dépouillé de beaucoup de droits utiles (je ne parle pas des droits féodaux supprimés,) mais de droits utiles et de redevances pécuniaires jadis attachés à ces domaines, et abolis par suite de la confiscation.

Ce n'était donc point l'apanage d'Orléans tel qu'il avait été originairement constitué, mais ce qui restait de l'ancien apanage qui fut rendu au duc d'Orléans.

Cette restitution ne déplut nullement à la portion de la nation qu'on pouvait regarder comme de l'opposition, c'est-à-dire à la plus nombreuse.

Il n'y eut que la partie de l'émigration, la partie éminemment hostile à la France, *éternellement hostile et ennemie à la branche d'Orléans*, qui fut mécontente de cette restitution.

On y voyait, pour les princes d'Orléans, un moyen d'indépendance ; on disait que s'il ne leur eût été accordé qu'un simple traitement que l'on pourrait, quand on le voudrait, cesser de payer, la maison d'Orléans serait toujours dans l'obédience de la branche aînée.

Au lieu qu'en leur rendant un apanage constitué en domaines, ces princes ennemis auraient nécessairement des employés nombreux, des gens attachés à leur service et à leur fortune ; qu'ils jouiraient d'un revenu indépendant, et qu'il n'y aurait pas moyen, si je puis parler ainsi, de les prendre par les vivres, de les forcer à s'agiter dans le tourbillon de la maison régnante, et de les empêcher ainsi de conserver leurs opinions personnelles, lors même qu'elles ne seraient pas conformes aux caprices et aux intentions de la cour.

Cette intention se manifesta surtout lorsqu'en 1825, pour faire cesser cette récrimination que l'apanage n'avait été maintenu que par des ordonannces, on voulut en faire un article formel de loi. Par qui cet article fut-il combattu ? Il fut combattu par M. Dudon et par M. de Labourdonnaye. (Sensation.)

Cet article fut combattu avec vigueur, combattu avec acharnement ; car le parti dont je parle voulait bien voter une liste civile par acclamation, sans le plus léger examen, et dans les termes même de la proposition ; mais il était singulièrement contrarié de voir que le vote de l'apanage de la maison d'Orléans lui était en quelque sorte imposé : on aurait bien voulu le distraire de la loi sur la liste civile ; et même, les hommes de ce parti, dans leur mauvais vouloir, et avec une expression de despect que l'on continue encore d'appliquer à tout ce qui concerne cette branche d'Orléans qu'ils détesteront toujours, comme ils nous détestent nous-mêmes, comme ils détestent tout ce qui tient à la révolution de juillet et à ses principes ; ces hommes, dis-je, appelaient cela *faire passer de la contrebande dans les carrosses du Roi.* Ils manisfestaient ainsi leur répugnance à voter l'apanage d'Orléans en même temps que la liste civile.

Eh bien ! un orateur se leva, un orateur de ce côté (se tournant vers la gauche), ce fut le général Foy, qui, avec cette hauteur de sentiment qui a fait le caractère distinctif de sa politique et de son talent, proclama qu'il y avait quelque chose de national à maintenir l'indépendance d'une branche de la famille des Bourbons, qui, si la branche aînée venait à manquer ou à forfaire, pourrait servir à rallier les opinions ; qui pourrait donner pour point de ralliement aux Français ce drapeau national sous lequel elle avait combattu pour la patrie. Le général Foy défendit l'apanage d'Orléans, et fut assez heureux pour faire voter la loi. (Oui ! oui !)

M. Berryer. Mais le ministre aussi a proposé la loi ; M. de Villèle...

M. Dupin. Je n'accuse pas M. de Villèle, ainsi vous ne pouvez pas demander la parole pour un fait personnel. (On rit.)

En 1830, lorsque Louis-Philippe a été proclamé roi des Français, il y a eu réunion à la Couronne de l'apanage d'Orléans.

Cette réunion a eu lieu, non pas dans l'opinion de la branche aînée, car celle-ci, qui croit régner encore, tient toujours le duc d'Orléans pour apanagiste, et ne le reconnaît pas pour roi : mais cet apanage a été réuni à la Couronne d'après le principe de notre révolution ; c'est là une conséquence de l'établissement tout-à-fait nouveau de ce trône national que vous avez fondé en 1830.

Il faut donc le reconnaître et le proclamer, il n'y a plus d'apanage d'Orléans ; les biens qui le composaient sont actuellement rentrés dans le domaine public. — Maintenant, que fallait-il faire de ces biens ? C'est la deuxième question que vous avez à traiter.

Le Gouvernement avait imaginé de reconstruire l'apanage d'Orléans et de le reporter sur la tête du fils aîné du Roi, de son héritier présomptif, qui serait ainsi devenu chef de l'apanage nouveau.

Mais en cela le Gouvernement n'était dans le vrai, ni pour le droit ancien ni pour le droit nouveau.

Il n'était pas dans le vrai pour le droit ancien, suivant lequel les apanages ne s'accordaient qu'aux fils puînés, et non à l'aîné; car l'aîné devant être appelé à la Couronne, il lui était bien dû un revenu, mais un revenu en argent, comme Charles V en donna un à son fils Charles; mais il ne pouvait avoir d'apanage en domaines, puisque, arrivant au trône, il y aurait eu réunion immédiate de ces biens à la Couronne; ainsi l'aîné ne pouvait jamais devenir la souche d'une nouvelle branche apanagiste.

Votre commission me semble être rentrée dans le vrai, en disant que le prince royal n'aurait pas d'apanage réel, et qu'il aurait seulement un revenu en argent.

Mais fallait-il laisser ces biens dans le domaine de l'Etat, ou les attribuer en accroissement à la dotation de la Couronne ?

Sans doute l'un et l'autre pouvaient se faire indifféremment; car, si on ne comprenait pas l'apanage d'Orléans dans la dotation mobilière de la couronne, et s'il rapporte 3,000,000 francs, on savait que c'était autant de moins que l'on attribuait immobilièrement à la liste civile; si, au contraire, on le laissait dans la dotation de la couronne, c'était autant de moins à donner en argent.

Voilà ce que la commission a considéré : son travail est un ensemble; elle a établi son calcul sur les deux branches de la dotation; elle a pensé aussi qu'il fallait considérer le sentiment d'affection que le roi pouvait avoir pour son ancien apanage; elle a cru qu'il y aurait quelque chose de dur à lui enlever la jouissance de ces domaines, qu'il s'est complu à embellir et qu'il a trouvés totalement dégradés; car vous le savez, messieurs, en 1814, tous les châteaux alors impériaux étaient en parfait état; mais le duc d'Orléans, au contraire, a trouvé tous les siens dans un état complet de dégradation; il a passé quinze ans à tout remettre en état. Il doit y avoir une affection bien différente entre le revenu d'un bien et la possession de ce bien lui-même; il y a donc convenance à ne pas déranger cette jouissance, et à ne pas l'enlever au roi.

Voix à droite. Et l'indemnité ?

M. Dupin. Je n'ai pas l'habitude de traiter deux questions à la fois : la question d'indemnité ne vient qu'après.

La commission a modéré le chiffre en considération de la dotation immobilière ; elle a étendu la dotation immobilière en considération du chiffre. Il y a balance dans son système. Vous ne pouvez pas ôter de l'un sans remettre sur l'autre ; c'est ainsi qu'elle a opéré dans son travail.

Ainsi donc, pour l'Etat, ce serait la même chose ; et il ne reste plus que la question de convenance que je crois avoir suffisamment indiquée à la chambre. (Oui ! oui !)

Maintenant j'ai un mot à dire, et un mot bien court, relativement à la petite forêt d'Orléans. On prétend que cette forêt ne faisait pas partie de l'apanage.

Eh bien ! elle en faisait partie ; tous les registres de la gestion de l'apanage d'Orléans attestent que la petite forêt a toujours été comprise dans sa mouvance, sauf les droits exercés par l'abbaye de Saint-Benoist ; mais les droits de l'abbaye ont péri avant ceux de l'apanage ; ils ont été frappés avant ceux des apanages : ce sont les princes d'Orléans qui ont été enrichis par la loi qui a réuni au domaine les droits établis en faveur des abbayes.

Je sais toutefois qu'il y avait instance sous Louis XVIII et sous Charles X, au sujet de cette forêt ; il n'y a pas eu de décision, la question pouvait alors être controversée, elle pouvait donner lieu à des débats ; mais enfin il résulte de l'instruction que la petite forêt a été administrée au profit de l'apanage d'Orléans.

Les religieux ne possédant plus aujourd'hui, la petite forêt appartiendrait donc entièrement à l'apanage d'Orléans ; mais de toute manière, elle a fait retour au domaine de l'Etat, soit du chef de l'abbaye, soit du chef de l'apanagiste. La chambre est donc parfaitement libre de comprendre la petite forêt dans la dotation de la couronne, ou de ne pas le faire, comme bon lui semblera.

Un mot sur les revenus de cet apanage. On vous a rappelé que d'après les lettres constitutives de cet apanage, il devait être constitué en terres, produisant un revenu de 200,000 fr. Si l'apanage avait été constitué en deniers et fixé à 200,000 fr., et qu'en paiement de cette somme on vînt demander en nature des immeubles d'une valeur plus considérable, il y aurait une apparence de raison à s'y refuser ; ce serait même signaler une espèce de fraude en rapprochant ce chiffre de 200.000 fr. du revenu actuel.

Mais je rappellerai que, par la loi constitutive des apanages, ils devaient être constitués en fonds de terres, en corps de domaines. Lors donc qu'on a indiqué dans les lettres-patentes le revenu présumé de ces biens, on ne faisait que donner un titre énonciatif de la valeur de l'apanage, et, comme on le sent bien, les revenus ont considérablement varié depuis Louis XIV. Or, si les revenus ont augmenté, les domaines n'en sont pas moins restés *les mêmes* qu'en 1661 et 1692. Il n'y a pas eu accroissement dans la masse des biens de l'apanage ; il y a eu au contraire diminution, puisqu'on en a fait disparaître beaucoup de droits féodaux, de revenus utiles, tels que les lods et ventes, et autres droits entachés de féodalité, perçus au profit du prince dans toute l'étendue de ses domaines, et par les ventes nationales opérées pendant la révolution.

Ainsi, les princes d'Orléans n'ont réellement eu que des domaines réels à eux constitués en apanage ; l'accroissement des revenus est l'effet du temps et des améliorations qui sont leur ouvrage. Cet ordre de choses a duré depuis 1661, avec la contradiction des parlemens et de tous les officiers du domaine. En 1814, le duc d'Orléans a repris les mêmes domaines, et en a joui jusqu'à la loi du 15 janvier 1825. A cette époque du moins, l'ordre de choses préexistant a été complétement maintenu ; il ne peut donc y avoir nulle difficulté pour tout le passé.

J'arrive à la question de l'indemnité. Dans le titre constitutif de l'apanage, une indemnité a été réservée. Loin de l'éloigner, j'appelle sur ce point l'attention de la chambre. S'il y a un droit, il faut qu'il soit bien connu.

Il faut que l'on s'explique sur les obligations qui existent, avec autant de loyauté de la part de celui qui demande que de connaissance de cause de la part de celui qui doit accorder...

La clause, telle qu'elle est insérée dans les lettres-patentes de 1692, est ainsi conçue :

« Permettons à notre dit frère, et en tant que besoin est
» ou serait, l'autorisons par ces présentes de faire en la-
» dite maison et Palais-Cardinal (depuis Palais-Royal),
» *telles augmentations, améliorations ou décorations que*
» *bon lui semblera* ; du prix desquelles, *en cas de réversion,*
» les *héritiers* de notre dit frère seront remboursés par nous
» ou par nos successeurs rois. »

Par là une indemnité est promise à l'héritier de l'apana-

giste, s'il cessait d'avoir des enfans mâles. En effet, dans
ce cas, l'apanage retournait à la couronne, si l'apanagiste
ne laissait que des filles ou des collatéraux incapables de
recueillir cet apanage, et, dans ce cas, il y avait au moins
lieu de les indemniser des impenses faites par leur auteur.

Cet apanage étant aujourd'hui réuni au domaine par le
fait de l'avénement du roi, par qui l'indemnité devra-t-
elle être payée ? quand le sera-t-elle ? quelle en sera l'importance et l'étendue ? à qui devra-t-elle être payée ? est-ce
aux héritiers actuels ?

C'est là-dessus que vous entendrez votre commission ; car
c'est elle qui a fait cette proposition ; ce n'est pas le gouvernement, qui avait laissé la clause dans les termes de
droit pour produire son effet en temps et lieu. La commission expliquera elle-même comment elle a entendu cette
question ; par quelle série de raisonnemens elle a été ame-
née à reconnaître, non-seulement que cette indemnité est
due, mais encore qu'elle est applicable, sinon à présent
du moins à l'époque où le roi venant à décéder, il y aurait
lieu à partage de son domaine privé entre ses héritiers.

Un dernier mot sur la réunion proposée des parties non
apanagères du Palais-Royal qui appartiennent à Mademoiselle d'Orléans.

Il est très-vrai que si l'on veut réunir au Palais-Royal,
pour qu'il fasse une propriété complète, les fractions patrimoniales qui ne dépendent pas de l'apanage, il faudra
les acheter de Mademoiselle ; car on ne peut pas dépouiller
Mademoiselle de ce qui lui appartient en propre, si on ne
lui en donne pas la valeur en argent ou en échange avec
d'autres domaines qui appartiennent à l'Etat. Mais là encore rien de forcé : tout est remis à la décision de la chambre.

Messieurs, Paris et la France entière ont admiré l'achèvement du Palais-Royal. C'est pour ainsi dire le seul monument qui soit entièrement terminé La plupart de nos
édifices publics sont inachevés ; car, en travaux, nous
commençons tout et nous n'achevons rien.

Tout le Palais-Royal a été achevé avec les deniers personnels du roi, à une époque où il n'y avait pas apparence
qu'il devint roi. Il a confié toute sa fortune à la France,
et ici il a dépensé ses capitaux sur un sol domanial, dans
l'espérance d'en jouir.

C'est à vous de voir, car ici vous agissez en pleine autorité, c'est à vous de voir si vous voulez prendre le Palais-Royal pour le réunir au domaine de l'État, ou si vous voulez le conserver à un prince qui attache un grand prix à sa possession, car il a consacré quinze ans de sa vie à l'embellir.

Telles sont les explications que m'a paru exiger le discours du préopinant. La chambre décidera.

. (Après avoir entendu quelques autres orateurs, la chambre décide que l'ancien apanage d'Orléans fera partie de la dotation de la couronne. L'indemnité qui pourrait être due ne sera exigible qu'à la fin du règne actuel.)

7° *Sur la dotation particulière du Prince royal.*

Messieurs, autrefois, il est vrai de dire que le prince royal, c'est-à-dire le dauphin d'alors, n'avait pas d'apanage; et c'était une raison politique bien entendue qui faisait agir ainsi, parce que les apanages emportaient des droits régaliens; c'était une souveraineté territoriale, avec droit de haute et basse justice, avec des vassaux, qui étaient des sujets, et qui étaient dans la dépendance de leur seigneur, lequel, fuyant de la maison de son père, pouvait préparer dans ses domaines des moyens de résistance, sinon de conquête, et susciter des embarras au pays.

Ce n'est pas à dire pour cela que les héritiers présomptifs du trône n'eussent pas droit à un revenu; c'était, au contraire, une règle consacrée par quelques exemples, et que j'ai citée dans mon Traité des apanages [1]. Charles V, dit le Sage, et qui, à ce titre, doit au moins inspirer quelque confiance, Charles V dota son fils d'un revenu fixe en argent, qui lui permettait de vivre séparément.

Il était donc consacré par les anciens principes que l'héritier du trône n'avait pas droit à un apanage; c'était au contraire lui qui, arrivant au trône, en devait à ses frères et sœurs exclus du partage.

Il ne s'agit donc pas aujourd'hui de créer un apanage au profit du prince royal; mais il est convenable de lui assigner un revenu honorable. C'est à la chambre à le fixer comme elle l'entendra : liberté entière sur ce point.

Quant à la dot du prince, à l'époque de son mariage, je

---

[1] Voy. *Suprà*, p. 13.

ne puis me refuser à reconnaître la justesse des observations de M. Salverte comme entièrement conformes au régime constitutionnel sous lequel nous vivons, et qui sont fortifiees par une foule d'exemples tirés des temps passés, non en ce qu'ils avaient de mauvais et d'antipathique avec le régime actuel, mais en ce qu'ils avaient de plus national, et qui prouvent que les états-généraux étaient appelés à agiter la convenance du mariage des princes. Sans doute la chambre n'entend en rien gêner ni limiter la liberté que le prince doit avoir personnellement de choisir son épouse ; mais il n'en est pas moins vrai que, laissant une certaine latitude à cette liberté, le mariage des princes doit être avant tout une chose politique sur laquelle le vœu du pays, par ses re présentans, doit-être consulté.

Il ne serait donc pas déplacé, si plus tard on demandait aux chambres une dotation pour le prince royal, que les chambres pussent avoir la faculté de s'expliquer sur la convenance politique du mariage, ainsi que cela se pratique à l'occasion des traités diplomatiques dont l'exécution exige l'intervention des chambres pour un vote d'argent ; les chambres ont alors le droit de débattre les intérêts de l'Etat, et même de dire non.

Cela s'est fait à l'occasion du mariage de Louis XII, duc d'Orléans, surnommé le *Père du peuple,* et qui ne séparait pas plus ses intérêts de ceux du peuple que ne le fera celui que nous possédons aujourd'hui. Les stipulations de son union avec Anne de Bretagne furent soumises à l'assemblée des états-généraux ; et la réunion de la Bretagne à la France fut la suite de ces stipulations. Des établissemens ainsi faits sont les plus solides ; car lorsqu'une chose se fait avec l'assentiment national, toute la force de la nation est là pour la soutenir.

Relativement à la dot des autres princes de la famille royale, je partage encore l'opinion de M. Salverte sur le domaine privé, et je me propose de l'appuyer aussi.

Dans l'hypothèse où le domaine privé, partagé par voie de succession entre les enfans du roi, serait insuffisant pour l'établissement de ces princes, je dis qu'il serait de l'équité et de la justice de leur allouer une dotation.

C'était la condition du sénatus-consulte du 30 janvier 1810 ; et la raison même l'indique ; car on ne vient demander de frais d'établissement que pour ceux qui ne sont pas assez riches de leurs propres domaines. Cela serait vrai lors même que vous croiriez qu'il n'y a pas nécessité d'exprimer cela dans la loi, car c'est de droit.

Je suis sûr, au reste, que la maison du roi ne viendrait pas demander aux chambres une dot pour des princes assez riches de leur propre patrimoine. Il est indifférent de l'exprimer ou de ne pas l'exprimer dans la loi. Si cela n'y est pas, quand on viendra vous demander une dot ou un supplément de dot, vous l'accorderez si vous pensez qu'il y a lieu à le faire.

En résumé, je crois qu'il y a lieu de fixer le revenu actuel du prince royal et de laisser, comme principe éventuel, qu'un supplément lui sera accordé à l'époque de son mariage, en réservant que ce n'est que dans le cas d'insuffisance des revenus particuliers, que le pays sera obligé de fournir ce supplément.

Quand à présent, je ferai remarquer que le prince royal est sans aucun domaine privé : car le Roi s'est réservé l'usufruit des biens dont il a fait l'abandon à ses enfans ; par conséquent il n'y a pas le moindre revenu actuel pour le prince royal : il n'aura que ce que la chambre lui donnera.

8° Suite de la discussion relative à la dotation du prince royal. Un membre propose de lui accorder le château et la forêt de Rambouillet. Cette proposition est rejetée. On revient à la proposition d'une dotation en argent: la commission a proposé un million; quelques membres 500,000 fr.

Messieurs, il était question, il n'y a qu'un instant, de modifier la dotation du prince royal, telle qu'elle a été proposée par le Gouvernement et par la commission. J'ai cru qu'il était plus convenable de voter contre l'amendement qui vous a été proposé, et par conséquent pour le projet qui est à la fois celui du Gouvernement et celui de la commission. J'y ai vu aussi un vote de convenance, parce que ce n'est pas à l'âge qu'a maintenant le prince royal qu'il faut lui donner les embarras de la gestion d'un domaine rural.

Il faut qu'il s'instruise de plus en plus de la constitution et des lois du pays; qu'il puisse en étudier les mœurs, les habitudes et les sympathies; se perfectionner dans toutes les branches des connaissances plus que jamais utiles aux princes aujourd'hui; car les princes aujourd'hui n'ont pas seulement besoin d'être les plus élevés, mais aussi d'être les plus habiles, pour être les plus forts. (Marques d'adhésion.)

Ainsi donc, que le prince royal passe des revues, qu'il s'instruise dans l'art de la guerre, qu'il voyage à ses dépens, au lieu de le faire à la charge des populations; qu'il donne à propos, avec intelligence, si vous lui en fournissez les moyens; qu'il s'essaie, dans sa jeunesse, à manier plus tard des intérêts plus importans, et qu'il se rende de plus en plus digne de marcher à la tête de ses contemporains. (Oui! oui!)

Mais je ne pense pas que ce soit aujourd'hui le moment de lui attribuer des gestions pénibles de domaines; de l'exposer par conséquent à se voir assiéger par des personnes qui solliciteront des places de gouverneurs, de sous-gouverneurs, d'intendans, en un mot, tous les emplois de domesticité d'une petite cour. (Très-bien, très-bien!)

Quand le prince royal sera venu à l'époque de son établissement, quand il aura fait une alliance d'accord avec la politique et les intérêts de la France, quand il deviendra à son tour chef de famille, sans doute il faudra lui assigner un manoir particulier; la chambre d'alors en décidera dans sa sagesse et sa conscience. Quant à présent, une dotation en argent suffit. Relativement au chiffre, doit-il être de 500,000 fr. ou d'un million? Je n'ai jamais accepté la mission de discuter sur un chiffre : la chambre choisira, et je suis sûr qu'elle ne fera rien que de convenable. (Très-bien, très-bien!)

(La chambre a fixé le revenu actuel à un million par an, en se réservant de fixer la dot, s'il y a lieu, à l'époque du mariage.)

9° Y aura-t-il un DOMAINE PRIVÉ? *ou maintiendra-t-on l'ancien principe de la dévolution des biens particuliers du prince qui parvient à la couronne, au domaine de l'État? M. de Salverte s'était prononcé pour qu'on laissât aux rois leur domaine privé; M. le général Bertrand avait soutenu le contraire en alléguant l'exemple de Hugues Capet et celui de l'Empire. Il fallut répliquer sur-le-champ :*

Messieurs, le principe de la dévolution des biens du prince régnant à la couronne, au moment de son avénement, a été pendant long-temps un principe du droit public français : on avait même cédé à cette espèce d'impulsion du passé, en conservant cette même dévolution dans les diverses lois portées depuis que ce droit public a reçu en d'autres points d'importantes modifications.

L'honorable M. Salverte a compris que les raisons qui avaient fait établir anciennement ce principe de la dévolution n'étaient plus les mêmes aujourd'hui, et qu'elle ne pouvait pas être établie de plein droit.

L'honorable collègue qui descend de cette tribune (M. le général Bertrand), en parlant de Hugues Capet et de sa dynastie, me fournit l'occasion de démontrer avec plus d'évidence, que les principes aujourd'hui ne peuvent plus être les mêmes que ceux d'autrefois; qu'ils sont complétement différens, et que par conséquent il faut aussi que les dispositions de la loi changent sur ce point.

Un mot sur le point historique.

Sous les deux premières races, il existait un domaine privé, qui se partageait également entre tous les enfans du roi. Il n'y avait pas d'inconvénient, et l'histoire a vanté la sagesse de Charlemagne dans l'administration de ses domaines, et les dispositions qui se trouvaient à ce sujet dans son capitulaire *de Villis*, qui est connu de tous ceux qui ont étudié nos vieilles chartes. Mais, à cette époque, il y avait aussi partage de la souveraineté, et voilà ce qu'il y avait de funeste; voilà ce qui entraîna des guerres civiles désastreuses et la ruine de la dynastie carlovingienne. — Quel était l'état de la France à la fin de la deuxième race? Le système de la conquête était poussé à l'excès. On donna d'abord aux militaires des récompenses pécuniaires, puis des bénéfices, ou, si vous voulez, des majorats, car on se ressemble de plus loin. Les bénéfices à temps étaient donnés à la charge du service militaire. Ils furent donnés à vie, quand les seigneurs eurent assez de puissance pour les retenir, et ils devinrent enfin héréditaires, quand, plus puissans encore, ils trouvèrent le moyen de fixer l'hérédité dans leur famille.

Et n'oubliez pas qu'en y fixant les biens, ils y fixèrent aussi un pouvoir politique attaché à la possession de ces biens. Ainsi, à chaque fonction publique était attachée une dotation avec le titre qui rendait la dotation héréditaire. Ce ne fut pas seulement un bien et un revenu, ce fut aussi un pouvoir politique, de manière que la puissance suprême cessa d'être un pouvoir central, un pouvoir unique; mais il fut morcelé, démembré, disséminé avec toutes les propriétés particulières; il était devenu en quelque sorte patrimonial, et il se rattachait à peine au souverain par la loi de la suzeraineté à l'époque de Hugues Capet, qui, dit-on, a fondé un système!

Messieurs, Hugues Capet n'a point fondé de système; il était lui-même le résultat du système dont j'ai parlé, il n'était qu'un de ces seigneurs de l'empire, qu'un descendant de ces anciens capitaines qui, ayant de grands domaines avec une puissance politique attachée à leur possession, se sentirent assez forts pour mépriser la race de Charlemagne, qui d'ailleurs avait bien mérité son sort, puisqu'elle s'était alliée avec l'étranger, et avait cessé d'être française. (Sensation.) Hugues Capet fut choisi par les autres seigneurs pour consacrer le système de la spoliation ancienne; pour que chacun, sous son règne, étant précisément dans la même position que lui, demeurât possesseur héréditaire et irrévocable de son fief, et de la portion de la puissance publique qui y était attachée. Ils ne voulurent le reconnaître comme souverain, qu'à la condition qu'ils seraient eux-mêmes de petits rois particuliers, et que chacun aurait dans ses terres droit de justice, droit de guerre privée, lui rendant à peine quelques restes de foi et hommage, avec l'obligation de le suivre à la guerre lorsqu'elle aurait un caractère général, et seulement pendant un temps donné.

Vous voyez que ce n'est pas là une fondation de Hugues Capet, mais l'usage des fiefs.

Tous les historiens vous disent qu'à cette époque la couronne de France était gouvernée, non pas par un droit public résultant d'une constitution écrite, placée sous la protection d'assemblées délibérantes, mais comme un vaste fief. Vous concevez très-bien alors que Hugues Capet arrivant à la couronne, y venait avec ses domaines, avec ses fiefs, avant tout comme seigneur féodal. Il était duc de France, duc de l'endroit qui était alors le plus central; il fut choisi par ses compagnons, et l'assemblée, du reste, fut influencée par un poste de 600 hommes qui n'étaient pas bien éloignés, à ce que disent les historiens.

Voilà donc le principe de la réunion des domaines du roi à la couronne. La couronne était le premier des fiefs, car tous les autres fiefs en relevaient : le roi était le premier souverain fieffeux de son royaume; tout le monde relevait de lui, et par cette raison, il ne relevait de personne, et, suivant le langage de nos pères, il ne relevait que de Dieu et de son épée. Il ne relevait que de Dieu, et c'est de là que plus tard on a voulu faire dériver un *droit divin*, dont on a essayé d'abuser au profit du despotisme; tandis que du temps de nos aïeux, quand tous les autres rois baisaient la mule du pape, cette formule n'exprimait que l'indépendance du roi de France vis-à-vis du souverain pontife : vis-à-vis de tous autres, le Roi de France ne relevait que de son épée, surtout quand il savait s'en servir. (Sensation.)

Le principe de la réunion et de la dévolution est donc uniquement un principe féodal. C'est parce que le roi faisait corps avec ses fiefs, parce qu'il ne se séparait pas de sa terre, pas plus que les hommes qui étaient attachés à sa glèbe; qu'en venant à la couronne, il y apportait ses terres, ses châteaux, ce qui s'identifiait avec la couronne devenue dans sa main un seul et même fief. Il y réunissait ses domaines et ses fiefs particuliers, de la même manière que les autres seigneurs, quand ils encouraient félonie, voyaient leurs fiefs dévolus à la couronne, c'est-à-dire, faire retour au grand fief, au fief central. Ce principe de la réunion à la couronne était général ; il opérait, soit que la réunion se fît par acquisition, par confiscation ou par voie de conquête.

Il n'est donc pas inutile, pour défavoriser le principe de la dévolution des biens privés du roi à la couronne, d'avoir montré que ce principe n'est autre chose que le principe féodal mis en action; et le principe qu'on a appelé inaliénabilité n'est encore que le principe féodal; car, de même que le seigneur d'un fief ne pouvait le démembrer, de même le roi ne pouvait démembrer la couronne de France, qui, entre ses mains, était un fief qu'il devait transmettre intact à ceux qui venaient après lui.

Ce n'est pas là, comme vous le voyez, une fondation de Hugues Capet; c'était l'usage des fiefs, qui ensuite devint une maxime d'État, parce qu'il fut très-utile aux rois. Précisément parce qu'il était sorti du sein de la féodalité, ils cherchèrent à en tourner les maximes à leur profit, jusqu'à ce qu'ils fussent assez forts pour la détruire.

Eh bien ! ce qui n'était d'abord qu'une maxime d'Etat, fut, en 1566, converti pour la première fois en loi. On fut obligé de faire une loi, parce que les fiefs avaient déjà subi beaucoup d'altérations, et que les rois avaient trouvé moyen de dilapider plus ou moins leurs domaines par des concessions aux grands seigneurs, à ceux qui savaient se rendre redoutables; car, dans ce temps, il ne s'agissait pas d'acheter le vote des gens : on votait à coup d'épée, et l'on obtenait leur acquiescement en satisfaisant leur avidité et en les contentant sous divers rapports. On porta alors l'édit de 1566, qui fut une loi proposée par le chancelier de L'Hôpital.

Cette loi consacre l'inaliénabilité du domaine comme principe, avec cette exception, que le domaine pourrait être engagé moyennant finance à la charge de perpétuel rachat. C'est à-dire que, si un domaine était engagé pour 100,000 fr., on avait, au bout de cent ou deux cents ans, toujours enfin, le droit de rentrer dans ce domaine, en remboursant, parce qu'il n'était pas aliéné, mais simplement engagé.

Le second moyen de disposer du domaine était l'apanage. Dans l'origine, les apanages étaient de grands fiefs donnés, non pas à l'héritier présomptif de la couronne, puisqu'il devait succéder au trône sans partage, mais à ses frères ou à ses fils puinés, à charge de retour à la couronne. Quant aux acquisitions, le prince pouvait en prononcer la réunion expresse, et s'il ne le faisait pas, il suffisait d'une administration confuse avec les autres biens du domaine pendant dix ans, pour en induire son acquiescement tacite; ou s'il mourait sans en avoir disposé, les biens restaient à l'Etat. Et pourquoi ? Parce que, dans ce système, le partage du royaume entre les fils du roi n'ayant plus lieu, la couronne restait possesseur des biens particuliers sur lesquels il n'avait pas été statué. C'étaient des espèces d'épaves pour la couronne, comme des biens vacans, qui ne peuvent avoir d'autres maîtres que la couronne elle-même.

Voilà notre ancien droit français.

Sous Henri IV, on essaya de contester l'application de ce droit. Il n'est pas inutile de rendre compte de ce qui a eu lieu alors, afin de savoir bien ce qu'on entend établir aujourd'hui.

Une question de réunion très-grave était alors soulevée. La résistance apportée par Henri IV à la réunion de ses domaines n'était pas seulement motivée sur la tendresse qu'il portait à sa sœur, quoique ce soit le motif qu'il en a donné, et par le désir de voir payer ses créanciers, ce qui était d'équité naturelle; mais, au-dessus de ces deux considérations de droit privé, les affections de famille et les droits des tiers, il y avait une immense question politique.

Quoique élevé durement, Henri IV avait été élevé sur le trône; non-seulement il avait des domaines particuliers, mais une couronne; plus petite, il est vrai, que celle de France, et de nature à être absorbée par elle, mais enfin une couronne distincte. Il importait que le principe d'unité, d'indivisibilité de la couronne de France, que le principe de réunion ne reçût aucune infraction.

On opposa donc à Henri IV l'édit de 1566 et les maximes du royaume. Le parlement, gardien de ces lois, refusa d'adhérer au vœu de Henri IV; il fit des remontrances et força le roi d'accepter le principe de la réunion du royaume de Navare, des fiefs et de toutes les souverainetés particulières qui étaient dans son domaine. Voilà la véritable cause de l'édit de juillet 1607.

Mais faites encore attention à une chose, le prince n'était pas censé dépouillé de ses biens personnels par cette dévolution, il ne les apportait pas au fisc pour s'en séparer lui-même, car il *n'y avait pas alors de domaine de l'État distinct de celui de la couronne;* il n'y avait que ce dernier domaine, la couronne, c'est-à-dire alors, l'Etat, la royauté. *Le roi se trouvait donc toujours, comme roi, possesseur des biens qui lui avaient appartenu comme particulier.*

Il en disposait avec beaucoup d'autres objets, non pas à titre d'aliénation, mais à titre d'engagement, dont il gratifiait trop souvent les courtisans, et à titre d'apanages dont il dotait ses enfans; enfin par toutes les dispositions qui, pour n'être pas irrévocables, n'en procuraient pas moins d'énormes jouissances aux courtisans, aux dépens des revenus, qui au fond étaient la véritable richesse de l'Etat.

Après Louis XIII on fit l'application de ce principe. Louis XIV succéda seul à la couronne, et il constitua à son frère un apanage, à charge de retour.

Sous Louis XVI, au commencement de son règne, il n'y avait pas de domaine privé.

C'est ici que je prie la chambre de considérer s'il en est

résulté quelque bon effet pour le domaine public, quelque avantage même pour la couronne.

Nous étions bien loin des anciennes lois des fiefs à cette époque ; les seigneurs féodaux avaient disparu. Il ne restait plus que des titres insignifians, sans attribution politique. Ainsi la dévolution au domaine ne pouvait se considérer réellement que sous le rapport financier.

Eh bien ! parce qu'il n'y avait pas de domaine privé, croyez-vous que les deniers de l'Etat restaient toujours affectés à l'Etat, qu'il n'y avait pas la moindre dilapidation ? Je citerai un exemple éclatant : Le roi avait envie d'acquérir l'Isle-Adam, et ne pouvant pas l'acheter en son nom à cause de la dévolution à l'Etat, il la fit acheter par un prête-nom. (*Une voix à droite* : Louis-XVIII, alors MONSIEUR.) *M. Dupin.* Précisément ; mais ce fut encore l'Etat qui, avec les deniers de l'emprunt de 1782, déjà si onéreux au pays, paya l'acquisition ; et le prince qui avait prêté son nom en obtint la jouissance sans même payer les dettes viagères qui lui avaient été imposées par un premier acte, et dont il trouva moyen de se faire libérer ; on a trouvé dans le livre rouge le dernier terme pour solde de paiement.

Ainsi vous voyez que ce principe, que le prince ne peut pas avoir de domaine privé, trouvait facilement des moyens d'évasion. Seulement, au lieu d'agir franchement, on employait des moyens détournés qui dégradaient la royauté ainsi que les princes qui servaient de prête-nom ; et, plus tard, à trente ans de distance, ces simulations n'ont produit qu'un procès scandaleux, scandale d'autant plus grand qu'on jouissait des biens sans payer les dettes : aujourd'hui encore les créanciers et fournisseurs de la maison de Conti sont réduits à la plus profonde misère. (Sensation.)

Telle est l'histoire du non-domaine privé qui obligeait les princes à acheter en fraude de l'Etat, lorsqu'ils faisaient une acquisition quelconque.

En 1791, il s'opéra un grand changement. Au lieu de dire que le domaine était inaliénable, nos premiers législateurs introduisirent le principe contraire, que le domaine était essentiellement aliénable. Pourquoi ? Parce qu'alors ce n'était plus en raison de la plus grande masse de terres que possédait le prince, et du plus grand nombre d'hommes que ces terres portaient particulièrement comme dépendances de leur domaine, que s'appréciait la puissance du roi. Ce n'était plus le roi de *France*, c'était le *roi des Français*, c'était le *roi par la loi constitutionnelle* en vertu du pouvoir de l'Etat, par la nation et en son nom, et non plus en vertu du principe de la féodalité.

Aussi, vous voyez introduire le principe contraire. Le domaine sera aliénable ; seulement il faudra, pour l'aliéner, une loi, le consentement des pouvoirs d'alors comme aujourd'hui ; enfin une liste civile dont une partie sera dotée en immeubles et l'autre en argent.

On permit au roi d'avoir un domaine privé ; on en juge ainsi par la loi qui dit que s'il vient à décéder, il y aura dévolution de ce domaine à la couronne.

Mais c'était, sans le savoir, un reste des anciennes impressions dont on ne pouvait encore entièrement se défendre. De même qu'on a de la peine à se défaire de certaines habitudes de langage qui ne tiennent qu'aux mots, on a aussi beaucoup de peine à se défaire de l'impression des choses ; on continue d'y obéir sans s'en rendre compte, quand il y aurait de bons motifs de changer.

Il y a des habitudes politiques qui ne changent pas plus aisément que les habitudes de la vie privée.

Quoi qu'il en soit, on permit un domaine privé en 1791, et l'on maintint le principe de la dévolution de ce domaine à l'Etat en cas de décès du roi.

Sous l'empire, on établit aussi qu'il pourrait y avoir un domaine privé et en même temps un domaine extraordinaire, pour faciliter un système de dotation, de majorats, qui n'a pas été poussé aussi loin que sous Hugues-Capet ; car, dieu merci, on n'a pu couvrir la France de majorats, et ceux qui les ont possédés n'ont pu en faire un droit terrier ni un pouvoir politique ; il n'y avait que des biens de conquête que le chef a partagés à ses compagnons.

Sous Louis XVIII on fit encore une modification. Il n'y eut plus de domaine extraordinaire, et pour qu'il n'y en eût plus, on commença par dissiper complétement tout ce qui restait de l'ancien ; on accorda aussi à la couronne une liste civile, et l'on maintint le principe de la dévolution.

Ce principe de la dévolution était évidemment dirigé par Louis XVIII contre l'héritier présomptif de la couronne ; il espérait faire entrer les biens de son frère dans le domaine de l'Etat ; mais le comte d'Artois s'est hâté de s'y sous traire ; et de peur que la mort subite de Louis XVIII, en même temps que l'on dirait : *Le roi est mort : vive le roi!* n'opérât, en vertu du principe de la dévolution, la réunion de plein droit de tous ses biens au domaine, il eut soin d'en faire donation à son fils puîné, frère de celui qui était alors son héritier présomptif.

Quand Charles X est monté sur le trône, le Dauphin a conçu les mêmes craintes. Comme il n'avait pas d'enfans, il n'a pas acheté un pouce de terrain en France, il a fait tous ses placemens à l'étranger. Par suite des événemens, cela peut-être très profitable pour lui; mais enfin le Dauphin sentait très-bien que s'il achetait des biens en France, il n'en conserverait rien dans ses propriétés privées lors de son avénement au trône.

Ainsi le principe de la dévolution, si productif pour la couronne dans les premiers âges de la féodalité, n'a rien produit pour l'État dans ces temps modernes, puisque nous avons vu Charles X donner sa fortune privée à l'un de ses fils, et l'héritier alors présomptif de Charles X faire des acquisitions à l'étranger.

Il y a ici quelque chose à dire en faveur de la dynastie qui est actuellement sur le trône de France : c'est qu'elle a tout confié au sol français. L'apanage du duc d'Orléans était en immeubles. La succession de son père, composée de 112 millions à l'époque de la révolution, était alors grevée de 74 millions de dettes. Tous les biens ont été vendus, moins 10 millions retrouvés en 1814, et sur lesquels il restait 35 millions de dettes à payer.

Au lieu de suivre un exemple trop général, donné par les grands seigneurs et les princes, qui renonçaient à des successions obérées et laissaient les créanciers se lamenter, le duc d'Orléans a accepté celle de son père. Il l'a acceptée sous bénéfice d'inventaire, pour éviter les saisies et se donner le temps de liquider; mais aussitôt les biens ont été mis en vente, il les a rachetés aux enchères; en même temps il a annoncé l'intention de payer toutes les dettes, et en faisant chaque année un fort prélèvement sur les revenus de son apanage, il a trouvé le moyen de payer complétement toutes les dettes de son père, quoiqu'il n'eût laissé que dix millions d'actif! A ce point qu'il n'y a plus maintenant un homme en France ni à l'étranger qui puisse se dire créancier du Roi des Français. (Vive adhésion.)

La succession maternelle est échue ; elle était encore toute patrimoniale, toute foncière ; des indemnités y étaient attachées. Ce qui en est provenu a été employé en entier par le prince, non compris les dépenses qu'il avait déjà faites pour l'accroissement du Palais-Royal. Et il savait bien, cependant, qu'il construisait sur un terrein domanial, puisque le Palais-Royal était apanage ! Au lieu d'exploiter le sol, de le ravager, comme l'ont fait certains princes apanagistes, il l'a orné de ces belles constructions qui sont une des merveilles du pays, un des monumens dont la nation peut s'enorgueillir. (Très-bien ! très-bien !)

On peut tirer de tous les faits que je viens d'énumérer cette conséquence que la branche d'Orléans, la dynastie aujourd'hui régnante, s'est identifiée avec la nation française au plus haut degré. Jamais prince, jamais dynastie n'a plus lié son sort et ses destinées au sol de la patrie que la maison d'Orléans : elle a confié son avenir et tout ce qui lui appartient au sol français. (Nouvelles acclamations.)

Non seulement le Roi actuel n'a jamais acheté de bien qu'en France, mais il n'a jamais placé de l'argent qu'en France ; tout est sous la main de la nation, comme tout est sous la garde de son Gouvernement constitutionnel. (Marques réitérées d'assentiment.)

Dès lors, *je ne comprends pas pourquoi le Prince régnant a fait un abandon à ses enfans de tous les biens qui lui appartenaient au moment de son avènement au trône.* Je ne puis voir en cela, de la part de ceux qui ont conseillé cet abandon, qu'une espèce de *préoccupation du passé;* ils n'ont pu echapper à l'*influence* de ce principe de dévolution qu'ils supposaient toujours existant comme principe général, sans réfléchir que c'était une nouvelle liste civile qu'il s'agissait de voter, et que les lois de l'*ancienne* dynastie n'y étaient plus applicables.

C'était une constitution nouvelle, *une dynastie nouvelle,* une liste civile nouvelle, qui amèneront des conséquences nouvelles dans les lois comme dans le régime et dans l'avenir du pays. Il importe de remarquer qu'au moins le Prince ne faisait pas fraude à une loi, qui évidemment ne lui est pas applicable ; car on ne peut pas lui appliquer la loi de l'ancienne dynastie.

Il y a séparation entre les deux dynasties. Aujourd'hui, ce n'est pas la législation de Hugues Capet qui nous régit ;

il n'y a plus de seigneuries particulières, plus de justices privées, plus de serfs, plus de vassaux ; il n'y a que des citoyens soumis au joug de la loi et à l'autorité constitutionnelle de ceux qui commandent en son nom. La législation est donc maîtresse de changer, sur ce point, les anciens principes et de statuer différemment.

On dira : Mais si le Prince peut si facilement acheter un domaine privé, il détournera une portion de la liste civile pour grossir ce domaine. Ah ! messieurs, Louis-Philippe serait bien mal inspiré ou bien mal conseillé si une pareille pensée pouvait lui venir ou lui être suggérée !

Accroître le domaine privé avec la liste civile, ce serait faire perdre à cette dernière son nom ; ce serait lui faire perdre son caractère que de l'employer à un autre usage que celui auquel elle est destinée.

La liste civile, comme complément de la royauté, *doit être employée royalement, et non dans des vues d'intérêt privé.* Voilà ma profession de foi sur la liste civile ; et ce n'est qu'à ce titre que je l'ai défendue. (Très-bien, très-bien !) Supposons, au contraire, un prince qui n'aurait pas de domaine privé, et qu'il ait huit enfans dont il veuille avantager quelques-uns. S'il lui était interdit de faire des acquisitions à découvert, quelle facilité n'aurait-il pas de faire des acquisitions sous leur nom, en leur en fournissant les fonds ?

Ce serait alors le cas où le prince pourrait concevoir la malheureuse et impolitique pensée de détourner les fonds de la liste civile pour remplir de pareilles vues ou céder aux perfides conseils qui pourraient lui être donnés d'en agir ainsi.

Laissez, au contraire, le domaine privé à découvert, et j'ose prédire qu'on ne verra pas de tels abus. L'opinion publique qui, pour un roi constitutionnel, est un guide sûr, important à consulter, serait là pour arrêter l'exécution de ce conseil funeste pour la royauté, et ce détournement ne pourrait pas aller bien loin.

J'ai déjà dit que le Trésor ne gagnait guère à ces réunions qui, établies par la loi, sont toujours si facilement éludées. Dans ces derniers temps, en effet, les rois morts ont toujours laissé plus de dettes que de biens, et les créanciers des rois m'ont toujours semblé les plus exposés. On l'a vu par la succession de Louis XVIII. Quoique l'on ait voté 30 millions pour le paiement des dettes qu'il avait contractées envers des étrangers ; s'il a payé celles-là, certainement il reste encore des créances françaises, ne fût-ce que la veuve du chevalier Desgraviers et les malheureux créanciers de la succession Conti.

Pour Charles X, il n'a pas payé ses dettes lorsqu'il était sur le trône. Pour quelque peu de biens que la dévolution ferait entrer dans le domaine de l'Etat, faudrait-il donc que l'Etat eût à répondre indéfiniment des dettes de tous les rois précédens ?

Je sais bien que, même d'après l'ancien principe, l'Etat ne succédait aux dettes que jusqu'à concurrence des biens, qu'autant qu'il en était devenu plus riche, et, suivant l'expression des jurisconsultes, *Quatenus ex his locupletior factus est*. Mais on ne soumet pas ces biens à l'enchere, et alors les créanciers se récrient ; ils se figurent que l'Etat a succédé à des richesses immenses qui pouvaient les satisfaire ; que ces biens avaient une valeur extraordinaire, et que l'on doit tout payer. Vous vous faites ainsi *les liquidateurs de successions dont les dettes n'appartiennent pas à la nation et ne doivent pas peser sur elle.* Restez plutôt dans le droit commun. Il ne faut pas qu'aujourd'hui on se figure que les rois sont des individus dont les pieds, pour ainsi dire, ne touchent pas au sol, et qu'ils n'appartiennent plus à l'humanité. Laissez-leur les affections de famille, des biens privés, des biens grévés d'impôts et assujétis à toutes les charges publiques ! Qu'ils s'aperçoivent au moins, par les comptes de l'intendant, que l'impôt pèse sur la propriété. Qu'ils le sachent au moins une fois par an. Ce système de franchise me paraît plus avantageux que ce qui s'est pratiqué dans les derniers temps.

Si vous adoptez l'amendement de M. Salverte, il ne faut plus s'occuper des créanciers personnels du Roi ; au contraire, il faut proclamer bien haut le principe que jamais les dettes du Roi ne seront payées par l'Etat ; que des fournisseurs ne pourront pas, par des pétitions, venir après lui réclamer le paiement de ce qui leur sera dû. Il faut leur dire bien nettement, une fois pour toutes : « Vous avez contracté avec le Roi, c'était à lui à vous payer ; à son défaut, que son héritier vous paie s'il le veut ; qu'il vous paie par piété filiale ; mais *jamais l'Etat ne devra payer les dettes du Roi.* »

Et ensuite nous verrons la liste civile marcher d'après la loi que vous avez faite, et développper ce système qui sera une ère nouvelle pour les rois comme pour les peuples ; et sur ce point, je l'espère, comme sur tout le reste, la Charte sera une vérité. (Marques générales et prolongées d'approbation.)

La chambre adopte l'article suivant :

« Le roi conservera la propriété des biens qui lui appartenaient avant son avènement à la couronne ; ces biens et ceux qu'il acquerra à titre gratuit ou onéreux, composeront son domaine privé.) »

10° Sur la disposition du domaine privé, et la dot des princesses.

Messieurs, j'appellerai l'attention de la chambre sur un point important.

Je rappellerai que le sénatus-consulte du 30 janvier 1810 portait que le chef de l'Etat ne serait pas limité par les prohibitions du Code civil, dans la disposition qu'il pourrait faire de son domaine privé.

Ce n'était pas légèrement qu'une semblable exception avait été faite en faveur du chef de l'Etat.

Personne plus que moi n'est partisan de l'égalité des partages en matière de succession ; c'est à ce principe que nous devons la prospérité et la grandeur de la France, plus de cordialité et d'intimité dans les familles, et je déclare que je m'opposerai à toute exception à ce principe, soit qu'il s'agisse d'une loi de *substitution qui ferait outrage à l'égalité* entre frères et sœurs, soit même qu'il s'agisse de *majorats, dont je ne suis pas plus partisan aujourd'hui que précédemment.*

Mais remarquez qu'il n'y a pas d'autre moyen de maintenir l'égalité au profit de la France, que de s'écarter ici de la loi d'égalité. Voici pourquoi :

Entre simples citoyens, l'égalité existe, non pas seulement dans une famille, mais dans toutes les familles, et c'est ce qu'on appelle le droit commun ; mais, par l'usage qui s'est établi entre les souverains, les alliances n'ont lieu que de maison souveraine à maison souveraine.

Par conséquent, si vous adoptiez pour principe l'égalité absolue de partage entre tous les membres de sa famille, le roi des Français se trouverait singulièrement lésé en mariant ses enfans à d'autres souverains qui tiendraient pour principe, au contraire, que les successions ne se partagent qu'entre les mâles, et que les filles ne doivent avoir qu'une dot, qu'un véritable trousseau.

Ainsi, arrivant que les cinq princes de la famille royale vinssent à se marier en pays étranger, leurs femmes ne leur apporteraient en mariage, comme la duchesse de Berry, que 800 mille francs ou un million, par exemple, et elles n'auraient plus rien à prétendre dans la succession de leurs familles ; tandis qu'un prince étranger qui épouserait une princesse française aurait le huitième de la fortune privée du roi, c'est-à-dire que, si les biens du roi se montent à 80 millions, il en recevrait dix. Ce serait dix millions qui passeraient forcément à l'étranger[1]. (Sensation.)

Ainsi, vous le voyez, ce n'était pas légèrement que l'exception à la règle générale avait été faite en faveur de Napoléon ; car il y avait un grand inconvénient politique à appeler des princes étrangers à la possession de riches patrimoines en France, les mariages entre princes ne produisant pas toujours des *alliances*.....

Au contraire, si vous maintenez la disposition : « que le roi n'est pas lié, dans l'emploi et la disposition de son domaine privé, par les articles prohibitifs du Code civil, » il pourra s'établir comme maxime d'État, dans la maison de France, que la succession immobilière sera toujours réservée aux princes qui habiteront le sol. Les princesses mariées avec des princes étrangers recevront une dot, sans rappel à succession ; et il n'y aura point là d'injustice, car les mariages de souverains se font par conventions diplomatiques.

J'appelle donc l'attention de la chambre sur l'article 24 du projet de la commission, parce que je crois qu'il vaut mieux que l'amendement de M. Salverte, et qu'il pourrait y avoir danger et ruine pour la France, s'il n'existait pas un correctif à cette disposition. (Appuyé.)

(La chambre adopte l'article 24 en ces termes : « Le

---

[1] Pour remédier à cet inconvénient, autant que possible, dans le contrat de mariage de la reine des Belges, on a mis une clause de réversion de ses biens à la maison de France, à défaut d'hoirs mâles.

» roi pourra disposer de son domaine privé , soit par actes
» entre-vifs , soit par testament , *sans être assujetti aux*
» *règles du Code civil.* »

---

*Discours prononcé par M. Dupin sur cette question : le
domaine privé du roi est-il ou non dévolu à l'Etat par
le fait de l'avénement.* — Séance du 30 décembre 1831.
(*Moniteur* du 31.)

Messieurs, j'ai été étonné d'entendre parler comme
d'une question problématique, comme d'une question de
droit, de la question de savoir si les biens du domaine
privé du roi auraient été ou non dévolus de plein droit
au domaine de l'Etat par son avénement au trône ?

Quoi ! cela ferait question à l'époque où nous sommes,
en présence de la constitution de 1830 ! Je vais montrer
que cela ne peut faire doute ni pour l'ancien régime , ni
pour le régime actuel qui est tout-à-fait nouveau.

Dans l'ancien ordre de choses, cela n'aurait pas fait
question, parce que la succession était dans l'ordre de
légitimité. C'est ce que prouvent ces maximes de l'ancienne monarchie : le roi ne meurt pas en France ! Le roi
est mort, vive le roi ! Le successeur était investi à l'instant
même où le prédécesseur était décédé, et la dévolution
s'opérait de plein droit en vertu du principe de légitimité.

C'est donc de la légitimité que l'on fait sans le savoir
(on rit), quand on vient prétendre que, parce que Louis-
Philippe est devenu roi en 1830, tout son bien est dévolu
à la couronne; cela ne peut pas être, et l'on a même le
droit de vous dire : cela ne sera pas.

M. Odilon-Barrot. Je demande la parole.

M. Dupin. Il y a eu un établissement nouveau, et ce
n'est point par ordre de légitimité ni de quasi-légitimité,
de restauration ni de quasi-restauration, que Louis-Philippe est devenu roi des Français (bien , très-bien); c'est
par le plein gré de la nation, dont le vœu, exprimé par
vous, a été ratifié par tous.

Vous avez mis vos conditions dans une Charte, mais

Louis-Philippe aurait pu dire : Je n'en veux point, et vous auriez cherché un roi ailleurs. (On rit.) De même que vous aviez le droit de faire vos conditions et de dire : Vous serez roi à ce titre, il avait le droit de vous dire : Je n'accepte point vos conditions. Ainsi, c'est un établissement entièrement nouveau, un établissement né d'un contrat, d'une convention entre les deux parties.

Maintenant, après cette convention, que vous avez faite pour la politique dans la Charte rédigée par vous, soumise au roi et acceptée par lui, sanctionnée par le serment de toutes les parties; il restait un autre établissement à faire, celui de la liste civile. De quel droit, si ce n'est par une confiscation, venir dire : Louis-Philippe avait des biens, et parce qu'il est devenu roi des Français, tous ses biens sont dévolus à l'Etat.

Il y avait, j'en conviens, une loi pareille faite pour Louis XVIII, pour Charles X et pour leurs successeurs dans l'ordre de legitimité ; mais il n'y en a point qui ait réglé jusqu'ici le sort des biens du roi appelé en vertu de la charte de 1830. C'est une *convention* à faire entre lui et vous, en toute liberté; car lui aussi est appelé à donner sa sanction à votre loi.

Voici vos droits :

M. Mauguin. Je demande la parole.

M. Dupin Permis à vous, en votant la liste civile, de faire votre calcul, d'avoir égard à ce que le roi possède ou ne possède pas, si vous voulez. Ceux qui sont influencés par cette considération peuvent dire : Je donne trois millions de moins parce que le roi possède trois millions de revenu, et que je ne veux donner que tant de millions à un roi qui possède tant.

C'est à vous à examiner, à discuter ce que vous devez accorder convenablement, décemment, nationalement. Voilà votre droit, il n'est pas autre ; réciproquement le roi conserve la liberté, le droit de défendre la possession de son domaine privé, et de refuser toute condition qui ne lui semblerait pas de nature à être acceptée.

En un mot, la loi est à faire; la dotation de la couronne de 1830 est une chose toute nouvelle; il y a en quelque sorte table rase ; vous êtes obligés de voter une liste civile, mais le chiffre est libre, et c'est là-dessus seulement que peut s'exercer votre toute-puissance et non sur les biens privés, dont vous ne pouvez pas dépouiller le roi malgré lui.

Vous n'avez pas le droit de dire à Louis-Philippe, comme on l'aurait dit au fils de Charles X ou à tout autre membre de sa dynastie : vous arrivez à la succession légitime, vous êtes saisi de la couronne; la légitimité vous fait roi malgré vous et avant même votre acceptation, votre patrimoine est dévolu à la couronne.

Voilà ce qu'on aurait pu dire dans une autre hypothèse ; mais ce n'est pas l'ordre de choses établi par la révolution de 1830. Ici tout est de convention. (Très bien ! très-bien ! aux voix !)

CHAMBRE DES PAIRS.

Rapport de M. le Comte Mollien, sur le projet de loi relatif à la liste civile [1]. (Séance du vendredi 24 février 1832, présidée par M. le baron PASQUIER.)

Messieurs, la commission que vous avez chargée de vous rendre compte du projet de loi relatif à la nouvelle liste civile, vous soumet le résultat de son examen.

Un grand caractère de gravité s'attache à un tel contrat entre la nation et le monarque, ainsi qu'à la loi qui doit le consacrer.

Votre commission vous présente d'abord, comme un résultat qui ne pouvait pas échapper à son premier regard, la comparaison de l'ancienne liste civile avec la nouvelle, dans leur simple rapport arithmétique.

Des évaluations dignes de confiance ont porté les revenus de la première à plus de 40 millions [2].

[1] En présence de MM. Dupin aîné, Allent et Delair, commissaires nommés par ordonnance royale du 5 février, pour en soutenir la discussion.

[2] Exposé des motifs de la loi, par M. le président du conseil.

Les charges proprement dites du Trésor public, pour la nouvelle liste civile, sur laquelle vous allez prononcer, ne dépasseront guère les deux cinquièmes de cette somme.

Mais ce n'est pas une telle réduction qui doit être le principal mérite de la dotation royale.

Aucune économie sans doute ne doit être négligée dans tout emploi de la fortune publique; toute dépense faite par le trésor de l'Etat doit être l'*équivalent* d'un service rendu à l'Etat; elle a alors le caractère et le mérite d'une restitution: toutefois elle peut remplir un office encore meilleur, quand elle se répand avec discernement, comme semence, dans le champ de la reproduction; et combien en effet ne peuvent-elles pas être fécondes les munificences judicieuses des chefs des nations qui, animant autour d'eux les arts et les industries, interviennent, comme causes premières, dans ces inventions salutaires qui agrandissent les sûretés et les utiles jouissances de la vie humaine !

C'est une grande et noble tâche que d'assurer, dans un grand empire, l'exacte et facile exécution des lois, de diriger tout un peuple dans l'accomplissement des devoirs sociaux, de distinguer dans la foule ceux qui s'élèvent au-dessus d'elle, d'appeler et d'élever à soi tous les talens éminens. Le privilege d'un roi est d'être averti chaque jour, presque par chacun de ses actes, que la destinée de plusieurs millions d'hommes est engagée à la sienne.... Quelle école pour la prudence !

Il est de l'essence des gouvernemens représentatifs que les passions même du chef de l'Etat y soient moins dangereuses. Elles rencontreraient plus d'obstacles, plus d'avis imposans les domineraient et pourraient les modérer; mais là des vertus simples et vraies dans un roi, parviennent bientôt à se donner le cortège des qualités supérieures qui germent autour de lui : il s'approprie leurs inspirations; il en fait le patrimoine commun du pays : il se fait sans effort respecter de ses voisins. Que d'occasions d'incertitudes, d'inquiétudes dans les familles, de dissidence dans les opinions, de discordes au dehors, de dépenses ruineuses écartées ou prévenues ! Ce n'est là sans doute qu'une bien faible esquisse; mais il suffit qu'une telle monarchie puisse ne pas être tout-à-fait chimérique, pour qu'il soit permis de dire que son gouvernement, quelle que fût la liste civile, rendrait au pays beaucoup plus qu'il ne lui coûterait.

Les gouvernemens les mieux intentionnés peuvent avoir des temps d'épreuve : il faut en même temps reconnaître que plus un peuple veut être libre, plus il devient exigeant à l'égard du prince qui le gouverne. Heureux alors le prince qui parvient à trouver dans la liberté publique le dédommagement du sacrifice qu'il fait de la sienne !

L'esprit de notre siècle s'est déclaré contre les abus. Peut-être a-t-on un peu prodigué ce mot ; s'il reste aujourd'hui quelques illusions, ce ne sont plus celles qui tiennent à la pompe du trône.

Et cependant ce serait méconnaître et calomnier la France que de supposer l'esprit général porté à abjurer les bienséances politiques qu'observent dans leurs rapports respectifs les autres puissances ; la France veut que le prince qui règne sur elle soit entouré des mêmes respects que les chefs des autres peuples ; riche des bienfaits de la civilisation, elle veut que la demeure de son roi soit le palais des arts qui l'entretiennent ; et, dans son juste sentiment d'honneur, elle veut surtout que le règne s'honore par le discernement des bons services, par le maintien de la foi et de la paix publique, par le developpement de tous les moyens de prospérité ; et par de judicieux encouragemens aux travaux *qui produisent plus et font mieux à moindres frais* (car c'est là tout le secret de l'industrie).

Pour de tels résultats, la liste civile est le plus puissant auxiliaire du prince ; et les bienfaits de celle sur laquelle vous allez prononcer, seront d'autant plus appréciés, qu'elle est loin de conserver les ressources de l'ancienne.

Les droits que celle-ci exerçait annuellement sur le trésor public, sont réduits, pour le roi, de vingt-cinq millions à douze ;

Et de sept millions, qui étaient attribués aux princes, à un million pour le prince royal.

En résultat, la différence *en moins*, est dans le rapport de 32 à 13 [1].

---

[1] L'ancienne liste civile recevait :

	pour le roi	25,000,000f.
Du trésor public.	*id.* sur le budget de la guerre. .	3,132,000
	pour les princes	7,000,000
Des jeux de Paris, fonds employés en aumônes.	.	390,000
Pour le produit brut des forêts, y compris Rambouillet, et le revenu des immeubles royaux *distraits*.		4,500,000

Le roi y ajoute le produit de son ancien apanage, et celui de ses biens propres provenant d'héritages ou d'acquisitions, qu'on peut évaluer ensemble à 4 millions par an. Une telle addition aux revenus de la dotation n'est pas un accroissement de charges pour le trésor public.

Le roi disposera en outre des palais, châteaux, monumens, dépôts publics d'objets d'arts, et d'immeubles au rang desquels se trouvent quelques-unes des plus belles forêts du royaume, et des plus productives ; mais près de la moitié du revenu régulier qu'elles promettent paraît habituellement absorbé par les frais d'entretien, de conservation, de surveillance, qu'exigent chaque année d'immenses et antiques bâtimens, et le luxe dont ne peut se défendre, dans le salaire et le nombre de ses serviteurs de tout rang, la royauté, dont on dit qu'elle doit grandir tout ce qui l'approche. Il résulte, par exemple, d'un fait dont il a été rendu compte à l'autre chambre, que, dans une année (1830) où (la couronne s'étant donné le profit d'une coupe extraordinaire) le revenu des immeubles avait atteint la somme de 4,385.000 francs, ce revenu s'était encore trouvé de plus de 1,200,000 fr. inférieur aux frais d'entretien et d'administration, qui s'étaient élevés, dans la même année, à 5,650,000 francs.

Vous aurez au surplus remarqué, messieurs, que, outre les réductions sur la *liste civile proprement dite*, la loi qui vous est proposée fait aussi subir des retranchemens aux immeubles dont jouissait l'ancienne dotation, et quelques calculs permettraient même d'évaluer jusqu'à près de 30 millions les ressources que pourrait produire au trésor public l'aliénation des propriétés qui sont ainsi restituées au domaine de l'État.

Dans cette évaluation nous comprenons Rambouillet et ses dépendances : nous ne pouvons même nous refuser à rappeler que la distraction de ce domaine royal a provoqué diverses réclamations, et des regrets de plus d'un genre. (Nous devions ce témoignage d'égards aux pétitions que vous ont adressées quatre cent soixante-seize habitans de Rambouillet, et les principaux habitans de vingt-sept communes du même arrondissement.

Après vous avoir soumis ces premiers aperçus arithmétiques, nous vous devons compte des autres dispositions de la loi ; et vous avez déjà jugé qu'il était impossible qu'une loi qui remet en présence les traditions des temps passés et les exigences du temps présent, tant d'anciens souvenirs et d'intérêts, de besoins, de devoirs nouveaux, parvînt complétement à se défendre contre l'influence de ces contrastes. Le mérite et la recommandation de la loi sur laquelle vous délibérez sont de mettre du moins un terme au *doute*, de résoudre la question la plus urgente : l'avenir fera le reste.

Dans une matière aussi grave, pour acquitter nos consciences envers les vôtres, nous aurons besoin de reproduire, presque sur chaque article, le commentaire qu'il a déjà subi dans le sein de la commission ; dans cet acte solennel, chaque article est une clause d'un grand contrat. Nous vous demandons, messieurs, indulgence et patience.

Votre commission n'a pas vu sans quelque scrupule, que la première disposition de la loi limitât la fixation de la dotation immobilière à la durée du règne : elle pense qu'un large avenir n'est pas le moins important des attributs qui doivent entrer dans la dotation de la couronne. Les sûretés que la royauté offre à la génération présente, s'accroissent encore de celles qu'elle peut promettre aux générations futures ; c'est surtout après les ébranlemens, qu'il importe de raffermir le sol sur lequel est placé le trône. Proclamer la stabilité, c'est exprimer le vœu de la sagesse publique. C'est, au surplus, sans esprit de censure, que votre commission exprime le sien, en déclarant qu'elle aurait préféré à une dotation viagère, une *perpétuité de constitution dotale pour la royauté*.

Elle place ici une observation analogue sur l'article 4. Elle a pensé qu'un contrat entre deux puissances, telles qu'une grande nation d'un côté et la royauté de l'autre, aurait dû exclure toute disposition éventuelle qui rompt la chaîne des temps et descend à des intérêts individuels et collatéraux. Ils sont respectables sans doute ; mais le même but aurait pu être que mieux atteint par une loi spéciale qui, prévoyant des cas d'indemnité respectifs, assurerait la réciprocité des garanties.

Après avoir prononcé l'aliénabilité légale des palais, châteaux, hôtels, bâtimens et biens, que l'article 3 déclare distraits de la dotation de la couronne, conformément à un état annexé, la loi, par son article 6, applique aux immeubles que l'article 2 conserve, ainsi qu'aux richesses mobilières que renferment les *demeures royales* et que désigne l'article 5, les conditions que le Code civil impose à toute jouissance usufruitière. Elle y ajoute l'intervention d'un ministre responsable pour la signature des plans et devis, et la garantie de leur exactitude : elle veut, en outre, que des doubles de ces plans et devis soient déposés dans les archives des chambres. La commission ne peut qu'appeler votre assentiment sur ces mesures d'ordre et de sûreté.

Le mobilier de la couronne est, par sa composition et par les variétés qu'il embrasse, par la richesse de la matière et la perfection du travail, une noble partie des trésors de la France. Elle attache un juste orgueil à l'exposition publique de ces raretés. Il était du devoir de la loi de pourvoir à leur conservation par des précautions spéciales. Les mesures prescrites par les articles 6, 7 et 8, jointes au bon choix des dépositaires, ont paru à la commission les meilleurs moyens que la loi puisse mettre à la diposition de la couronne : et toutefois une immutabilité absolue, une invariable identité de nature et de forme ne sont pas imposées à ces richesses. La disposition finale de l'article 8 abandonne au goût éclairé du prince les modifications et substitutions qui, sans en altérer la valeur, pourraient en renouveler diverses parties. Une telle faculté pourra même s'étendre à quelques immeubles. Seulement chaque échange d'immeubles de la couronne exigera le concours des chambres, et devra conséquemment être l'objet d'une loi. Il n'y a point là d'innovation ; sous les deux règnes précédens, les mutations et transactions de ce genre étaient soumises à la même règle que rappelle l'article 9.

L'article 10 déclare que *les biens de la couronne et le trésor public ne seront* JAMAIS *grevés des dettes des rois ni des pensions par eux accordées.* Et sans doute, là où les devoirs et les charges de la représentation royale, strictement calculés, sont, en quelque sorte, abonnés moyennant un prélèvement fixe sur les revenus de l'État ; où, en même temps les impôts, qu'un budget annuel met en équation avec les besoins publics, ne peuvent être modifiés et augmentés que par le concours et l'assentiment de trois pouvoirs, la création de charges nouvelles ne peut pas dépendre du libre arbitre ni même des plus nobles affections du prince qui représente un de ces pouvoirs. Une liste civile ne serait qu'un acte illusoire, si les limites que la loi lui assigne n'étaient pas fidèlement gardées; et quelle garantie resterait pour l'exacte observation de toutes les autres lois, si le pouvoir sur lequel repose cette garantie pouvait s'affranchir de la loi qui le concerne plus spécialement? En pareille matière, le principe n'admet point de transaction.

Mais ce qui peut à cet égard convenir mieux à l'intérêt général, en prémunissant le trésor public contre l'irruption de pensions nouvelles, conviendra-t-il également bien au service du prince? Sera-t-il mieux servi par des hommes qui ne pourront plus compter que sur eux-mêmes pour le soin de leur avenir? Ne mettront-ils pas un prix plus élevé à leurs services, en supposant même (puisqu'il faut tout prévoir) qu'ils ne cherchent pas des compensations plus onéreuses? ou bien créera-t-on de nouvelles caisses de retraite fondées sur des retenues? Il faudra alors les doter par des retenues *beaucoup plus fortes que les anciennes*, et que le prince y contribue par des salaires plus forts. Quel que soit au surplus le sort de ces nouveaux serviteurs, *ils seront avertis*; ils auront la prescience de leur avenir, bien moins malheureux que les serviteurs des trois derniers règnes, si subitement privés de tout moyen d'existence. De nombreuses pétitions ont été adressées à la chambre par cette classe de pensionnaires qui ont un droit supérieur à celui de la simple possession. La commission, à qui elles ont été renvoyées, pense que l'art. 10 ne peut pas avoir d'effet rétroactif à leur égard, et qu'ils doivent être protégés contre une telle rigueur par la justice des chambres. Cette justice est urgente. Presque tous sont réduits au dernier dénuement.

Vous aurez remarqué, messieurs, la disposition qui restreint à dix-huit années la plus longue durée des baux pour les biens de la couronne, comme aussi celle qui soumet à toutes les règles du code forestier, à toutes les conditions de l'aménagement régulier, l'exploitation des forêts royales, et *ne permet aucune coupe extraordinaire*, si ce n'est en vertu d'une loi.

Les prescriptions ne peuvent être trop sévères contre tout changement dans la succession périodique des coupes, et dans le système habituel des aménagemens; et si le texte de l'article 12 pouvait nous laisser quelque chose à désirer, ce ne pourrait être qu'une injonction qui exigeât, pour tout changement dans l'ordre des aménagemens actuels, le concours de la loi, comme pour toute coupe extraordinaire.

Le texte de l'art. 13 a donné lieu, dans la commission, à une observation d'un autre genre. Cet article affranchit de l'impôt envers le trésor public les immeubles de la couronne, en les déclarant toutefois passibles des charges communales et départementales. Une telle condition nécessitera leur inscription sur *les rôles* pour leur revenu estimatif; et sans doute le dégrèvement dont ils profiteront à l'égard du trésor public ne donnera lieu à aucune *réimposition* compensative sur d'autres contribuables; la commission n'a pu interpréter que dans ce sens le silence que garde l'art. 13; elle en fait la remarque, pour que le texte des rôles et les instructions du ministère à ses agens soient plus explicites que l'article.

Nous venons d'analyser, dans les cinq articles qui précèdent, les principales conditions que la loi impose à la jouissance des immeubles de la dotation. Elles sont complétées par les trois articles suivans, qui reconnaissent au roi le droit et la libre faculté de faire, dans les meubles et immeubles, les additions, embellissemens, retranchemens, remplacemens qui seront à sa convenance, en même temps qu'il devra pourvoir à toutes leurs réparations. Cette jouissance est, au surplus, soumise à toutes les règles du Code civil...... La dispense de donner caution sera le seul privilége de la royauté.

Entre les articles 17, 18 et 20, qui légalisent le chiffre des sommes attribuées au roi et au prince héritier du trône sur le trésor public, nous n'avons pas besoin de recommander à votre attention l'article 19 : il appartenait à la loi proposée de prévoir toutes les chances de la vie humaine. Vous aurez remarqué l'hommage de cette triste prévoyance à l'égard de la reine. Vous vous unissez tous au sentiment qui l'a dicté.

Nous retrouvons une intention analogue dans la disposition de l'art. 21, qui promet aux princes puînés et aux princesses des dotations sur l'État en cas d'insuffisance du *domaine privé du roi.*

Cette mention d'un *domaine privé* pour le roi, quoiqu'elle ne soit qu'un emprunt fait à une loi assez moderne (celle du 8 novembre 1814), a pu, au premier aspect, causer quelque surprise aux hommes éclairés qui conservent la tradition de nos anciennes chroniques. En effet, tout *domaine privé* d'un prince qui parvenait au trône, n'apparaissait autrefois que pour se confondre, par une *absorption* immédiate, dans les revenus de la couronne. Mais le fait qui vient d'être cité prouve que, dans notre siècle, et même sous le régime constitutionnel, la rigueur de l'*absorption* peut, sans irrégularité comme sans inconvénient, ne pas atteindre des biens qu'avant son avénement au trône le prince possédait déjà à titre singulier, et distinctement de son apanage. Un second exemple pourrait encore être rappelé, celui du domaine *extraordinaire* sous le gouvernement impérial. Considéré dans ses effets politiques, ce domaine eut sa part d'influence sur les faits assez *extraordinaires* de l'époque. On sait qu'il ne fut *absorbé* que sous le règne suivant.

Le *domaine privé* qu'apporte le roi est un fait que la loi proposée reconnaît et consacre par les articles 22, 23 et 24; elle impose à ce domaine des conditions distinctes de celles de la liste civile; elle en fait une institution séparée, quoique en quelque sorte collatérale, en même temps que par l'article 25 elle proscrit à jamais tout renouvellement d'un *domaine extraordinaire*.

La reconnaissance légale d'un *domaine privé* dans la personne du roi introduirait-elle dans notre constitution une anomalie dangereuse? L'exercice de tout droit de propriété *réelle* est-il virtuellement inconciliable pour un roi avec la jouissance de la dotation *usufruitière* qui lui est assignée? Nous honorons les conseils des hommes érudits qui vont exhumer dans les temps anciens des exemples d'abus pour prévenir leur renaissance; mais, contre tout abus qui pourrait altérer dans sa valeur propre, contrarier dans ses devoirs la dotation royale; contre tout détournement de sa destination régulière et légitime, jamais la comparaison des temps put-elle être plus rassurante que celle de notre siècle actuel avec ceux où, malgré les remontrances des parlemens, malgré les sévères doléances des états-généraux, toute la fortune publique, sans contrôle, était abandonnée sans règle aux caprices d'un pouvoir sans limites, et impunément dilapidée par des agens sans responsabilité?

Sans doute alors, dans un monarque maître suprême de la fortune publique, et qui, en même temps, aurait voulu conserver *distincte* sa fortune privée *pour l'accroître*, on pouvait craindre les effets de cette duplicité d'intérêts. Des ténèbres, qui couvraient tous les actes du pouvoir, rendaient toute malversation possible et tout soupçon légitime.

Un tel prince manquait au premier devoir d'un souverain, celui de se donner, *tout entier et sans partage*, au pays. Il semblait douter de l'avenir du pays et vouloir tenir sa destinée séparée de la sienne.

Aujourd'hui, la France a acquis des gages biens différens.

Il n'est maintenant aucune partie de son administration dans laquelle les fautes puissent se dissimuler, les déceptions se prolonger comme autrefois; la vérité pénètre partout de vive force; tous les faits sont en évidence; il suffit d'une analyse exacte pour les faire apprécier sans efforts dans leur valeur juste, et pour qu'on puisse dominer leurs conséquences.

Dans un tel ordre de choses, indépendamment des prescriptions de la loi, et d'après des antécédens dignes de toute confiance, nous sommes fondés à penser que chaque partie de la dotation de la couronne sera administrée dans les meilleurs principes de justice et d'ordre, pour le plus grand bien de l'Etat, et dans un intérêt invariablement identifié à celui de l'Etat.

C'est maintenant avec une liste civile de treize millions, auxquels pourront tout au plus se joindre six autres millions, en y comprenant pour 1,300,000 fr. le revenu du *domaine privé*, qu'il faudra soutenir la dignité d'un trône devenu plus accessible, et qui a dû ajouter beaucoup de nouveaux devoirs à ceux auxquels il succédait! Ce seul rapprochement ne suffirait-il pas pour écarter toute idée de prélèvement sur la liste civile, au profit de quelques accroissemens en faveur du domaine privé?

Je parle devant beaucoup d'hommes d'Etat, et je n'ai pas à leur apprendre que nul gouvernement, même celui qui ne veut rien dissimuler, n'est à l'abri de ces incidens imprévus au secours desquels, dans le silence du budget de l'Etat, la liste civile intervient, souvent en gardant aussi le silence. Et n'arrive-t-il pas, même pour des services prévus, que des supplémens dont la révélation compromettrait l'utilité, deviennent aussi des devoirs pour la liste civile, dans le seul intérêt du pays?

Ce n'est pas quand on a pris le soin d'évaluer avec justesse les diverses obligations d'un monarque français, surtout dans l'état actuel de la France, qu'on peut dire avec conviction qu'une dotation royale réduite à 18 ou 19 millions pourra laisser annuellement des fonds libres.

Et d'ailleurs, quelle longue suite d'années pour que, sur la liste civile actuelle, des morcellemens successifs (lesquels demanderaient plus d'un confident) parvinssent à augmenter de quelques centaines de mille francs le revenu personnel du prince!

Votre commission a pensé que les objections puisées dans l'ancienne doctrine contre le *domaine privé d'un prince régnant* ne sont plus rigoureusement applicables; et que les seules conditions auxquelles la loi soumet les biens du domaine privé qu'elle admet, suffiraient pour le retenir dans ses justes limites, quand même une garantie bien supérieure contre tout abus d'extension ne nous viendrait pas de plus haut.

Les quatre derniers articles règlent les époques de jouissance de la nouvelle dotation et les formules d'action civile réciproque entre les administrateurs royaux et les créanciers; ils déclarent l'inviolabilité des deniers de la liste civile et des effets mobiliers des demeures royales.

Et le *domaine privé ne participe, dans aucune de ses dépendances, à cette inviolabilité*; c'est même sur ce domaine que le premier de ces quatre articles (l'article 26 de la loi) réserve le droit des employés de la maison du roi à qui des pensions seraient dues par imputation sur les retenues que leurs appointemens auraient pu subir.

Nous devons faire observer que, pour que de tels droits fussent légitimes, il faudrait que le capital des retenues pût, par l'intérêt qu'il aurait produit, fournir pour chaque employé le montant de la pension qui lui serait due après un temps donné.

Une première question, parmi beaucoup d'autres relatives à ce système de pensions, serait donc celle de savoir quel devrait être le montant de ces retenues. L'exemple affligeant de la caisse de vétérance de l'ancienne liste civile a démontré *l'insuffisance d'une retenue de 3 pour cent sur les traitemens*; la commission doit se borner à cette seule observation, qui prouve que *des mesures spéciales* et autres que celles prescrites par l'article 26, seront nécessaires pour prévenir de nouveaux mécomptes à l'égard des pensions de retraite des employés de la nouvelle liste civile. Ces mesures ultérieures se recommandent à la sollicitude des chambres, comme la situation si pressante des pensionnaires de la caisse de vétérance se recommande à leur justice et à leur commisération !

Nous venons, messieurs, d'exposer dans leur ordre les dispositions d'une loi qui, s'imposant une double tâche, a voulu conserver à moindres frais au trône français la dignité convenable, et préserver la liste civile de cette espèce d'abus qu'on nomme le luxe des dons.

Après avoir énoncé, comme c'était notre devoir envers vous et envers l'autre chambre, quelques modifications que nous aurions préférées, la commission émet sans regret son vote pour *l'ensemble*, parce que le plus grand avantage lui paraît être dans la plus prompte solution.

Elle vous propose l'adoption du projet de loi.

Et, par l'effet même de cette conclusion, elle ne peut que vous proposer le renvoi au conseil des ministres, des pétitions des habitans de l'arrondissement de Rambouillet, et des anciens serviteurs de la couronne, qui lui paraissent mériter mieux qu'un simple ordre du jour.

Discours de **M. Dupin aîné**, *député de la Nièvre, commissaire du roi, dans la discussion de la loi sur la dotation de la couronne et la liste civile, prononcés dans les séances des 28 et 29 février 1832.* — (Extrait du *Moniteur* des 29 février et 1er mars 1832.)

1° *Discussion générale ; en réponse à M. le baron Mounier.*

Messieurs, c'est une tâche difficile, que d'avoir à répondre sur-le-champ à un exposé aussi vaste, aussi complet, aussi parfaitement étudié que celui que vous venez d'entendre. Je réclame donc l'indulgence de la chambre, dans les explications que je crois nécessaire d'opposer ainsi à l'improviste aux diverses objections qui viennent d'être faites contre le projet.

Les objections qui vous ont été soumises par l'honorable préopinant peuvent se distinguer en deux espèces : les observations générales, qui ont plutôt rapport aux principes; et quelques observations particulières qui affecteraient spécialement quelques articles du projet.

Et d'abord, quant aux observations générales, vous me permettrez de ne pas m'arrêter à l'espèce d'analogie qu'on a voulu chercher entre la liste civile de France et la liste civile d'Angleterre, d'autant mieux que le résultat de ce qui vous a été dit est que les Anglais sont bien loin de nous servir de modèles, puisqu'eux-mêmes sont déjà venus emprunter des exemples à notre jeune gouvernement constitutionnel. Ainsi nous n'avons rien à leur envier ; continuons seulement à leur fournir des modèles, et autant que possible de bons modèles. (Très-bien!).

En 1791, la liste civile de France a reçu une forme particulière : je reconnais avec le préopinant qu'elle a été établie avec obligeance, par acclamation ; avec unanimité, unanimité aujourd'hui bien rare, qu'il faut tâcher cependant de rencontrer le plus souvent possible, en ne créant pas de nouveaux motifs de dissidence, et en apportant dans toutes les affaires un esprit de paix et de conciliation. (Profond silence.)

Sans doute, à cette époque, on commit une grande erreur lorsqu'on crut qu'un gouvernement représentatif, un gouvernement constitutionnel, un gouvernement qui avait toute la vie, toute la force, et aussi toute la turbulence de la liberté, pouvait s'établir en face du trône avec une chambre unique; l'essai a été malheureux pour tout le monde, et personne ne doit l'oublier : ni les rois, qui ne peuvent impunément séparer leurs intérêts de ceux du pays ; ni la démocratie, qui après avoir tout envahi peut se perdre, si elle s'obstine à méconnaître et à repousser l'appui du pouvoir et des lois ; ni enfin l'aristocratie, qui ne saurait vivre d'isolement, et qui doit aussi s'appuyer sur les intérêts nationaux; autrement et à force de vouloir se distinguer des autres corps de l'État, elle appelle sur elle des ressentimens, voit évanouir sa force, fait naître les préventions, et bientôt compromet ainsi sa situation. (Mouvemens divers ; profonde sensation.)

On a parlé du régime impérial. Sa liste civile : mais elle a été créée dans une circonstance opportune. La liste civile impériale n'a pas été créée le 18 brumaire an 8 , ni même pendant le temps du consulat, mais seulement en 1810, lorsque l'empire était arrivé à son plus haut point de gloire et de puissance, quand déjà la victoire l'avait doté par la conquête, lorsqu'il avait non-seulement le domaine de l'État, son domaine privé, mais son domaine extraordinaire composé du butin de toutes les nations.

En 1814, un gouvernement nouveau s'est établi. Est-il bien vrai que Louis XVIII , à cette époque, ait été précisément l'héritier de l'empire, et que de plein droit la liste civile impériale lui ait été transportée ! Si nous voulons parler de ce qu'on a nommé la légitimité, des prétentions qui s'y rattachent dans ce qu'elles ont d'exclusif, de tenace, de présomptueux, assurément Louis XVIII , en revenant en France, croyait ressaisir la plénitude de son droit antique, qui toutefois avait besoin d'être soutenu de l'alliance des puissances étrangères. A ce titre, il a pu se faire illusion au point de se croire investi de plein droit de la dotation impériale. Cependant, si telle a été sa pensée, sa conduite, sur cette partie comme sur beaucoup d'autres, ne s'est pas trouvée d'accord avec la loi que lui-même a proclamée : je veux dire avec la Charte. Cette loi promettait au moins un gouvernement légal et constitutionnel. Elle voulait une liste civile qui fût faite pour chaque règne, et qui par conséquent, quant à sa consistance, à son importance, à son étendue, et aux conditions qui lui seraient imposées, devait être tout-à-fait réglée par la législature. Louis XVIII a donc reçu une liste civile, non de sa toute-puissance, mais de la loi ; sa toute-puissance s'est exercée sur le domaine privé de l'empereur, et sur le domaine extraordinaire ; mais, il faut le dire aussi, d'une manière très-illégale. Il y a inconvénient dans un État à ce que le prince touche à ce à quoi il n'a pas droit de toucher : c'est cependant ce qui est arrivé en cette occasion, et quand, plus tard, on a fait une loi sur le domaine extraordinaire, elle était tout-à-fait illusoire, car il n'en restait plus rien.

Quoi qu'il en soit, voyons la loi du 8 novembre 1814, telle qu'elle a été faite. Par cette loi, on a institué une dotation de la couronne perpétuelle dans sa partie immobilière, en ce sens que chaque fois qu'un règne finirait, la nouveau règne commencerait par voie de légitimité, et que la dotation de la couronne passerait de droit au successeur comme le pouvoir même. Le roi est mort! vive le roi! c'était en quelque sorte le même individu. C'est ainsi que cela avait lieu. Il en sera de même pour la dynastie nouvelle quant au pouvoir politique; mais je parle dans ce moment de ce qui avait lieu sous la dynastie déchue, qui ne stipulait que pour elle et en vue de ses propres principes de transmission. S'ensuit-il donc que, lorsque Louis Philippe a été appelé au trône des Français, il devait, parce que c'était ce qu'on a appelé simplement *un nouveau règne*, entrer *de plano* dans la liste civile de 1814, dans la jouissance immédiate des biens immeubles qui composaient la dotation immobilière de 1814, comme aurait pu faire le dauphin s'il avait succédé à Charles X?

Soyons vrais, car ce n'est que dans la vérité que l'on doit prendre son point d'appui; c'est du moins toujours là que je l'ai cherché, et je dois dire que j'ignorerai toujours pour mon compte cette manière de procéder en politique, qui consisterait à employer la moitié de soi-même à dissimuler la moitié de sa propre pensée. Je crois qu'il y a eu un *ordre de choses* tout-à-fait nouveau établi en 1830 : ce n'est pas seulement un *nouveau règne*, c'est une dynastie constituée par un nouveau titulaire; un nouveau pacte social débattu, des conditions nouvelles qui perdraient tout leur caractère favorable, et pourraient devenir funestes à l'existence du nouveau gouvernement, s'il voulait, sous le prétexte de se donner de l'ancienneté, méconnaître la vigueur de la naissance qu'il a reçue en juillet 1830. (Mouvement.) Si, à cette époque, il n'y a pas eu immédiatement confusion du domaine de l'ancienne liste civile avec le domaine de l'Etat, c'est que vous savez très-bien que, s'il y a des choses qui s'établissent de plein droit par les seuls principes de la loi, et qui ont un effet purement intellectuel, il n'en est pas de même des choses matérielles. L'administration a pu continuer l'entretien de l'ancienne dotation dans la prévision qu'une nouvelle législature disposerait avec autant de bienveillance que l'ancienne; mais il faut reconnaître en droit, qu'il n'y avait plus de liste civile de 1814, qu'il y avait une ligne de démarcation bien tracée entre elle et le nouvel ordre de choses. Ce devait être une nouvelle liste civile à établir, de nouvelles conditions à fixer par la loi et à débattre entre la couronne et les deux chambres législatives. Cela est si vrai que l'article dernier de la loi qui vous est présentée, accorde un bill d'indemnité pour le fait de la jouissance antérieure qui n'était pas autorisée.

Nous arrivons ainsi à la nouvelle loi, sur laquelle on a fait, je l'avouerai, une observation très-importante. Sans doute, je crois, dans l'intérêt de la couronne, dans l'intérêt de l'institution qu'il s'agissait de fonder, qu'il aurait mieux valu faire, comme précédemment, une dotation qui eût un caractère de perpétuité, que de faire une dotation qui s'appliquât seulement à un seul règne; non pas que je pense que le règne, et la puissance qui s'y rattache, soient affaiblis de ce qu'une dotation ne soit pas héréditaire. Dieu merci, la puissance politique n'est plus attachée à la transmission de la terre; ce n'est plus un fief dont il faille être possesseur pour avoir des droits. Si les législateurs ne croient pas devoir maintenir la même dotation avec les mêmes biens, avec la même étendue, le pouvoir politique n'en doit pas souffrir atteinte; cependant, je le répète, j'aurais mieux aimé une dotation de la couronne perpétuelle, immobilière, ne laissant à voter à chaque règne que les fonds de la liste civile : mais enfin, quand on fait une loi, en parlement, avec trois branches du pouvoir dont le concours est nécessaire, il est évident que les prédilections d'un seul ne peuvent l'emporter. Autrement, si chacun s'obstinait de son côté, si les législateurs ne voulaient pas absolument se mettre d'accord, alors le pays ferait lui-même ce que les législateurs ne voudraient pas, et il les mettrait ainsi d'accord.

Après une longue discussion dans l'autre chambre, elle décida qu'elle ne voulait rien faire de perpétuel. Il suffit que la dotation ait été constituée d'une manière convenable, et je dois dire qu'elle l'a été d'une manière plus étendue et plus large que celle de l'ancienne monarchie; car s'il y a de moins, dans la dotation nouvelle, le domaine de Rambouillet, il y a de plus tous les biens de l'apanage qui ont fait réunion et qui augmentent beaucoup la dotation immobilière. Que le désir du mieux ne fasse donc pas méconnaître le bien.

Telles sont, messieurs, les observations générales auxquelles j'ai répondu succinctement, avec moins de développement et de profondeur que n'en avait mis à les présenter l'honorable orateur auquel je réponds; je crois cependant m'être assez appesanti sur chaque point, pour vous mettre à portée d'apprécier les réponses que j'ai cru devoir y opposer.

J'arrive aux observations particulières : elles ont consisté dans la critique de quelques articles du projet. Sur l'article 2, on s'est récrié contre le retranchement du château de Strasbourg! Ce retranchement peut être, je le conçois, un sujet de regrets, et, comme on vous l'a dit, de *chagrin* pour les habitans de Strasbourg; du reste, la question de savoir si Strasbourg n'aurait pas des droits à une indemnité reste intacte. Strasbourg n'est pas privé de ce qui pouvait lui appartenir; si le château est sa propriété, cette ville peut faire valoir ses droits. La couronne a exprimé, à cet égard, un regret qui répond parfaitement à celui de la ville de Strasbourg; car la couronne n'aurait pas mieux demandé que d'accepter les charges de cette propriété, pour être agréable à cette localité; mais la chambre des députés n'en a pas jugé ainsi. Cependant elle n'a rien préjugé dans le projet de loi, sur les droits que la ville peut avoir sur le château.

On a fait entendre les mêmes regrets sur le retranchement du château de Saint-Germain ! sans doute le château de Saint-Germain peut exciter des regrets historiques; mais ces considérations ne peuvent passer dans la législation; le législateur a moins de sensibilité; d'ailleurs ce château, *avec ses chiffres et ses emblèmes*, n'est pas soustrait à l'administration intelligente des biens de l'État, et cette administration saura bien trouver les moyens d'utiliser Saint-Germain.

Reste Rambouillet. Personne n'éprouvera des regrets plus réels et mieux sentis de ne pas avoir Rambouillet, que le prince qui en aurait profité. Pour lui, ce n'était pas un calcul intéressé, quoique les revenus soient fort importans et ceux dont le produit est le plus clair avec le moins de charges. Mais il y avait un autre sentiment : c'était un bien de famille qui était sorti jadis d'une manière disgracieuse de la maison de Penthièvre, pour être réuni au domaine de la couronne; c'eût été rentrer chez soi pour la maison d'Orléans. Cependant les regrets personnels dont Louis-Philippe a pu être affecté ont dû céder en présence de cette considération, que la législature a consenti à la réunion de l'apanage, qui compense bien au-delà la distraction de Rambouillet. Rambouillet a été exclu par deux fois ; une troisième tentative pour le conserver pourrait ne pas plaire à la couronne elle-même, parce qu'elle ne pourrait y voir qu'une compromission possible des autres avantages qui lui sont accordés, en remettant tout en question.

Cette proposition, et c'est en cela qu'elle est remarquable, se liait à un autre projet ; c'était, en augmentant les revenus de la Couronne de 600,000 fr., de mettre la couronne à même de payer le déficit qui existe dans la caisse de vétérance. Assurément ce n'est qu'autant qu'on donnerait à la Couronne les moyens de payer une surcharge aussi considérable, eu égard surtout à la réduction du chiffre par rapport à l'ancienne liste civile, qu'on pourrait imposer à la nouvelle liste l'obligation de payer à peu près un million en sus des 176,000 fr. qui composent la caisse de vétérance. Mais vous voyez par là la difficulté : ce ne serait pas seulement de faire rentrer dans la loi Rambouillet, mais d'y réintégrer la question de vétérance qu'on en a retranchée, je dois le dire, non pas dans l'intention de méconnaître ce que le gouvernement a reconnu, et ce qui peut éveiller l'intérêt, la sollicitude en faveur des pensionnaires ; mais par un motif politique. Ce n'est pas l'antipathie déclarée contre une dynastie qui avait soulevé d'aussi puissans griefs dans la nation, ni contre les personnes qui alors exerçaient le pouvoir ; elle ne peut s'étendre à des serviteurs que les radicaux les plus absolus ne peuvent pas accuser d'aristocratie, puisqu'il n'y a guère parmi eux que de la domesticité, et qu'à ce titre, ils peuvent rencontrer dans toutes les classes de la société ces sentimens d'humanité qui seuls doivent être entendus dans une telle question. Mais quand on a retranché cet objet de la liste civile, quand on a voulu en faire l'objet d'une discussion séparée, ç'a été pour éviter tout contact entre les deux listes civiles, comme entre les deux dynasties. Je ne conçois donc pas l'avantage qu'il y aurait à l'y réintégrer. Au surplus, puisque l'orateur a annoncé qu'il ne ferait que toucher ce point, et qu'il y reviendrait plus tard, je n'insisterai pas dans ce moment.

Je ne dirai rien sur les meubles meublans ; l'honorable préopinant n'a pas paru y attacher une grande importance. J'arrive au domaine privé : c'est une chose qui se présente comme une grande innovation qu'un domaine privé dans la main du Roi ! Cependant ce n'est pas pour notre époque une véritable innovation. Ce fut innovation lors de la loi de 1791 : la différence fut encore plus marquée dans le sénatus-consulte de 1810 ; et, malgré le retour aux idées de légitimité, le principe ancien ne s'est pas retrouvé dans la loi de 1814 ; il a subi les mêmes modifications qu'en 1810. Cependant il faut reconnaître que l'innovation est plus complète, et qu'elle se présente avec plus de puissance dans la loi qui vous est soumise aujourd'hui. En effet, il faut le reconnaître, le principe ancien est tout-à-fait changé ; et il l'est, parce que ce qui était très-juste autrefois, ce qui était une conséquence parfaitement en harmonie avec le principe de l'ancienne monarchie, ne serait aujourd'hui qu'une contradiction dans la législation. Autrefois le domaine de l'Etat n'était pas distinct du domaine de la couronne : quand on disait domaine de l'Etat ou domaine de la couronne, on disait tout ; car la couronne de France, comme expression figurée, signifiait à la fois la royauté et toute la puissance qui s'y rattachait. Quand le prince prenait la couronne, son domaine le suivait et devenait domaine de l'Etat, non pas à cause de son rapport intime avec l'Etat, car il est au moins aussi intime aujourd'hui ; mais cet usage venait du principe féodal, qui ne permettait pas que le roi relevât d'autre que de lui-même, qui ne permettait pas qu'il fût vassal comme roi. Ainsi, sous cette ancienne législature, dans l'intérêt personnel du roi et dans l'intérêt de son administration, il n'avait pas de motif de séparer ses biens du domaine de l'Etat ; il y avait, si je puis m'exprimer ainsi, *incubation du roi* sur son domaine comme sur le domaine de l'Etat ; il s'enrichissait, il devenait le roi de tout, et ne cessait pas d'être le propriétaire de ce qu'il possédait auparavant.

Est-ce la même chose aujourd'hui? Assurément, non. La dotation de la couronne est reconstituée à neuf, *elle n'est pas perpétuelle* ; la fixation de cette dotation peut *changer à chaque règne* ; il en résulte que la continuation de l'ancien usage deviendrait alors une confiscation ; car, si le domaine privé était réuni au domaine de l'Etat, aujourd'hui entièrement distinct de celui de la couronne, le roi n'en jouirait plus comme autrefois, il s'en séparerait. Ce seraient le receveur de l'enregistrement, dont le préopinant a souvent parlé, et le directeur des domaines qui s'empareraient de l'administration de ses biens ; ils seraient les héritiers du prince. Au moment où il prendrait la couronne, le prince serait obligé de se séparer de ce qui, dans sa vie privée, pouvait être l'objet de son agrément et de ses prédilections. Reconnaissons donc qu'il n'y a aucune analogie à tirer ici de ce qui se pratiquait autrefois. Nous avons une dynastie nouvelle, un ordre de choses nouveau, un nouveau pacte constitutionnel consenti à des conditions nouvelles débattues de part et d'autre : il s'agit donc pareillement, non pas d'évoquer d'antiques traditions, mais de faire un contrat nouveau quant aux biens. La chambre des députés a été appelée à dire quelle somme elle voulait y attacher. Certes, on ne l'accusera pas d'avoir agi, en cette circonstance, avec exagération, puisque la nouvelle liste civile est, à l'égard de l'ancienne, dans la proportion de 13 à 32. Il ne s'agit donc plus ici que de la voter. Terminons, messieurs ; faisons cesser ces débats que tant de passions haineuses à la royauté ont exploités ; unissons-nous dans l'intérêt du royaume dont vous êtes l'un des trois pouvoirs, pour la paix du pays, pour la constitution, pour la puissance parlementaire, et pour asseoir enfin la première de nos institutions, et lui fournir les moyens d'accomplir sa destinée. (Très-bien !)

Cette improvisation a produit sur l'assemblée la plus vive impression.

2° *Contre l'amendement proposé par M. le duc de Coigny, pour introduire dans la loi un article relatif à la caisse de retenance.*

Messieurs, le meilleur moyen de s'entendre sur toutes espèces de questions, en raison même de la gravité qu'elles peuvent avoir, est d'en bien poser les termes, de ne pas s'exagérer un droit pour ne pas se croire astreint à des obligations plus étroites que celles auxquelles on est réellement assujetti. On fait toujours ainsi ce qu'on doit ; mais on le fait avec intelligence, avec liberté, et on ne le fait pas en quelque sorte comme forcé et contraint. On a le mérite d'accorder ce qu'à la rigueur on ne devrait pas.

Il a paru, à travers l'intérêt que méritent les anciens créanciers de la caisse de vétérance, qu'on se faisait une fausse idée de leur situation et de leurs droits, soit vis à vis du Trésor, soit vis-à-vis de la nouvelle liste civile, soit même vis-à-vis de l'ancienne. Je demande donc à la chambre la permission de montrer en peu de mots, quels peuvent être en réalité les droits des pensionnaires de l'ancienne caisse de vétérance.

D'abord, pour qu'à leur égard on ne soit pas censé constitué en banqueroute flagrante, en violation de ses engagemens, il faut remonter au texte même de la loi qui a fondé leurs droits. L'art. 17 de la loi du 8 novembre 1814 dit en termes exprès : « Les pensions de retraite, accordées » pour service dans la maison civile du roi, *ne subsisteront,* » *après son décès, qu'autant* qu'elles auront été établies » sur un fonds formé à cet effet par une retenue sur le trai- » tement des employés ; auquel cas ce fonds sera placé » sous l'administration et la responsabilité du ministre de » la maison du roi, et ne pourra recevoir d'autre affec- » tation. »

Ainsi, qu'on ne dise pas qu'il y a eu surprise envers les créanciers de la caisse de vétérance. Ils ont été parfaite- ment avertis d'avance par la loi qui, en constituant une liste civile, donnerait au roi le futur moyen d'établir un sort en leur faveur ; ils ont été, dis-je, avertis qu'ils n'au- raient de droits qu'autant que le roi voudrait bien établir une caisse particulière de vétérance, et que ces droits se- raient exercés limitativement sur l'importance de cette caisse. Voilà à quoi se bornaient essentiellement tous leurs droits. S'il n'y avait pas de caisse, ou au-delà des termes de la caisse, ils rentraient purement et simplement dans les termes généraux de la loi sur la liste civile, dont l'ar- ticle 13 porte que « les biens de la couronne *ne seront ja-* » *mais grevés* des dettes du roi décédé, non plus que des » pensions qu'il pourrait avoir accordées. »

Telle était leur espérance en vertu de la loi : comment cette espérance a-t-elle été réalisée ? Louis XVIII a rendu, le 3 décembre 1814, une ordonnance pour l'organisation de la caisse de vétérance. Il dit, dans le préambule, que s'étant fait représenter la loi du 8 novembre 1814 : « Nous avons reconnu que les pensions de retraite qui seront ac- cordées pour services rendus dans notre maison et dans les administrations qui en dépendent, *ne pourront être per-* *manentes et irrévocables, qu'autant* qu'elles auront été établies sur un fonds de retenue. »

A la suite de ce préambule viennent les articles qui établissent la caisse, les valeurs qui devront y tomber, les pensions auxquelles les fonds de cette caisse seront affectés, les conditions nécessaires pour être pensionné; enfin l'ordonnance prescrit que la caisse de vétérance sera administrée séparément de la liste civile.

Vous voyez par là que Louis XVIII, dans les termes où il contractait, se renfermait dans les expressions de la loi du 8 novembre 1814; il ne s'engageait pas à perpétuité, indéfiniment; il n'engageait pas d'autres après lui au paiement de l'intégralité des pensions qu'il pourrait avoir accordées, ou qu'on serait dans le cas de réclamer. Il établit, pour les gens de sa maison, un fonds spécial sur lequel ils seront payés, et hors duquel ils ne pourront rien prétendre.

Que serait-il arrivé si l'ancienne dynastie avait continué selon son cours, et que le fils de Charles X fût monté sur le trône? Dans cette situation, les pensionnaires n'auraient pas eu le plus petit mot à dire, si on les avait renvoyés purement et simplement à la caisse de vétérance. L'État leur aurait dit : Par la loi de 1814, la nation entière a été avertie que le roi ne pourrait grever les biens de la couronne d'aucune pension accordée pendant son règne. Les gens de sa maison, en entrant à son service, ont été avertis, par la même loi, que leurs pensions ne pourraient survivre au règne qu'autant qu'elles seraient affectées sur une caisse de vétérance composée de retenues faites sur leurs appointemens.

Ainsi donc, même dans le système plein et entier de l'ancienne liste civile, le successeur même légitime à la couronne de Charles X aurait pu (si au lieu d'y mettre de la bienveillance, de l'abandon, de l'hérédité de famille, il n'avait voulu qu'interposer son droit), il aurait pu dire : La liste civile n'a pu me grever; je l'ai reçue à nouveau et en entier des mains de la loi sans qu'elle fût grevée d'aucune dette. On a constitué une caisse de vétérance; on n'y touchera pas; mais vous n'avez de droit que sur cette caisse, et seulement jusqu'à concurrence des valeurs qui y sont affectées.

On aurait pu s'écrier alors que le fils de Charles X n'était pas généreux; mais non qu'il y avait banqueroute, et qu'il ne payait pas ce qu'il devait.

De quel droit se montrerait-on donc plus exigeant envers Louis-Philippe? Et à cette occasion, qu'il me soit permis d'exprimer un sentiment que vous partagez sans doute. Il me semble qu'il y a peu de justice et peu de bonne foi à mettre sans cesse en opposition la dynastie ancienne et la dynastie nouvelle, sous le rapport des largesses et des libéralités. L'ancienne dynastie a pu faire ce que la nouvelle ferait si elle en avait les moyens, et ce qu'on ne peut lui reprocher de ne pas faire, puisqu'on les lui a refusés. Louis XVIII a pu beaucoup donner, puisqu'il a beaucoup reçu et beaucoup pris, d'abord, dans une liste civile qui était considérable, et plus que double de celle-ci, et ensuite dans le domaine privé de Napoléon, qu'il s'est attribué, et dans le domaine extraordinaire, dont il a largement disposé au profit des siens. Je n'entends pas récriminer; je signale seulement un fait.

Le devoir de tout bon citoyen est de ne pas exiger du nouveau gouvernement ce qu'on sait bien qu'il ne peut donner, parce qu'il est circonscrit, entravé; de ne pas venir dire qu'il n'est pas aussi libéral, aussi large que ceux qui avaient les moyens d'être prodigues.

La caisse de vétérance offre un déficit, et il faut bien le signaler. Cette caisse ne possède qu'une rente de 176 mille francs, et il y a pour un millon de pensions. En termes de droit, on ne doit que les 176,000 fr.; que si cela ne suffit pas, exposez vos douleurs, faites valoir l'intérêt de ceux qui souffrent du déficit, faites des vœux pour qu'on leur donne au-delà de ce que peut faire la caisse qui est leur seule débitrice; mais qu'on ne vienne pas dire que l'État, ou le roi, ou le gouvernement sont en retard de remplir leur obligation. On ferait, si l'on ajoutait des fonds à la dotation, ce que l'on est pas obligé de faire, ce serait une libéralité, une nouvelle donation [1].

On l'a si bien senti qu'on a voulu ajouter un actif nouveau à la dotation de la liste civile; on a essayé d'y introduire Rambouillet comme un moyen de compenser la diminution que cette charge nouvelle pourrait introduire dans la liste civile. Ce moyen n'a pas été accepté par la chambre, parce que la connexité entre les deux amendemens a été signalée. L'orateur qui descend de la tribune (M. le duc de Coigny) n'en a pas moins proposé à cette chambre de créer

[1] Voyez ci-après le discours que j'ai prononcé sur le même sujet à la chambre des députés, le 15 avril 1831.

toujours cette nouvelle charge, afin que l'autre chambre sentît la nécessité d'élever le chiffre de la dotation. Ainsi, à ne voir que le résultat, en même temps que l'on approuve une liste civile pour Louis-Philippe, on demande une petite liste civile supplémentaire pour les anciens domestiques de l'ex-roi.

Ce n'est pas sous le point de vue de l'intérêt que peuvent inspirer ceux qui ont des droits sur la caisse de vétérance, que la question se présente : cet intérêt est permis, louable; il est partagé par le gouvernement; par tout le monde; il est attesté par la proposition du gouvernement; il a promis de proposer encore une loi à ce sujet, et il ne veut pas manquer à sa parole. Je suis l'un des commissaires de la liquidation de l'ancienne liste civile, et je dois déclarer qu'à l'unanimité, la commission est d'avis qu'il faudrait présenter un projet de loi spécial sur ce sujet, avec les tempéramens qu'il est juste d'y apporter.

On a parlé du mélange de différentes domesticités, et l'on a supposé que dans le vote de la loi devant l'autre chambre, on séparerait les serviteurs de l'empire et ceux qui ont servi depuis dans la domesticité de Louis XVIII et de Charles X.

M. le marquis de Dreux-Brézé. Ce ne sont pas des domestiques, mais des pensionnaire de la liste civile.

M. le commissaire du gouvernement. Pardonnez-moi, monsieur, domestique, *è domo regis*, qui veut dire attaché à la maison du roi. C'est ainsi qu'ils sont désignés dans toutes les ordonnances, cela s'est toujours appelé ainsi ; et pendant plusieurs siècles, la noblesse de cour ne s'est vantée que de cela.

Eh bien ! ce mélange, loin d'être nuisible à personne, sera favorable à tout le monde, parce que chacun apportera ses amis en concours à l'appui de la loi. D'ailleurs, ce serait faire injure aux deux chambres que de supposer qu'on mettra là de la partialité. Quels sont les antécédens qui autoriseraient une telle proposition de distinction entre les différens services? On vient de s'occuper d'une question bien autrement grave, la question des pensions en général; les passions les plus vives, les plus palpitantes se pressaient autour de cette question ; une distinction brûlante menaçait de s'établir entre les différentes espèces de pensionnaires, et ces sentimens, qu'on n'accusera pas d'exagération étaient excités par un vif amour de la patrie et par le patriotisme le plus honorable, le sentiment le plus prononcé de la révolution. Eh bien ! la raison politique l'a emporté, et, sans division parmi les amis du gouvernement et de la liberté, nous avons repoussé toute distinction qui pouvait amener des récriminations et des collisions politiques, et, tous les premiers, nous avons voulu couvrir le passé par un paiement uniforme de tous les services liquidés. Ainsi, que l'on se rassure : on sera, envers les serviteurs d'une maison qui n'existe plus, je ne dirai pas aussi juste, puisqu'il n'y a pas ici de droits rigoureux, mais aussi bienveillant qu'envers les serviteurs de tout autre régime ; car ce sera une simple question d'intérêt et de commisération.

Maintenant, du fonds, passons à la forme. Est-il bon que ce soit par une question séparée, ou par forme d'amendement et d'accolade avec la liste civile actuelle, que l'on vienne au secours de cette classe d'individus ; en telle sorte que la question soit présentée de manière à ne laisser aux chambres la liberté de faire une liste civile pour le roi, qu'autant qu'on la grèvera du soin de suppléer à l'insuffisance de la caisse de vétérance ? Voyons, au contraire, s'il n'y a pas une raison de séparer les questions, au lieu de les accoler ainsi.

A Dieu ne plaise que je veuille méconnaître l'indépendance des deux chambres, celle surtout de la chambre des pairs, qu'on pourrait appeler la chambre de résistance dans l'intérêt constitutionnel. Sans doute le gouvernement vit de cette diversité d'opinions qui sont en présence ; et sous ce point de vue, je suis le premier à reconnaître que souvent la résistance de la chambre des pairs pourra être utile, nécessaire : *l'ancienne chambre* en a donné plusieurs fois l'exemple ; *celle-ci* sera appelée à le suivre ; mais elle devra choisir les occasions, et c'est surtout dans ce choix qu'elle prouvera son intelligence du gouvernement représentatif. On vous a dit que le gouvernement représentatif ne vit que d'opposition ! hélas ! ce n'est pas elle qui nous manque. (On rit.) J'en atteste vos impressions de tous les jours. Cependant, encore faut-il que quelquefois l'on soit d'accord ; car si tout le monde fait obstinément de l'opposition, je crains bien que cet excès de vie ne devienne bientôt la mort ; j'en appelle à l'intelligence et à la conscience des hommes qui

ont le plus étudié la marche du gouvernement constitu
tionnel.

La chambre des députés n'a pas refusé péremptoirement
de faire quelque chose pour ceux qui ont des droits ou des
espérances sur la caisse de vétérance; mais elle a renvoyé
cette question à une délibération ultérieure : les termes et
l'esprit de sa délibération en cette occasion, ont été uniquement de faire sortir la question de la liste civile, de séparer
les deux questions; en cela elle a eu une pensée politique.
elle a voulu établir une séparation formelle entre l'ancienne
dynastie et la nouvelle, et montrer qu'elle acceptait franchement le gouvernement de juillet, et qu'elle n'entendait
pas se trainer à la suite du système déchu.

S'il est des questions sur lesquelles les deux chambres
puissent être divisées, sur lesquelles l'une d'elles puisse
être accusée d'aller trop loin, et où il soit permis à l'autre
de ne pas la suivre, ce n'est pas, au moins, sur ces questions vitales qu'il convient d'être divisés! car il y aurait des
parjures dans l'une ou l'autre des deux chambres, s'il y
avait des hommes qui fussent divisés sur la question de la
dynastie, de la constitution, et sur la nécessité de se rallier
au gouvernement de juillet.

Divisons-nous sur des questions secondaires; se diviser
dans ce cas, c'est s'éclairer; mais ne nous divisons pas sur
la révolution de juillet, et sur ce qui est de l'essence de
cette révolution elle-même. (Marques d'adhésion.)

On a voulu séparer la liste civile de la caisse de vétérance.
On n'a pas voulu que Louis-Philippe fût le liquidateur
obligé, le payeur forcé des arrérages de l'ancienne domesticité de Charles X; on n'a pas voulu que cette charge lui
fût imposée par la nouvelle loi de la liste civile. On s'est
aperçu que, sous un autre point de vue, cela gênerait son
indépendance dans le choix de ceux par lesquels il doit
être servi. Sans doute Louis-Philippe aura intérêt de
prendre parmi les anciens serviteurs les plus intelligens, les
plus expérimentés; ceux qui, dans la domesticité comme
dans d'autres services, ont conservé toutes les qualités nécessaires pour continuer à être employés. Mais il faut que
ce choix puisse être fait en toute liberté, et sans exclure
la concurrence avec d'autres individus; il faut que le roi
ne soit pas dans l'obligation de conserver la même caisse

de vétérance, et de mettre la liste civile aux prises avec d'autres intérêts.

Telle a été la pensée de la chambre des députés; elle a moins repoussé l'idée d'accorder un supplément de fonds à ce sujet, qu'elle n'a repoussé, comme pensée politique, la prétention de mêler la caisse de vétérance de l'ancienne domesticité de l'*ex-roi*, avec la question de la liste civile du nouveau règne.

Mais, vous a-t-on dit, le projet du gouvernement sera présenté aux chambres avec faveur, soit; mais qui vous garantit que l'autre chambre voudra adopter ensuite la loi distincte qui lui sera présentée? Je rétorque l'argument en disant : Si vous introduisez la caisse de vétérance dans la loi de la liste civile, et que l'autre chambre persiste à l'en vouloir distinguer, le vote de la liste civile se trouvera donc encore ajourné; au lieu qu'en entrant dans l'idée d'une loi séparée pour les pensionnaires, tout peut être arrangé sans collision.

Tout sera concilié si la chambre, considérant que les mêmes sentimens qu'elle manifeste ont surgi aussi dans l'autre chambre et sont partagés par le gouvernement, s'en rapporte à l'intérêt que devront toujours exciter une classe d'hommes, que des événemens politiques ne doivent pas frapper dans leurs moyens d'existence, parce qu'ils sont au-dessous de la région où se font sentir les orages et les tempêtes politiques. Si ceci n'est pas une question de droit rigoureux, ce sera toujours une question de bienveillance, de rémunération, d'équité naturelle. Vous aurez au moins pris une forme qui ne blesse pas les principes constitutionnels, qui nous commandent de séparer l'ancienne liste civile de la nouvelle. Si, au contraire, on persistait à vouloir insérer l'amendement dont il s'agit, en présence de ces considérations, et dans la prévision même où l'autre chambre persisterait dans sa première décision, je le demande, ne serait-ce pas subordonner la question de la liste civile à la question de la caisse de vétérance ? Ne serait-ce pas préférer les affections pour la domesticité de Charles X, aux devoirs envers la royauté de juillet ? (Mouvement.)

La séance est continuée au lendemain.

3° *Suite de la même discussion; réponse à MM. de Brézé, de Bassano et de Tournon.*

MESSIEURS, j'apprécie fortement le motif louable qui a porté les honorables membres qui ont occupé cette tribune à venir ici se constituer les défenseurs des anciens pensionnaires des différentes listes civiles, avec lesquels d'ailleurs ils ont eu d'anciennes relations de patronage, qui les obligeaient à les défendre, comme une sorte de clientelle. Sous ce point de vue il ne peut y avoir aucune division dans les esprits; car cet intérêt qu'on rappelle en faveur des anciens pensionnaires a été partagé de toutes parts : et par le gouvernement, puisqu'il en avait fait un article de son premier projet, et qu'il vous a promis d'en faire ultérieurement la matière d'une proposition séparée pour satisfaire à la question de convenance et d'opportunité, qui avait surtout affecté l'autre chambre; et par l'autre chambre elle-même, qui n'a pas rejeté cet article d'une manière péremptoire, mais seulement comme mal placé dans la loi de la liste civile. Ainsi, je le répète, s'il ne s'agit que de témoigner de l'intérêt en faveur des anciens pensionnaires, ce sentiment est universellement partagé; on n'est divisé que sur les moyens; les uns s'efforçant d'introduire cette disposition par amendement dans la loi en discussion, d'autres voulant en faire l'objet d'un projet de loi séparé.

J'avais le dessein de répondre d'abord au premier orateur (M. de Brézé), qui a occupé la tribune dans cette séance; mais d'autres membres ayant demandé la parole, j'ai cru que, jusqu'à un certain point, il pourrait y avoir dissidence dans les systèmes, et qu'ils pourraient se modifier réciproquement. Ce qui m'a décidé à prendre la parole en cet instant, ce sont les inductions sous forme de concession qu'a voulu établir le préopinant (M. de Tournon), avec infiniment plus d'étendue que je n'ai prétendu le faire. Pour mon propre compte, je ne voudrais pas que, de mon silence, on pût conclure à un acquiescement absolu sur des principes qui ne sont pas les miens; car si j'avais occasion de m'expliquer plus tard d'une autre manière, on pourrait m'objecter que mes paroles contrastent avec le silence que j'aurais gardé devant vous.

Sans arriver à une conclusion différente de celle tirée par M. le duc de Bassano, au discours duquel je me range tout-à-fait, non-seulement sous le rapport qui affecte les personnes, mais encore sous celui des considérations par lesquelles il a combattu l'amendement ; je dois rétablir ce qui est de droit à l'égard des pensionnaires, ce qui est de convenance à l'égard de la loi, et ce qui, par conséquent, motive quant à présent le rejet absolu de l'amendement.

A entendre le préopinant, les pensionnaires n'ont pas seulement un droit certain, comme le serait, pour un créancier de l'État, une inscription de rente sur le grand livre, et un titre de liquidation sur le trésor ; mais il veut assigner à ce droit, qu'il considère comme *acquis*, un débiteur : et ce débiteur, c'est, vous a-t-il dit, la liste civile actuelle, par continuation de la liste civile ancienne ; renouant toujours, avec un soin particulier, ce fil, ou plutôt cette chaîne que nous avons voulu rompre, et pour laquelle nous réclamons séparation.

C'est la liste civile actuelle qu'il voudrait déclarer débitrice, non-seulement à nouveau, mais en vertu d'une espèce d'engagement préexistant, dérivant de la loi de 1814, dont l'art. 17 aurait grevé tous les successeurs-rois comme toutes les listes civiles à venir : à tel point que la liste civile actuelle paraîtrait refuser un engagement légitime. Ainsi, dans ce système, ce serait la faute personnelle de Louis-Philippe, roi actuel, si les engagemens préexistans n'étaient pas accomplis, puisque sa liste civile en aurait été grevée d'avance ; que tous ceux qui l'avaient précédé avaient satisfait à ce devoir ; et que lui seul, par conséquent, serait constitué en inexécution de cet engagement, qu'on prétend lui imposer. Messieurs, si je laissais passer cette objection, l'odieux qui pourrait s'attacher à cette inexécution ne manquerait pas d'être déversé sur le nouveau roi, et les conséquences que le préopinant n'a pas tirées de son argumentation, d'autres, en dehors de cette enceinte, qui n'ont pas la même bonne foi, ne manqueraient pas de les tirer au détriment du nouveau règne. Je ne dois donc pas les laisser passer sans contradiction.

Je l'ai dit hier dans mon discours : il n'y a pas division sous le rapport de l'intérêt qu'inspirent les pensionnaires. J'ai seulement contesté qu'il y eût *droit acquis*, en ce sens qu'ils ne pouvaient pas dire qu'ils fussent créanciers d'une manière déterminée, de telle somme, ni sur l'Etat, ni sur la liste civile; sans doute, ils peuvent avoir des droits à faire valoir; ils peuvent, selon le temps, l'âge, la durée et la qualité des services, avoir des droits à réclamer une liquidation quelconque; mais on ne peut pas forcer le trésor à ouvrir ses caisses, comme pour payer le semestre d'une rente échue, pas plus qu'on ne peut obliger la liste civile à considérer cette prétention comme une dette exigible. Non, ce n'est pas une dette, ce n'est pas un droit acquis. Il y a des prétentions à faire valoir, prétentions fondées sur des titres estimables, et qui peuvent être accueillies; mais on ne peut les comparer à des droits liquidés, formels, irrécusables.

Le premier orateur (M. de Brézé) a voulu, dans ses idées de perpétuité d'une dynastie sur l'autre, rattacher la question actuelle à l'ancienne caisse de vétérance, établie sous Napoléon. Il a présenté la caisse de vétérance en 1814 comme n'étant que la continuation de celle de 1810. Il a remarqué ensuite avec quelle délicatesse l'ex-roi n'avait pas voulu grever cette caisse de vétérance des services de sa maison personnelle de prince; et comment il avait assigné ces pensions sur son domaine privé. Messieurs, ce n'est pas là la question. La caisse de vétérance impériale avait son organisation à part : d'ailleurs elle était riche de son propre fonds, et se suffisait amplement à elle-même. Louis XVIII ne s'est pas cru lié par les termes de cette organisation. La loi de 1814 ne lui a pas imposé les conditions dures qu'on voudrait faire à la liste civile actuelle. Il a organisé sa caisse de vétérance comme il l'a voulu, étant libre, en rendant l'ordonnance du 3 décembre 1814, d'y mettre les serviteurs de Napoléon, qui avaient des droits acquis sur la caisse d'alors. Mais la caisse de vétérance, en 1814, en ce qui concerne les gens qui auraient droit de prendre sur cette caisse, a ses conditions particulières d'actif et de passif, réglées par l'ordonnance de 1814.

Quand le comte d'Artois monta sur le trône, il a pu donner des pensions aux serviteurs du comte d'Artois, mais il n'a pu les assigner que sur les biens du comte d'Artois. Les services qui lui avaient été rendus comme prince, ne pouvaient être payés sur la caisse de vétérance de la maison du roi ; c'eût été un passe-droit que d'assigner sur la caisse de vétérance, des pensions auxquelles n'avaient pas droit les serviteurs du comte d'Artois qui n'avaient pas encore servi dans la maison royale ; il a assigné des pensions sur son domaine privé, ce qui était infiniment plus solide que sur la caisse de vétérance qui était insuffisante, et surtout sur une liste civile qu'il ne pouvait pas grever au-delà de son règne. Le domaine privé s'en trouvant chargé avant son avénement, dans ce cas les créanciers avaient une hypothèque qu'ils pouvaient toujours poursuivre au-delà même de la cessation du règne ; ils étaient mieux traités, puisqu'ils avaient un gage spécial : mais tout cela encore est étranger à la question.

J'arrive au sens forcé et inexact qu'on a voulu faire résulter de l'article 17 de la loi de 1814. Il est manifeste pour tout jurisconsultes, pour tout homme qui a l'intelligence des lois, que la disposition de cet art. 17 ne grève ni la personne du roi, ni celle de ses successeurs, ni l'État en aucune manière. D'abord, quant à l'État, sa condition lui est faite par l'art. 13, qui dit : « que les domaines de la couronne ne pourront jamais être grevés des pensions accordées par le roi régnant. » On ne saurait trop insister sur cet article, qui se trouve reproduit dans la loi qui vous est soumise ; car, à la mort de chaque roi, si l'on veut céder à des considérations de ce genre, il ne manquera jamais de se présenter un grand nombre d'individus pour réclamer des dettes, et il y en aura toujours qui auront excédé les forces de la liste civile. C'est ici qu'il faut poser impitoyablement le principe que l'État, après avoir fourni une liste civile au roi, ne peut jamais être tenu de payer ses dettes.

L'art. 17 dit donc « que les pensions de retraite accordées pour service dans la maison civile du roi ne *subsisteront* après son décès *qu'autant* qu'elles auront été établies sur un fonds spécial. » Donc, elles ne subsisteront pas, si le fonds n'existe pas. Eh bien ! ce fonds a été constitué, il l'a été sur une retenue faite sur les propres deniers des pensionnaires ; il est leur propriété. Voilà ce qu'on peut appeler leur droit.

Si l'on veut prétendre que ce fonds a reçu une autre affectation, que Louis-Philippe a fait comme Louis XVIII pour le domaine privé de Napoléon et pour le domaine extraordinaire, qu'il a dérobé à la caisse de vétérance, des fonds pour les distribuer à ses partisans, qu'il en a privé les titulaires, c'est alors que l'on pourrait dire qu'il y a eu violation du droit acquis sur la caisse de vétérance ! Mais puisque l'on n'a rien détourné de ce fonds, puisqu'on ne peut nier que la caisse est intacte, qu'il n'y manque pas un centime, on est bien fondé à dire aux pensionnaires : Sans doute, vous avez des droits sur la caisse de vétérance, mais vous n'en avez que là ; s'il n'y a pas de deniers suffisans pour vous payer, personne n'est en banqueroute à votre égard ; vous restez créanciers titulaires, mais avec un titre en blanc : vous n'avez rien à exiger, ni de l'Etat, ni du roi, ni d'un successeur quelconque ; ce successeur, lors même qu'il appartiendrait à l'ancienne dynastie, serait affranchi de toute charge ; à plus forte raison en est-il ainsi avec une dynastie nouvelle.

C'est à ceux qui ont rendu des services réels à les faire valoir. Ainsi, déjà l'ordonnance sur la caisse de vétérance réserve même le droit de faire valoir en dehors de cette caisse, et vis-à-vis de l'Etat, tous les services rendus à l'Etat par ceux qui auraient été militaires, ou qui auraient rempli des fonctions publiques. Il peut aussi y avoir un droit, résultant d'autres genres de services, à se faire liquider, à obtenir des chambres un fonds supplémentaire, quand elles jugeront convenable de le donner. Mais il ne s'ensuit pas qu'il y ait obligation actuelle pour la liste civile, ni qu'on puisse dire à ces malheureux pensionnaires : Si vous n'êtes pas payés, c'est parce que Louis-Philippe, moins généreux que les autres rois, ne veut pas vous payer. (*M. Dreux-Brézé. Je n'ai pas dit cela.*) Les journaux sont pleins de cet injuste reproche, et je suis défenseur du projet de loi, non-seulement vis-à-vis des chambres, mais vis-à-vis de tous ceux que la malveillance a groupés autour du projet depuis qu'il est en discussion. C'est une calamité qu'une liste civile qui a été votée avec tant d'empressement, lorsqu'il s'est agi des autres règnes, soit entourée de tant de difficultés lorsqu'il s'agit de la création d'un nouveau gouvernement, autour duquel nous devrions nous serrer avec empressement, dans notre intérêt mutuel et dans l'intérêt du pays. (Très-bien, très-bien !)

Ainsi, le caractère de l'art. 17 de la loi du 8 novembre 1814 n'est pas de constituer une dette personnelle. Ce n'est pas un homme-roi, ce n'est pas un homme qui sera successeur de roi, qu'on donne pour débiteur éventuel aux pensionnaires ; c'est une chose fixe et déterminée, c'est un corps certain et limité, c'est la caisse de vétérance. Voilà le gage, l'hypothèque. Ainsi les pensionnaires n'ont pas de prétentions à elever au-delà des forces de la caisse de vété-rance. Cela est dit dans la loi de 1814, en quelque sorte contemporaine de la restauration. Cet avertissement a été donné avant que le service ne commençât; depuis la res-tauration, il a été donné dans l'ordonnance constitutive de la caisse de vétérance. Il n'y a donc eu de surprise pour personne : tout le monde a été bien et duement averti; et je ne puis trop témoigner mon étonnement qu'on veuille donner à une prétention légitime dans ce qu'elle a de favo-rable, le caractère d'un droit acquis, d'un droit qui cons-tituerait en mauvaise foi, et la liste civile qui n'est pas vo-tée, et le roi qui n'a pas pu payer, puisqu'on ne lui a en-core rien donné, ni enfin le gouvernement lui-même.

Il n'y a pas droit acquis; ce qu'il y aurait, c'est comme l'a dit M. le duc de Bassano, un droit à alléguer des ser-vices brusquement interrompus par un acte de force ma-jeure.

On a cité l'exemple de la convention, mais, je le de-mande, messieurs, est-il possible de la faire intervenir en pareille matière? Y a-t-il parité dans la compa-raison à établir. La convention avait commencé par la mort, et avait continué par la confiscation; et c'est parce qu'elle avait pris tous les biens sans exception à l'ancienne dynastie, qu'il a fallu qu'elle se constituât débitrice, puis-qu'elle s'était constituée héritière à titre sanglant. (Sensa-tion.) A-t-elle payé? C'est ce que je n'examine pas. Ce que je veux faire remarquer, c'est qu'elle s'était placée dans une situation qui contraste singulièrement avec la gé-nérosité de la révolution de juillet. Pourrait-on comparer un jour fatal qu'il faut, non pas exhumer, mais vouer à l'oubli, à l'oubli le plus absolu (Mouvement), avec cette conduite silencieuse et paisible jusqu'à Cherbourg, avec ces biens qu'on n'a pas confisqués, qui sont encore au pou-voir de l'ancienne famille royale, qui seront vendus, mais dans son intérêt, et qui serviront de gage libre à ses créan-ciers, si elle en a? Les dispositions relatives aux biens de Charles X ne ressemblent pas plus à une confiscation que l'embarquement de Cherbourg ne ressemble à la catas-trophe qui a souillé l'époque que l'on a rappelée.

On a vanté beaucoup aussi la générosité avec laquelle

Louis XVIII a continué les pensions aux serviteurs de l'empire; car c'est toujours du côté de Louis XVIII et de Charles X que se trouvent la générosité, l'empressement à donner, à acquitter des engagemens sacrés ! Mais voyez la différence de position : Louis XVIII arrive se disant roi de France par droit divin, ne reconnaissant pas de droits à la nation, vous octroyant une Charte comme les empereurs romains jetaient de la monnaie à ceux qui suivaient leur char de triomphe. Dans cette position il s'empara du trésor privé de Napoléon, il s'empara du domaine extraordinaire. Sans doute, il en a attribué une légère portion aux serviteurs de Napoléon; il aurait été par trop criant qu'il eût tout donné aux siens ! et vous savez cependant quel genre de compagnons en ont reçu la plus importante partie. (Sensation prolongée).

Quand Louis XVIII a ainsi trouvé un actif énorme, quelle comparaison peut-on faire avec Louis-Philippe, qui attend votre vote pour savoir s'il aura une liste civile ou non; avec Louis-Philippe, qui n'aura rien que ce que les chambres lui auront donné ? Il donnera certainement ; mais il est manifeste qu'il ne pourra donner que dans la proportion de ce qu'il aura reçu. Si la liste civile est restreinte, il faudra bien qu'il se restreigne aussi.

Lorsque la liste civile de Louis-Philippe est, avec l'ancienne liste civile, dans la proportion de treize à trente-deux, lorsqu'à cette liste civile légalement donnée, il ne vient se joindre aucune obvention extraordinaire, comme cela a eu lieu pour l'ancienne liste civile, qui a souvent rejeté plusieurs de ses dépenses propres sur le trésor de l'État, il est évident qu'il n'y a pas justice envers Louis-Philippe, et qu'il n'y a pas bienveillance envers notre révolution, si l'on veut établir une comparaison entre des situations si différentes.

On conseille à la liste civile de vouloir bien prendre sur elle la continuation du patronage et la continuation de toutes les pensions. Assurément, si Louis-Philippe le voulait, même en présence du rejet de la prétention des pensionnaires, rien ne l'empêcherait d'ôter des 12 millions qu'on lui accorde. un million pour donner à ceux qui étaient pensionnaires de Louis XVIII et de Charles X ; et encore, dans ce cas, la loi n'ayant pas mis ces pensions à sa charge, même en donnant ce million de son plein gré, il n'aurait pas la paix avec l'esprit de parti, avec la presse ennemie, avec la presse fourbe, avec la presse dissimulée, avec la presse qui quelquefois n'a l'air de défendre les libertés avec exagération, que pour arriver plus sûrement à saper un pouvoir qu'elle voudrait voir anéanti. Les ennemis de la nouvelle dynastie ne manqueraient pas de dire : On a donné au Roi 12 millions pour encourager les arts et réparer quelques-uns des malheurs de juillet, ceux des victimes du régime précédent ; et le premier million, à qui est-il donné ? aux serviteurs de l'ancien régime, de Louis XVIII et de Charles X ! Voilà comment le bienfait lui-même serait retourné contre lui. Un tel conseil ne peut être imposé à Louis-Philippe, si on veut le traiter comme Louis XVIII. Ce dernier n'avait pas reçu l'obligation de lier sa caisse de vétérance à celle des serviteurs de l'Empire ; n'imposez pas davantage à Louis-Philippe l'obligation de tenir les engagemens de la caisse de vétérance de l'ancienne dynastie. Cette question doit-être réglée par une loi à part. Les deux chambres sont animées d'un même esprit de justice ; nous ne nous dissimulons pas qu'il est populaire de plaider la cause de deux mille familles qui sont dans la misère, et qui touchent la plupart à tout ce que la démocratie a de plus capable d'exciter l'intérêt dans les classes les plus vives de la société. Pourquoi donc la chambre des députés, qui représente les intérêts populaires, n'en aurait-elle pas pitié et ne leur ferait-elle pas justice comme vous ? Si l'autre chambre a pensé que c'était le cas de rendre une loi spéciale, les pensions n'y perdront rien de la faveur qu'elles méritent ; elles conserveront leurs droits à se faire écouter. Ne nous placez donc pas dans ce dilemme : ou pas de liste civile, ou une liste civile, mais à la charge de liquider la caisse de vétérance ; car voilà au fond ce que l'amendement signifie. Je ne pense pas que la chambre veuille accepter une telle responsabilité.

Je terminerai en répondant encore un mot à un orateur qui a dit : « Il faut cependant rendre justice à cette restauration tant calomniée ! » (*M. le marquis de Dreux-Brézé.* C'est moi.) Moi, je dis, au contraire, cette restauration tant louée ! En effet, Messieurs, elle l'a été avec une grande liberté, même depuis la révolution de juillet ! Je ne fais cette remarque qu'en l'honneur de cette glorieuse révolution, et pour attester sa tolérance et la parfaite liberté dont elle laisse jouir ceux qui pourraient être ses adversaires. C'est le premier exemple d'une nation qui, ayant fait une telle révolution, dépose ses rois en silence, les conduit paisiblement jusqu'à la frontière, respecte l'intégralité de leurs biens, organise ses institutions en face de l'Europe, et reste en paix avec elle-même et avec ses voisins, permettant à tous la libre discussion des opinions, les regrets, les éloges même ! mais se défendant aussi avec la force et la dignité qui lui appartiennent ; et pouvant dire hautement qu'elle n'a coûté de larmes à aucune victime, à aucun proscrit ; tandis que, pour la restauration, on peut opposer aux éloges que l'on en fait aujourd'hui, qu'elle a eu ses catégories, ses exils ; qu'elle a montré d'injustes prédilections, et qu'elle a été accompagnée de réactions longues et quelquefois sanglantes. (Mouvement. Profonde sensation.)

L'amendement est rejeté à une forte majorité.

4° Réponse à l'interpellation de M. le comte Roy, sur l'article 12, relativement à la manière dont la couronne devra jouir des forêts comprises dans la dotation.

Messieurs, je dirai à la chambre qu'il est sans contestation que la couronne n'a que l'usufruit des forêts ; cela n'est pas seulement en principe général, mais cela est écrit dans l'art. 1er de votre loi : « la liste civile dont le Roi doit *jouir* pendant toute la durée de son règne, etc. » Cela résulte avec plus d'énergie encore d'un article suivant, qui déclare formellement que le Roi est assujetti, à la seule réserve de donner caution, à toutes les obligations des usufruitiers. L'art. 12 dit que les forêts seront assujetties à un aménagement régulier : cette disposition est claire. Sans doute cet aménagement existe, quant à présent ; et si cet aménagement était susceptible de quelques rectifications, s'il y avait quelques modifications à y faire, ne fût-ce qu'à cause de l'infériorité de quelques coupes occasionées par le retrait de la forêt de Rambouillet, cela ne pourrait avoir lieu que contradictoirement avec l'administration du domaine et l'administration forestière, dont la vigilance est exercée avec une sorte de jalousie, et toujours sous la responsabilité du ministre des finances, qui ne peut être illusoire dans un gouvernement constitutionnel.

Je ferai encore remarquer à la chambre que la nouvelle loi sur la liste civile ajoute une garantie qui n'existait pas ni dans la loi de 1814, ni dans le Code forestier ; car, d'après le Code forestier, pour les coupes extraordinaires, il suffisait d'une ordonnance du roi qui pouvait lui être arrachée par la sollicitation de ses agens, tandis qu'ici pour soustraire la couronne à l'influence de ses agens, on a ajouté une précaution qu'on ne peut éluder, c'est la nécessité *d'une loi* pour couper toute portion de futaie qui ne serait pas comprise dans l'aménagement régulier.

M. le comte Roy. Je demanderai si les aménagemens actuellement existans pourraient être changés sans loi ?

M. Dupin aîné, commissaire du Gouvernement. Je crois que si l'administration forestière pensait qu'il y eût convenance à ce que quelques arpens fussent distraits d'une coupe pour être plus convenablement réunis à une autre, il n'y aurait pas besoin d'une loi ; ce serait un acte de pure administration. Si, au contraire, il y avait abus, dans ce cas la presse, si vigilante, ne manquerait pas d'avertir les chambres, l'administration, et de signaler les abus. En résultat, comme tout article de loi est passible d'exécution, et que l'exécution doit passer par la main des hommes, je ne puis répondre de la violation de l'article que par la responsabilité future de ceux qui seraient chargés d'exécuter la loi.

M. le comte Roy. Il n'est pas douteux que les administrations des forêts et des domaines ne proposeront que des aménagemens qui leur paraîtront utiles et convenables. Mais ce n'est pas là précisément la question sur laquelle j'ai désiré avoir des explications. Je vois bien que, par l'article en discussion, il ne pourra être fait de changement à l'aménagement qui sera établi, que par une loi. Je demande si pour les aménagemens *actuellement existans*, il en sera de même que pour ceux qui *seront* établis par la suite. Mais puisqu'il est bien entendu que les lois sur l'usufruit sont applicables à la jouissance de la couronne, ainsi que toutes les dispositions du projet le font, au surplus, supposer, les intérêts publics auront de suffisantes garanties ; car ces dispositions ne permettent pas de changer les aménagemens ni d'altérer la substance et le fonds de l'objet assujetti à l'usufruit ; elles règlent également les conditions de l'entrée en jouissance.

M. Dupin aîné, commissaire du Gouvernement. Le paragraphe 2 répond péremptoirement à ce que demande M. le comte Roy :

« Il ne pourra y être fait aucune coupe extraordinaire quelconque ni aucune coupe de quarts en réserve, ou de massifs réservés par l'aménagement pour croître en futaie, qu'en vertu d'une loi. »

Il est évident par-là, que toute coupe extraordinaire, quelle qu'elle soit, qui aurait pour effet de déranger l'aménagement régulier une fois établi, ne pourra avoir lieu qu'en vertu d'une loi. (Aux voix, aux voix !)

(L'article 12 est adopté.)

(Les autres articles n'ont donné lieu à aucune discussion.

M. le président. La chambre va maintenant passer au scrutin sur l'ensemble de la loi.

Résultat du scrutin :

Nombre des votans 116
        Oui 112
        Non   4

(La chambre a adopté.)

LOI

Sur la Liste civile.

A Paris, au palais des Tuileries, le 2 mars 1832.

Louis Philippe, Roi des Français, à tous présens et à venir, salut.

Les chambres ont adopté, nous avons ordonné et ordonnons ce qui suit :

TITRE PREMIER.

Art. 1er. La liste civile dont le roi doit jouir pendant toute la durée de son règne, conformément à l'article 19 de la Charte, sera composée d'une dotation immobilière et d'une somme annuelle assignée par la présente loi sur le trésor public.

SECTION 1re.

De la Dotation de la Couronne [1].

2. Les biens immeubles comprendront le Louvre, les Tuileries, ainsi que leurs dépendances; l'Elysée-Bourbon; les châteaux, maisons, bâtimens, manufactures, terres, prés, corps de ferme, bois et forêts, composant principalement les domaines de Versailles, Marly, Saint-Cloud, Meudon, Saint-Germain-en-Laye, Compiègne, Fontainebleau et Pau; la manufacture de Sèvres, celle des Gobelins et de Beauvais; le bois de Boulogne, le bois de Vincennes et la forêt de Senart, tels qu'ils ont été désignés par la loi du 1er juin 1791, par les sénatus-consultes des 30 janvier 1810, 1er mai 1812, 14 avril 1813, par les lois des 8 novembre 1814, 15 janvier 1825, et par diverses autres lois survenues relativement à des acquisitions ou échanges des biens royaux [2].

3. Seront distraits de la dotation de la couronne les palais, châteaux, hôtels, bâtimens et biens dont l'énumération est contenue dans le tableau annexé à la présente loi, lesquels seront employés ou vendus au profit de l'Etat.

4. Sont en outre réunis à la dotation immobilière les biens de toute nature composant l'apanage *d'Orléans* [3], constitué par les édits de 1661, 1672 et 1692, ainsi que la petite forêt d'Orléans, qui en faisait originairement partie, et qui, par l'avénement du Roi, ont fait retour au domaine de l'Etat.

Dans le cas où il y aurait lieu à indemnité à raison des accroissemens faits à cet apanage depuis qu'il a été rendu à la maison *d'Orléans* jusqu'au moment où il a fait retour au domaine de l'Etat, cette indemnité ne sera exigible qu'à la fin du règne actuel [4].

[1] Il y a de fait une *dotation de la couronne*, avec son caractère propre, et un régime spécial; seulement elle n'a pas été constituée à perpétuité : elle n'a été votée, comme la liste civile dont elle fait partie, que pour la durée du règne. Voy. p. 244.

[2] Il y a donc nécessité de recourir à ces lois; elles font titre pour la liste civile actuelle. (Séance du 9 janvier 1832.)

[3] Voyez page 204.

[4] Voyez ci-devant page 205.

La partie non apanagère du Palais-Royal, appartenant à Mme la princesse *Adélaïde d'Orléans*, pourra également y être réunie par voie d'échange opéré avec d'autres biens faisant partie de l'apanage *d'Orléans* '.

5. La dotation mobilière comprend les diamans, perles, pierreries, statues, tableaux, pierres gravées, musées, bibliothéques et autres monumens des arts, ainsi que les meubles meublans contenus dans l'hôtel du Garde-meuble et les divers palais et établissemens royaux.

Les objets de même nature contenus dans les palais, châteaux et hôtels distraits du domaine de la couronne, feront partie de cette dotation ².

Les camées distraits de la bibliothéque de la rue de Richelieu en vertu d'un décret du 2 mars 1808 y seront réintégrés.

6. Il sera dressé par récolement, aux frais de la liste civile, un état et des plans des immeubles, ainsi qu'un inventaire descriptif de tous les meubles. Ceux de ces meubles susceptibles de se détériorer par l'usage seront estimés. Des doubles, tant de l'état des immeubles et des plans que de l'inventaire du mobilier, seront déposés dans les archives des chambres, après avoir été certifiés et signés par un ministre responsable.

7. Les monumens et les objets d'art qui seront placés dans les maisons royales, soit aux frais de l'Etat, soit aux frais de la couronne, seront et demeureront dès ce moment propriétés de la couronne.

SECTION II.

Conditions de la jouissance des biens formant la dotation de la couronne.

8. Les biens meubles et immeubles de la couronne sont inaliénables et imprescriptibles ³; ils ne peuvent être par conséquent ni donnés, ni vendus, ni engagés, ni grevés d'hy-

---

' Cet échange a eu lieu en vertu de la loi du 3 mai 1834.

² Il en est de même de ceux qu'on avait prêtés aux villes ou aux artistes. La liste civile a droit de les revendiquer.

³ Et insaisissables. Voyez ci-après article 28.

pothèques : néanmoins les objets inventoriés avec estimation, aux termes de l'article 6, pourront être aliénés, moyennant remplacement.

9. L'échange des biens composant la dotation de la couronne ne pourra être autorisé que par une loi [1].

10. Les biens de la couronne ni le trésor public ne seront jamais grevés des dettes des rois, non plus que des pensions par eux accordées [2].

11. La durée des baux, à moins qu'une loi ne l'autorise, n'excédera pas dix-huit années.

Ils ne pourront être renouvelés plus de trois ans avant leur expiration.

12. Les forêts de la couronne seront soumises aux dispositions du Code forestier en ce qui les concerne ; elles seront assujetties à un aménagement régulier [3].

Il ne pourra y être fait aucune coupe extraordinaire quelconque, ni aucune coupe de quarts en réserve, ou de massifs réservés par l'aménagement pour croître en futaie, qu'en vertu d'une loi.

13. Les propriétés de la couronne ne seront pas soumises à l'impôt ; elles supporteront néanmoins toutes les charges communales et départementales. Afin de fixer leurs portions contributives dans ces charges, elles seront portées sur les rôles, et pour leurs revenus estimatifs, de la même manière que les propriétés privées.

14. Le roi pourra faire aux palais, bâtimens et domaines de la couronne, tous les changemens, additions ou démolitions qu'il jugera utiles à leur conservation et à leur embellissement.

15. L'entretien et les réparations de toute nature des meubles et immeubles de la couronne sont à la charge de la liste civile.

16. Sauf les conditions exprimées ci-dessus et celle de l'obligation de fournir caution, dont la jouissance du roi est affranchie, toutes les autres règles du droit civil régissent les propriétés de la couronne.

---

[1] Voyez ci-devant, page 129, le décret du 11 juillet 1812.
[2] *Vide suprà*, page 245 et 256, et ci-après page 277.
[3] Voyez page 261.

Section III.

Liste civile proprement dite,

17. Le roi recevra du trésor public, pendant toute la durée de son règne, une somme annuelle de douze millions.

18. Cette somme sera comptée par douzième, de mois en mois et par avance, à la personne commise par le roi à cet effet.

TITRE II.

Du douaire de la reine, de la dotation de l'héritier de la couronne, et des princes et princesses fils et filles du roi.

19. En cas de décès du roi, il sera attribué un douaire à la reine survivante; ce douaire consistera en un revenu annuel et viager déterminé par une loi. L'Elysée-Bourbon, avec les meubles qui le garniront à cette époque, lui sera assigné pour sa résidence.

20. L'héritier de la couronne, prince royal, recevra sur les fonds du trésor une somme annuelle d'un million. Cette somme sera augmentée, s'il y a lieu, et par une loi spéciale, lorsqu'il se mariera.

Cette somme sera aussi payée par avance et par douzième.

21. En cas d'insuffisance du domaine privé, les dotations des fils puînés du roi et des princesses ses filles seront réglées ultérieurement par des lois spéciales.

TITRE III.

Du domaine privé [1].

22. Le roi conservera la propriété des biens qui lui ap-

---

[1] Voyez Discussion, page 210.

partenaient avant son avénement au trône : ces biens et ceux qu'il acquerra à titre gratuit ou onéreux pendant son règne, composeront son domaine privé.

23. Le roi peut disposer de son domaine privé, soit par actes entre-vifs, soit par testament, sans être assujetti aux règles du Code civil qui limitent la quotité disponible [1].

24. Les propriétés du domaine privé seront, sauf l'exception portée en l'article précédent, soumises à toutes les lois qui régissent les autres propriétés. Elles seront cadastrées et imposées.

25. Il ne sera plus formé de domaine extraordinaire. En conséquence, tous les biens meubles et immeubles acquis par droit de guerre ou par des traités patens ou secrets appartiendront à l'Etat, sauf toutefois les objets qu'une loi donnerait à la couronne.

TITRE IV.

Des Droits des Créanciers, et des Actes judiciaires.

26. Demeureront toujours réservés sur le domaine privé délaissé par le roi décédé, les droits de ses créanciers [2] et les droits des employés de sa maison à qui des pensions de retraite seraient dues par imputation sur un fonds provenant de retenues faites sur leurs appointemens [3].

27. Les actions concernant la dotation de la couronne seront dirigées par et contre l'administrateur de cette dotation.

Les actions intéressant le domaine privé seront dirigées par et contre l'administrateur de ce domaine.

Les unes et les autres seront d'ailleurs instruites et jugées dans les formes ordinaires, sauf la présente dérogation à l'art. 69 du Code de procédure civile.

28. Les titres seront exécutoires seulement sur tous les biens meubles et immeubles composant le domaine privé. Ils ne le seront en aucun cas sur les effets mobiliers renfermés dans les palais, manufactures et maisons royales [4].

[1] Voyez page 222 et 223.
[2] Page 220 et 221.
[3] C'est dette privée. V. p. 256 et p. 282.
[4] Voyez article 8, *supra*.

29. Les deniers de la liste civile sont insaisissables.

Disposition transitoire.

La présente liste civile aura son effet à partir du 9 août 1830 : néanmoins les sommes excédant l'allocation fixée par l'art. 17, ainsi que les revenus des bâtimens, domaines et autres établissemens non conservés dans la dotation de la couronne, qui auraient été touchés par le roi, jusqu'au 1er janvier 1832, lui demeureront définitivement acquis. à la charge par la couronne, de payer toutes les dépenses tant du personnel que du matériel de l'ancienne dotation.

La présente loi, discutée, délibérée et adoptée par la chambre des pairs et par celle des députés, et sanctionnée par nous cejourd'hui, sera exécutée comme loi de l'Etat.

DONNONS EN MANDEMENT à nos cours et tribunaux, préfets, corps administratifs, et tous autres, que les présentes ils gardent et maintiennent, fassent garder, observer et maintenir, et, pour les rendre plus notoires à tous, ils les fassent publier et enregistrer partout où besoin sera ; et, afin que ce soit chose ferme et stable à toujours, nous y avons fait mettre notre sceau.

Fait à Paris, au palais des Tuileries, le 2e jour du mois de mars, l'an 1832.

Signé LOUIS-PHILIPPE.

Vu et scellé du grand sceau :   Par le roi :

Le garde des sceaux de France, ministre secrétaire d'Etat au département de la justice,   *Le président du Conseil, ministre secrétaire d'Etat au département de l'intérieur,*

Signé BARTHE.   Signé CASIMIR PÉRIER.

Immeubles à distraire des biens composant la Dotation de la Couronne.

	DÉSIGNATION.	ESTIMATION.	
	PARIS.		
	Grand et petit hôtels Molé, rue Saint-Dominique, nᵒˢ 58, 60 et 62 (non compris les hangars à magasins, sur la rue de l'Université).	1000000f	
	Hôtel de la Grande-Aumônerie, rue de Bourbon, nᵉ 2.	200000.	
	Hôtel du Grand-veneur, place Vendôme, nᵒ 9.	400000.	
	Hôtel d'Angevilliers, rue de l'Oratoire. .	350000.	
	Hôtel du Châtelet, rue de Grenelle Saint-Germain, nᵒ 121.	560000.	
BATIMENS dans Paris.	Hôtel de la Mounaie des médailles, rue Guénégaud.	300000.	5200000f
	Bâtimens du Conservatoire de musique rue du Faubourg-Poissonière.	100000.	
	Gazomètre et magasins de l'Opéra, rue Richer	120000.	
	Hôtel des Gardes, rue Neuve-de-Luxembourg.	750000.	
	Bâtimens de la manufacture de la Savonnerie à Chaillot.	260000.	
	Magasins des marbres et chantiers à Chaillot	160000.	
	Salle Favart, place Favart.	1000000.	
MAISONS de plaisance.	Château et parc de Bagatelle, au bois de Boulogne.	500000.	830000f
	Pavillon de la Muette, au bois de Boulogne.	300000.	
	A reporter.	. . . . . .	6030000.

DÉSIGNATION.		ESTIMATION.
	Report.	6030000f
Bois..	Terrain pour les fortifications de Vincennes. 3ʰ 25ᵃ 22ᶜ 4000f	
	Terrain de la voirie de Paris, forêt de Bondy. . . 30. 0. 0. 25000	77000
	Bois de l'échange Barmont, forêt de Bondy. 32. 33. 0. 48000	
	TOTAL de Paris.	6107000

SAINT-CLOUD.

DÉSIGNATION.		ESTIMATION.
Batimens	Nouveau bâtiment, dit *Hôtel des Gardes*, avenue du chemin de Saint-Cloud. . . 1800000	
	Maison des frères de l'École chrétienne à Saint-Cloud. 35000	2180000
	Pavillon Brancas à Sèvres. 345000	
Terres..	Champs Ferniticux à Saint-Cloud 0ʰ 10ᵃ 0ᶜ 1185	
	Place de Sèvres et terrain du pont à bascule à Sèvres 0. 70. 23. 2250	15700
	Trois terrains, dont un dit *Dépôt de la marine*, port de Sèvres. 0. 13. 73. 12265	
	TOTAL de Saint-Cloud.	2195700

VERSAILLES.

DÉSIGNATION.		ESTIMATION.
Batimens	Le Grand-Commun, rue de la Surintendance. 375000	
	Hôtel du Grand-Veneur (tribunal), rue Saint-Pierre 95000	
	Hôtel du Grand-Maître (mairie), avenue de Paris 240000	
	A *reporter*.	710000

DÉSIGNATION.	ESTIMATION.
Report.	7100 0f
Hôtel du Garde-meuble (préfecture), rue des Réservoirs.	160000
Maison Ripaille (prison), avenue de Paris	50000
Vénerie (école normale et primaire), rue Saint-Pierre	400000
Écuries de la reine ou d'Angoulême, rue de la Pompe.	275000
Écuries de Monsieur (Gardes-du-corps), avenue de Paris.	500000
Écuries d'Artois, rue de Noailles.	560000
Écuries de Madame, rue d'Anjou	200000
Écuries de Madame d'Artois. rue de Sartory.	30000
Hôtel des Gardes-du corps, avenue de Sceaux	720000
Hôtel de Limoges, impasse Limoges. . .	575000
Hôtel des Gendarmes, avenue de Paris.	220000
Hôtel de la Gendarmerie, place d'Armes.	70000
Hôtel de la Guerre (caserne), rue de la Surintendance	150000
Hôtel de la Marine (bibliothèque), rue de la Surintendance.	100000
Terrain de la Poste aux lettres, rue des Récollets	20000
Hôtel des Menus-plaisirs, avenue de Paris.	220000
Anciens Petits-Menus-plaisirs (magasin à fourrages), rue de Noailles.	160000
Magasins à fourrages du Petit-Montreuil, rue des Chantiers.	28000
Hôtel de la Chancellerie, rue de la Chancellerie	100000
À reporter.	4848000

Left-hand label spanning the building rows: **BATIMENS. (Suite.)**

DÉSIGNATION.				ESTIMATION.	
Report				4348000f	
BÂTIMENS. (Suite.)	Hôtel des Gouvernemens, rue des Réservoirs			200000	
	Hôtel des Bâtimens, rue de la Surintendance.			175000	
	Caserne des Gardes-françaises et baraques de la place d'Armes (matériaux).			60000	5392000
	Bâtimens de la geôle et de la cour de l'Étape.			65000	
	Bâtimens du poids à la farine et de la cour des Mulets. . . . .,			55000	
	Baraques diverses et emplacement de baraques, en location.			9000	
BOIS. . . .	Bois des Calins ou Chaponval (ancien grand parc).	5ʰ	84ᵃ	0ᶜ	40000	
	Bois du Pavé ou Rennemoulin (ancien grand parc).	11	51	0	20000	
	Bois de Loisemont (ancien grand parc).	15	56	0	30000	
	Garenne des Voisins (ancien grand parc). . . .	14	56	0	28000	140000
	Bois de l'Enclos et du Plan (ancien grand parc). .	25	35	0	50000	
	5 bouquets de bois (nᵒˢ 4, 6, 7, 8 et 9 de l'allée), forêt de la Verrière. . .	4	19	0	2000	
TERRES et locations.	Terres sur la montagne du Cœur-Volant.	0	52	12	800	
	Terres entre le parc de Marly et la route de Saint-Germain.	0	47	28	1000	
	Terres du clos Toutain.. .	3	32	0	5000	
A reporter.				6800	5532000

DÉSIGNATION.				ESTIMATION.	
	Report.			6800f	5552000f
TERRES et locations. (Suite.)	Cimetière Saint-Cyr. . . .	0h 42ª 20ᵒ		2000	
	Terres à Rocquencourt et aux Loges.	1 60 0		5210	
	Terres à Buc et à Jouy. . .	1 48 57		5610	
	Pépinière de la Couée. . .	1 69 0		7580	42300
	Terres à Villepreux.	3 58 0		4000	
	Terrain du pont à bascule, et prolongement du boulevard la Reine.	0 88 54		5250	
	Le clos du Breuil	2 25 0		9850	
	Maison à Louveciennes.			2000	
REDEVANCES et rentes.	Redevances sur les baraques des marchés Saint-Louis et Notre-Dame.	2 16 0		180000	
	Rente foncière sur le clos de la Fosse-aux-Renards.			900	182200
	13 Rentes foncières sur diverses propriétés.			1300	
	Total de Versailles. . . . ·				5756500

SAINT-GERMAIN.

DÉSIGNATION.		ESTIMATION.
BATIMENS.	Le château (non compris le parterre). .	600000
	Construction et ruines de l'ancien château neuf, dit de Henri IV.	23000
	Grandes écuries et terrains réunis. . . .	150000
	Écuries du manége.	383000
	Manége neuf.	52000
	Bâtiment dit le Jeu de Paume (vieux manége).	35000
	A reporter. . , ...	1243000

DÉSIGNATION.				ESTIMATION.	
	Report.			1243000f	
BATIMENS. (Suite.)	Hôtel du Maine et du Manége.			40000	1330000f
	Terrain de l'ancien hôtel de Luxembourg.			47000	
TERRES.	Prés de l'île de la Corbière.	0ʰ 27ᵃ 0ᵉ		800	
	Prés à Herblay..	4 03 0		8060	9200
	Prés à Conflans.	0 04 3		340	
	Total de Saint-Germain.				1359200

FONTAINEBLEAU.

TERRAIN. .	Dit le Grand-Ferrare. . . . . - . . .				15000

COMPIÈGNE.

BATIMENS.	Hôtel de la Chancellerie.			70000	100000
	Hôtel des Menus-plaisirs.			30000	
BOIS. . . .	Bois Fortin.	22ʰ 26ᵃ 0ᶜ	. . . . .		30000
TERRES et locations.	Terres à Marigny et à Attichy.	4 08 0		5725	
	Prés des Malmères, à Chevrières.	2 85 0		2375	8800
	Maison à Crespy (arrondissement de Senlis.	0 09 0		700	
	Total de Compiègne.				138800

Cour de Baden et Glacière, à Strasbourg.					52000

Vu pour être annexé à la loi en date du **2 mars 1832.**

Signé **LOUIS-PHILIPPE.**

Par le Roi : *le président du Conseil, ministre secrétaire d'État au département de l'intérieur,* signé, CASIMIR PÉRIER.

LOI

Relative à l'Échange de la partie non apanagère du Palais-Royal contre la forêt de Bruadan et le bois dit le Buisson de Briou, dépendant du Domaine de la Couronne [1].

A Paris, le 5 mai 1834.

LOUIS-PHILIPPE, Roi des Français, à tous présens et à venir, salut.

Nous avons proposé, les Chambres ont adopté, NOUS Avons ordonné et ordonnons ce qui suit :

ARTICLE 1er. Est et demeure confirmé, sous les conditions énoncées dans le contrat ci-annexé, l'échange conclu par acte du 25 janvier 1834, d'un corps de bâtimens et cours en dépendant, situés à Paris, entre les rues Saint-Honoré, Richelieu, et la partie apanagère du Palais-Royal, ledit corps de bâtimens se composant,

1° Des maisons n°, 212, 214, 216 et 218, rue Saint-Honoré, et n° 4, rue de Richelieu ;

2° Du bâtiment attenant au Théâtre-Français, situé au fond de la cour dite *des Remises* ;

3° Du bâtiment formant l'aile adjacente de la cour dite *de Nemours*, élevé sur l'emplacement de la maison n° 210, rue Saint-Honoré, et d'un terrain situé derrière cette maison ; duquel corps de bâtimens le Roi a l'usufruit, et dont la nue propriété appartient à Son Altesse royale Madame la princesse *Adelaïde d'Orléans*.

Contre la forêt de Bruadan et le bois dit *le Buisson de Briou*, dépendant de l'ancien apanage *d'Orléans*, réuni à la dotation immobilière de la couronne par la loi du 2 mars 1832, et situés, la forêt de Bruadan sur le territoire des communes de Marcilly-en-Gault, Millançay, Loreux et Villeherviers, arrondissement de Romorantin, département de Loir-et-Cher. contenant deux mille quatre-vingt-trois hectares quatre-vingt-dix-huit ares quinze centiares ; et le bois dit *le Buisson de Briou*, situé sur la commune de Saint-Laurent des Eaux, canton de Bracieux, arron-

---

[1] Voyez loi du 2 mars 1832, art. 4, § 5.

dissement de Blois, même département, contenant cinq cent soixante-six hectares vingt-quatre ares dix-sept centiares.

2. Au moyen de cet échange, toutes les parties non apanagères du Palais-Royal acquises depuis 1814 par le duc *d'Orléans*, qu'elles soient ou non énoncées, tant dans le contrat d'échange confirmé par la présente loi, que dans les autres actes et plans qui y sont annexés, sont réunis au Palais-Royal et demeurent comprises dans la dotation de la couronne.

3. La liste civile ne pourra, en aucun cas, répéter de l'État le montant de la soulte portée au contrat d'échange.

La présente loi, discutée, délibérée et adoptée par la Chambre des Pairs et par celle des Députés, et sanctionnée par nous cejourd'hui, sera exécutée comme loi de l'État.

DONNONS EN MANDEMENT à nos Cours et Tribunaux, Préfets, Corps administratifs, et tous autres, que les présentes ils gardent et maintiennent, fassent garder, observer et maintenir, et, pour les rendre plus notoires à tous, ils les fassent publier et enregistrer partout où besoin sera; et, afin que ce soit chose ferme et stable à toujours, nous y avons fait mettre notre sceau.

Fait à Paris, le 3e jour du mois de mai 1834.

Signé LOUIS-PHILIPPE.

Vu et scellé du grand sceau :
Le garde des sceaux de France,
ministre et secrétaire d'État
au département de la justice
et des cultes,
Signé C. PERSIL.

Par le Roi.

Le ministre secrétaire d'État
au département des finances,
Signé, HUMANN.

Discours prononcé par M. Dupin aîné, député de la Nièvre, contre la prétention élevée au nom des pensionnaires de l'ancienne liste civile de Charles X, de faire continuer par le trésor public le montant de leurs pensions. — On ne leur doit rien qu'à titre de secours. — (Séance du 9 novembre 1831.)

Messieurs, je demande, par amendement, que l'on mette dans la loi : « Accordé aux ex-pensionnaires de l'ancienne liste civile », afin qu'ils ne se fassent pas illusion, et qu'ils ne comptent pas sur cette qualité à l'avenir. (Appuyé ! appuyé !)

M. Beausejour : Je demande qu'on publie l'état des pensionnaires, pour qu'on voie s'il n'y a pas parmi eux des chouans en grand nombre.

M. Dupin aîné : Messieurs, je voterai pour le projet de loi présenté; mais j'éprouve le besoin d'exprimer mon opinion pour bien fixer la vôtre sur la loi proposée. Il y a ici une question d'humanité, mais il y a aussi une question de droit et de principe. Sous le rapport de la question d'humanité, c'est un *simple secours*, et vous le voterez en faisant attention, toutefois, que s'il y a des malheureux qui se rattachent à l'époque dont il s'agit, il y a aussi des secours à accorder à d'autres infortunes, et qu'en partageant équitablement vos secours, vous votez pour tous les malheureux sans exception.

Mais il importe de bien constater ici qu'il n'existe plus de pensionnaires de la liste civile, et que ces pensions ont cessé avec la liste civile elle-même. Cette extinction était écrite d'avance dans la loi même qui a fondé la liste civile. Ainsi, dans le cas où Charles X serait mort paisiblement dans son lit après avoir gouverné glorieusement et paisiblement la France, les pensions auraient cessé de plein droit avec son règne, et il me semble que le cas de déchéance, après la violation de nos lois et les sanglantes journées de juillet, ne constitue pas une situation plus favorable. Dans l'état actuel le trésor public ne doit rien; si donc vous accordez la somme qui vous est demandée, c'est vous qui donnez, ce n'est pas une dette que vous payez, c'est un secours que vous accordez, et vous l'accorderez, non à titre ancien, mais à titre nouveau. C'est un secours une fois payé; quant à présent vous ne votez que pour une année, mais il faut qu'on sache bien que c'est sans rien préjuger pour l'avenir, et que l'Etat ne prend aucun engagement.

S'il y a des personnes qui ont d'autres droits, d'autres titres, des services réels rendus à l'Etat, ces services seront appréciés; si d'autres n'ont à alléguer que de grandes misères, elles seront soulagées; mais, je le répète, ils recevront non comme pensionnaires de Charles X, mais comme tous les autres Français. Et tous en auront obligation, non à l'ancien gouvernement, mais à vous et au roi.

Il faut établir un principe : c'est que l'État se trouve libéré, et que ces sortes de dettes sont personnelles au prince. Si un prince administre follement, s'il contracte des dettes, ses créanciers se tiendront d'avance pour avertis qu'ils n'auront point de recours contre l'Etat; ceux qui ont obtenu des faveurs particulières doivent subir le même sort.

Quant à ceux qui ont obtenu des pensions, il ne faut pas qu'ils croient qu'ils les ont acquises sur leur tête, mais sur la tête de celui qui règne, pour tout le temps qu'il régnera, de sorte que, s'ils veulent jouir long-temps de ces faveurs et de ces pensions, ils seront les premiers à adresser des vœux au ciel pour que celui qui les leur aura accordées règne selon les lois, pour la gloire et le bonheur de son pays. (Très-bien! très-bien!)

Replique à M. Berryer :

M. Dupin ainé : Je demande à répondre, non pas tant pour défendre le principe, qui n'est pas contesté, que pour repousser une confusion et une analogie dont on pourrait tirer des conséquences dommageables pour le gouvernement.

Nous sommes d'accord sur la question d'humanité ; il faut accorder des secours : je suis prêt à les voter; je l'ai dit. Mais j'ai voulu que l'on ne fût pas autorisé à grever l'avenir du trésor de l'Etat, et que le gouvernement nouveau conservât son libre arbitre, qu'il fût libre d'accorder ou de refuser les secours qui lui seraient ultérieurement demandés.

Quant à l'extinction des pensions, je ne demande pas qu'on en inscrive le principe de nouveau dans la loi actuelle : ce principe existe, indépendamment de toute déclaration. Ces pensions ont cessé de plein droit le jour où le pouvoir qui les avait créées a cessé d'exister. Cette extinction était écrite dans le titre de création de ces pensions ; les pensionnaires savaient d'avance qu'ils n'en devaient jouir que tant et si long-temps que durerait la liste civile.

Quant à des engagemens qui pourraient exister sur le domaine privé, ceci est en dehors de la question. Mais je repousse une analogie qu'on a voulu établir entre l'état actuel des choses et celui qui s'est passé après la mort de Louis XVIII. (Ecoutez! Ecoutez!)

Après la déchéance de Charles X. personne n'a été

saisi à titre légitime de sa succession, si ce n'est la nation qui a été le véritable curateur du pouvoir qui était vacant, jusqu'à ce qu'elle eût conféré la souveraineté. C'est alors qu'un pacte nouveau a été fait. C'est vous qui avez pris l'initiative. Après le serment du souverain et le vôtre, il y a eu contrat; c'est de cet instant-là que date notre nouvel établissement. Ce n'est pas une restauration ni une quasi-restauration, c'est un gouvernement nouveau, c'est un contrat passé entre le roi et le pays.

Mais, dit-on, après la mort de Louis XVIII, malgré la disposition qui était dans la loi du mois de novembre 1814, son successeur a continué sans difficulté toutes les pensions. Mais vous vous placez dans les termes de la légitimité......

M. Berryer : Je n'ai pas dit cela; vous ne m'avez pas compris.

M. Dupin : Vous admettez une continuation absolue des mêmes pouvoirs; vous admettez la maxime : *Le mort saisit le vif*; c'est une suite d'obligations, de sentimens; c'est une sorte de solidarité qui ne doit pas se rencontrer ici.

M. Berryer : J'ai dit aussi, Louis XVIII après Napoléon.

M. Dupin : Eh bien! il a fait ce qu'il a voulu, ainsi que Charles X. Mais il n'en reste pas moins un principe incontestable, c'est que ce qu'a pu faire Charles X avec sa liste civile, il n'a pu le transporter sur l'Etat. Nous avons donc quittance, libération; et lorsque je demande qu'on mette dans la loi le mot *ex-pensionnaires*, au lieu de celui d'*anciens pensionnaires*, ce n'est pas dans l'intention de créer un principe qui n'existe pas; cela existe par la force des lois antérieures; mais il peut être utile de le redire. afin de ne pas flatter des individus d'espérances chimériques, en leur faisant croire qu'on leur reconnaît des droits absolus, et pour ne pas les autoriser à former perpétuellement des demandes.

Il est un reproche qui s'est produit à cette tribune, et qui m'a paru destiné à s'adresser plus haut..... (Ecoutez! Ecoutez!) On s'est étonné de ce qu'avec autant de ressources, a-t-on dit, accordées au nouveau gouvernement, il n'ait pas trouvé le moyen de soulager toutes les infortunes; c'était là je pense une voie détournée pour manifester des regrets pour le passé. entourer le présent de

haines et d'inimitiés, et l'empêcher de s'asseoir. Eh bien!
je répondrai : Non : le roi des Français n'a pas manqué
de magnanimité et de bienfaisance. S'il est une vertu qui
le distingue, c'est sa simplicité, la modération de ses
goûts personnels, sa disposition à faire travailler les artistes et à secourir tous les malheureux.

Pouvez-vous en dire autant de la restauration? Dans ses
pauvres à elle (passez-moi l'expression) il y avait beaucoup
de riches. (On rit.) Et vous savez quels ingrats elle a souvent obligés, vous savez s'ils n'ont pas pour la plupart dé-
mérité de leurs bienfaiteurs, en trahissant le pays et dé-
sertant la cause de ceux-là mêmes qui s'étaient immolés
pour eux, en faisant du pouvoir absolu à leur profit. (*Une
foule de voix* : C'est très-vrai!)

Le roi des Français a trouvé à soulager, à son avénement au trône, les soldats de nos glorieuses armées, si
long-temps dédaignés et bien autrement nombreux que les
soldats de l'armée de Condé.

Eh bien! il a trouvé à la fois et les infortunes que la restauration avait trouvées existantes et n'avait pas soulagées,
et celles qui étaient survenues depuis. Voilà sur quoi l'attention du roi a dû se porter. Il a trouvé ces infortunés
pour la plupart dans les rangs de l'opposition qui avait aussi
ses pauvres; il les a secourus. (Mouvement.) Ensuite,
pour prouver qu'il était juste pour tous, il a ordonné à ses
ministres de vous présenter la loi qui vous est soumise; il
n'a voulu abandonner aucune infortune. Mais il importe,
je le répète, de ne pas faire du gouvernement actuel le
payeur des diplômes de Charles X; il faut que les secours
que vous allez voter prennent date d'aujourd'hui, et que
ceux qui les recevront aient obligation au roi des Français,
qui, juste et bon envers tous, répand ses bienfaits sur les
malheureux, quels qu'ils soient, sans acception de parti.
(Nombreuses marques d'approbation.)

La chambre a accordé un *secours* de 600,000 fr.

Discours prononcé par M. DUPIN, député de la Nièvre, président de la chambre, contre la proposition de mettre à la charge de l'Etat la liquidation des pensions assignées par Charles X et ses prédécesseurs sur la caisse de vétérance[1]. — (Séance du 15 avril 1834.)

> C'est à qui demandera de l'argent, c'est à qui en aura. Page 286.

Messieurs, il est pénible de venir combattre de pareilles prétentions : il est plus agréable de les soutenir; on se fait une nombreuse clientele ; on recueille des bénédictions individuelles. Mais si nous sommes touchés vivement de quelques intérêts particuliers, ne le serons-nous pas de l'intérêt général, au risque même de ce qu'on appelle se faire des ennemis? Si cette tâche est la plus pénible, la plus rude, sera-t-elle la moins favorable aux yeux du pays ?

Messieurs, les questions de finances sont aussi des questions d'ordre public. Les gouvernemens périssent de plus d'une manière, et le plus sûr moyen de compromettre leur existence est le mauvais état des finances. (Très-bien ! très-bien!) La France a d'immenses ressources; mais il ne faut pas en abuser ! L'Etat supporte des charges assez pesantes, nous ne devons pas aggraver cette charge. Ce n'est plus d'un milliard par an qu'il s'agit aujourd'hui, c'est l'un dans l'autre d'une somme de 1,200,000,000 fr. Le vocabulaire du budget, celui des crédits se sont singulièrement accrus depuis quelque temps! C'est aujourd'hui plus que jamais qu'il faut retrancher les dépenses inutiles : il n'est plus question de faire des économies; nous sommes à la veille de subir de nouvelles charges, car après les troubles viennent le deuil, et les dépenses qui s'ensuivent toujours. (Sensation.)

L'Etat ne doit rien aux pensionnaires de l'ancienne liste civile. Leur sort a été écrit d'avance dans la loi qui a précédé leur entrée au service du Roi, qui a fondé la liste

[1] Voyez ci-devant, p. 248, 249 et 256, toute l'insistance qu'on avait mise à cette question dans la chambre des pairs.

civile de l'ancienne dynastie, et qui lui avait fait une assez large part du temps de la restauration pour qu'aujourd'hui l'Etat soit affranchi de pareilles réclamations.

L'article 17 de la loi du 8 novembre 1814 est ainsi conçu :

« Les pensions de retraite accordées pour *services dans*
» *la maison civile* du Roi, ne subsisteront après son décès,
» qu'autant qu'elles auront été établies sur un fonds formé
» à cet effet par une retenue sur le traitement des em-
» ployés; auquel cas ce fonds sera placé sous l'administra-
» tion et sous la responsabilité du ministre de la maison du
» Roi, et ne pourra recevoir aucune autre affectation. »

L'ordonnance du 3 décembre 1814, qui a réglé et organisé la caisse de vétérance, est fondée sur les mêmes principes et les a consacrés de nouveau.

Ainsi deux choses sont établies; c'est : 1° que les retenues tomberont dans une caisse dite caisse de vétérance; que ces retenues constitueront un fonds à part; que ce fonds à part sera exclusivement affecté aux pensions, et ne pourra recevoir une autre destination; 2° mais réciproquement, si les pensionnaires ont des droits exclusifs sur la caisse de vétérance, ils n'ont de droits que sur cette caisse; ils n'en auront jamais contre l'Etat. Il y a plus, ils n'en auront jamais contre le successeur-roi de celui qui a conféré des pensions; car deux principes existent en présence dans la liste civile : le premier, c'est que le titulaire de la liste civile ne peut pas grever son successeur; le second, c'est qu'un titulaire de la liste civile ne peut pas grever l'Etat. La part de la couronne est faite; c'est la liste civile; on n'en peut rien retrancher, mais l'on n'y doit rien ajouter; on ne peut rien mettre à la charge de l'Etat de ce qui est à la charge de la liste civile.

En effet, messieurs, vous voyez que l'ordonnance elle-même appelle les choses par leur nom; elle spécifie *les ser-vices dans la maison civile* du Roi. Ce ne sont pas là des fonctions publiques d'administrateurs, de juges, ni des fonctions militaires que l'on a grand soin de distinguer; ce sont des services dans la maison civile du Roi, *in domo regis*, des services rendus par ceux qui ont été employés à titre de domesticité, mot que je n'emploie, ni avec l'orgueilleuse signification que la noblesse de cour se plaisait à y attacher autrefois, ni en vue de déprécier aucun des autres serviteurs, mais pour exprimer d'un seul mot **toute** cette hiérarchie ; car le service du Roi comprend depuis **le** grand-chambellan jusqu'au moindre valet de chambre, depuis le grand-écuyer jusqu'au palefrenier, depuis le maître-d'hôtel jusqu'au dernier officier de bouche : tout cela ne s'appelle pas des fonctions publiques, et par conséquent ne doit pas obtenir des pensions de l'Etat ; mais aux dépens de la liste civile qui est établie pour cela, et spécialement sur les fonds de la caisse de vétérance, qui sont la propriété exclusive des titulaires, sans qu'ils puissent rien demander au Trésor public.

L'Etat ne leur doit rien, à moins que l'on ne prétende que la France doit payer des dommages-intérêts pour les préjudices qu'elle a pu causer à certaines personnes, **en se** permettant de faire la révolution de Juillet. (On rit.)

Au surplus, M. le rapporteur partage lui-même cette opinion, car il reconnaît, dans son rapport, que l'Etat *ne doit rien* ; mais si l'Etat ne doit rien, pourquoi donc faire une proposition qui tend à grever les finances de l'Etat ? Pourquoi vouloir faire l'aumône à tout le monde aux dépens du Trésor public ? Laissons aux créanciers de la caisse de vétérance leur propriété, laissez-leur faire leurs affaires, ne vous en mêlez pas ; c'est bien le cas de dire que trop de prudence entraîne trop de soin.

Mais, dit-on, c'est une transaction qu'on propose.

Messieurs, il n'y a de transaction que lorsqu'il y a un droit douteux, quand il y a avantage en compensation d'une charge. Mais déclarer que l'Etat ne doit rien, et proposer de payer une dette ! c'est un cadeau qu'on propose de faire ! Encore, est-ce un cadeau léger ? est-ce une somme de 100,000 écus une fois payée. une somme fixe, limitée ? sera-ce une charge temporaire, accidentelle, comme il nous est déjà arrivé de le faire dans quelques circonstances impérieuses ? Non, messieurs, il s'agit d'une somme considérable, de rentes qui seraient liquidées par une commission ! une commission gratuite, vous dit-on, mais qui sera fort chère. (On rit.) Gratuite en ce sens qu'elle n'aura pas d'appointemens, mais fort chère par le résultat de ses œuvres ; car plus la sensibilité des commissaires sera grande, plus la charge des contribuables sera lourde ; la bonté de leur cœur fera taire la sévérité de leur esprit, et en définitive toutes les résolutions de la commission seront traduites en chiffres à la charge de l'Etat. Tout cela, messieurs, s'élèvera à une somme très-considérable; car, remarquez-le, ne vous y trompez pas : pour satisfaire à cette réclamation, on ne propose pas un chiffre, on propose un moyen vague de liquider ces pensions. Eh bien ! le chiffre de ces pensions sera de 1,500,000 francs de rente, qui, au taux d'après lequel le Trésor public calcule le capital des rentes viagères (8 pour cent), fera un capital de 18,750,000 francs. 1,500,000 francs de rente pour payer les serviteurs de l'ancienne dynastie, pour payer des services qui ne sont plus, tandis que, pour les services actuels, les pensions qu'on accorde aux divers fonctionnaires de l'ordre civil réunis ne montent qu'à la somme de 1,700,000 francs !

Il faudra donc ajouter cette charge énorme, qui est masquée sous la lettre du projet ; il faudra ajouter 1,500,000 f. de rente aux 115 millions de pensions que paie actuellement l'Etat ; pensions dont une partie sacrée, nécessaire, acquise aux services de l'armée, acquise à d'autres services dans les différentes fonctions publiques, ne permet pas d'espérer de long-temps une réduction, mais enfin charge immense qui doit nous effrayer par l'énormité du chiffre, chiffre que bien loin d'augmenter il faut contenir, et empêcher de déborder. Sans cela, il arrivera que tous les fonds passeront à payer des services qu'on ne rend plus, et qu'il n'y en aura pas pour reconnaître les services que l'on rend aujourd'hui. (Approbation.)

On dirait véritablement que la grande-aumônerie s'est transportée dans cette enceinte depuis quelque temps. (Mouvement d'hilarité.) On excite la sensibilité des uns; les autres n'osent contredire, de peur de paraître durs, et l'Etat est sacrifié. C'est douloureusement que je le dis; mais c'est parce que personne ne vient se mettre en travers, que personne ne vient faire digue contre le torrent, que j'ai cru nécessaire de monter à cette tribune, et de vous avertir de mettre un terme à cet état de choses. (Très-bien !)

Pourquoi sommes-nous envoyés ici? Pour voter et accorder les impôts, pour mesurer les sacrifices aux charges et aux besoins publics. Au lieu de cela, je ne sais quelle malheureuse initiative s'est emparée de quelques membres ; chacun s'imagine des dépenses, chacun fait des propositions ; nous poussons les ministres au lieu de les retenir, *et c'est* à qui demandera de l'argent, à qui en aura; toutes ces demandes viennent se croiser sur la tête du ministre des finances; le trésor public est surchargé.

Messieurs, si les pétitionnaires font bien de demander par l'espoir d'obtenir, notre devoir à nous est de refuser en présence de ce fait reconnu de tout le monde, que l'Etat ne doit rien.

Sans cela vous n'en verrez pas le terme. Vous ouvrez la porte, vous l'élargissez! Après une question, une autre. Je ne veux pas énumérer quels gens de toutes les classes réclameront, si vous n'y prenez garde; vous verrez même des prétentions surgir du côté d'Haïti!... Déjà sous la restauration, les colons ne disaient-ils pas que la restauration, à cause de son affinité avec eux, ferait bien de les payer sur le trésor public? qu'on avait eu tort de transiger pour eux? N'a-t-on pas fait des efforts auprès des commissions chargées de la rédaction de vos adresses, pour y glisser des expressions équivoques qui fissent croire que l'Etat ne resterait pas tout-à-fait étranger à cette solution? Ainsi, avec cette manière de procéder, que je ne crains pas de signaler : quand il s'agit d'intérêts particuliers en dehors de cette chambre, on met des solliciteurs en campagne; on attaque la sensibilité des uns, la conviction des autres; ou bien on profite de ce que le plus grand nombre veut rester étranger à la matière. Ensuite il arrive que des personnes qui ne se sont pas mises au courant de la difficulté l'entendent mal, ou ne l'entendent pas d'une manière suffisante et ne peuvent pas la combattre; et c'est ainsi que certaines propositions particulières trouvent tant de faveur ici, et préoccupent quelquefois certains esprits beaucoup plus que des propositions d'un intérêt général.

Messieurs, je ne fais pas retentir souvent la tribune de ces mots : *La pénurie des ressources de l'Etat, le sort des contribuables.* Je ne le fais pas surtout en vue d'exciter les passions, de saper l'impôt, et d'attaquer les sources de la fortune publique! mais il est impossible de ne pas songer à eux dans ce débat.

S'il y a des classes souffrantes qu'on voudrait pouvoir soulager, ce n'est pas avec l'impôt qu'on doit le faire, c'est en souscrivant soi-même de ses propres deniers.

Nous ne sommes pas envoyés ici, je le répète, pour faire *des aumônes ou des donations*, mais pour voter *les dé-*

penses de l'Etat ; et nous devons considérer que s'il y a quelques hommes peu fortunés et malheureux qui se présentent à nous avec l'intérêt que peuvent inspirer leurs réclamations, il y a une imensité plus grande de malheureux à qui leur impôt coûte prodigieusement ; qu'il y a des millions de contribuables pour qui cent sous et six fr. sont le nécessaire, et que cependant c'est dans les bourses de toutes ces médiocrités, de toutes ces misères de fortune, que vous puisez pour aller récompenser les services de la maison civile de l'ancienne dynastie.

Messieurs, si nous avons de l'argent disponible ; si nous avons en crédit ou en espèces au-delà de ce qu'exigent les dépenses de l'Etat, ne soyez pas inquiets de l'emploi. Si vous avez des pensions à donner, il y a d'autres services plus favorables. (Ecoutez ! écoutez !) Des victimes viennent d'être faites ; des enfans et des veuves survivront à ceux qui se sont dévoués à la défense de l'ordre et des lois (Nouveau mouvement); si on vous demande pour eux des secours, soyez généreux alors, ce sont des services publics que vous récompenserez. C'est là de l'argent bien employé ; car il est grand et beau de savoir mourir pour défendre l'ordre et les lois ! donnez à ceux-là, et le pays sera glorieux de cette largesse. (Nombreuses et vives marques d'approbation.)

S'il y a des récompenses honorifiques et des dotations à accorder, comme cela aurait pu avoir lieu à l'occasion du siége d'Anvers, on vous dira que la dotation de la Légion-d'Honneur est épuisée. Ainsi, nous sommes arrivés à ce point que la révolution de juillet paie tout le monde, excepté ceux qui se sont dévoués pour l'accomplir ou pour la consolider ; elle récompense tous les services, excepté ceux qui lui ont été rendus. (Très-bien !)

Ce n'est pas de cette manière que doivent être faites les affaires du pays. Il faut les faire avec sévérité et intelligence : avec sévérité, pour écarter des réclamations qui ne seraient pas fondées ; avec intelligence, pour n'accorder que des récompenses méritées. Faisons trève à ces actes de générosité qui consistent à dissiper nos trésors au profit d'un régime qui n'est plus le régime actuel. Soyons de notre temps, et marchons vers l'avenir. (Nouvelle approbation.)

Je vote contre le projet de loi et pour l'amendement de

M. Lherbette, rectifié comme je suppose qu'il doit l'être par M. Teste.

Nota. La chambre a en effet rejeté le projet, adopté l'amendement, et renvoyé les pensionnaires à se pourvoir exclusivement sur la caisse de vétérance. (*Moniteur* du 16 avril 1834.)

État, par département, de l'étendue des bois appartenant au domaine de la couronne.

DÉPARTEMENS.	ÉTENDUE DES BOIS par département.
	h.
Oise. . . . . , ...	14,055
Seine.	3,697
Seine-et-Marne.	19,886
Seine-et-Oise.	28,331
	65,969

État des bois de l'ancien Apanage de S. A. R. le duc d'Orléans.

DÉPARTEMENS.	ÉTENDUE DES BOIS par département.	
	h.	a.
Oise.	5,964	03
Seine-et-Oise.	1,561	58
Loiret (y compris la petite forêt d'Orléans).	29,515	79
Aisne.	19,622	89
Loir-et-Cher.	2,618	99
	57,285	28

État des forêts appartenant au domaine privé du roi.

DÉPARTEMENS.	ÉTENDUE.		
	h.	a.	c.
Ardennes.	499	14	00
Eure.	13,354	51	51
Eure-et-Loir.	15 245	76	76
Haute-Marne.	5,724	06	68
Indre-et-Loire.	6,057	86	93
Loir-et-Cher.	2,085	98	73
Loiret. . . . . . . , . .	593	92	93
Manche.	42	94	52
Seine.	1,400	55	17
Seine-Inférieure.	10,686	08	97
Seine-et-Oise. . . , ...	2	80	68
Somme.	768	09	28
Total.	54,469	55	00

CODE FORESTIER

Du 21 mai 1827.

Extrait des dispositions concernant les bois dépendant du domaine de la Couronne et des apanages.

TITRE IV.

Des bois et forêts qui font partie du domaine de la Couronne.

Art. 86. Les bois et forêts, qui font partie du domaine de la Couronne, sont exclusivement régis et administrés par le ministre de la maison du Roi, conformément aux dispositions de la loi du 8 novembre 1814.

87. Les agens et gardes des forêts de la Couronne sont en tout assimilés aux agens et gardes de l'administration forestière, tant pour l'exercice de leurs fonctions, que pour la poursuite des délits et contraventions.

88. Toutes les dispositions de la présente loi, qui sont applicables aux bois et forêts du domaine de l'Etat, le sont également aux bois et forêts qui font partie du domaine de la Couronne, sauf les exceptions qui résultent de l'article 86 ci-dessus.

TITRE V.

Des bois et forêts qui sont possédés à titre d'Apanage.

89. Les bois et forêts qui sont possédés par les princes, à titre d'apanage, sont soumis au régime forestier, quant à la propriété du sol, et à l'aménagement des bois. En conséquence, les agens de l'administration forestière y seront chargés de toutes les opérations relatives à la délimitation, au bornage et à l'aménagement, conformément aux dispositions des sections 1re et 2e du titre III de la présente loi. Les articles 60 et 62 sont également applicables à ces bois et forêts.

L'administration forestière y fera faire les visites et opérations qu'elle jugera nécessaires pour s'assurer que l'opération est conforme à l'aménagement, et que les autres dispositions du présent titre sont exécutées.

ORDONNANCE DU ROI

Pour l'exécution du code forestier.

Du 1er août 1827.

TITRE III.

Des bois et forêts qui font partie du domaine de la Couronne.

124. Toutes les dispositions de la présente, concernant les forêts de l'Etat seront applicables aux bois et forêts de la Couronne, sauf les exceptions qui résultent du titre IV du code forestier.

TITRE IV.

Des bois et forêts qui sont possédés par les princes à titre d'Apanage.

125. Toutes les dispositions des 1re et 2e sections du titre II de la présente ordonnance, relativement à la délimitation, au bornage et à l'aménagement des forêts de l'Etat, à l'exception de l'article 68, sont applicables aux bois et forêts qui sont possédés par les princes à titre d'apanage.

126. Les possesseurs auront droit d'intervenir comme parties intéressées dans tous débats et actions relativement à la propriété.

127. Les visites que l'article 89 du code forestier prescrit à l'administration de faire faire dans ces bois et forêts, auront pour objet de vérifier s'ils sont régis et administrés

conformément aux dispositions de ce code, aux titres constitutifs des apanages ou majorats, et aux états ou procès-
verbaux qui ont été ou seront dressés en exécution de ces
titres.

Ces visites ne seront faites que par des agens forestiers
qui seront désignés par le conservateur local ou par le directeur général des forêts. Elles auront lieu au moins une
fois par an.

Les agens dresseront des procès-verbaux du résultat de
leurs visites, et remettront ces procès verbaux au conservateur, qui les transmettra sans délai, avec ses observations, au directeur général des forêts.

Extrait *du contrat de mariage de S. M. la reine des Belges, en date, à Paris, du 10 novembre 1832.*

Art. 1er. Une dot d'un million de francs (monnaie de France) sera proposée au vote des chambres législatives françaises dans leur prochaine session [1].

La dot qui sera allouée sera remise à S. M. le roi des Belges, réputée dotale, et, comme telle, soumise à toutes les règles établies par le code civil des Français pour cette nature de biens.

Art. 2. La princesse future épouse, apporte en outre audit mariage tous les droits de nue propriété qui lui sont acquis et lui appartiennent, soit en vertu de la dotation paternelle à elle faite par acte du 7 août 1830, devant Mes Dentend et Noël, notaires royaux à Paris, soit à tout autre titre, de quelque nature qu'il soit [2].

. . . .

Art. 7. Il est stipulé, comme condition expresse du présent contrat, que, dans le cas où la princesse future épouse décéderait sans enfans, comme aussi dans celui où les enfans issus de son mariage, ou leurs descendans décéderaient sans postérité légitime, les biens immeubles situés en France qui lui appartiendront, au jour de son décès, et dont elle n'aura pas disposé, retourneront aux princes et princesses ses frères et sœurs, ou à leurs représentans en ligne directe et légitime, français et domiciliés en France, francs et quittes de toutes dettes et hypothèques.

[1] Malgré cette clause, aucune proposition n'a encore été soumise aux chambres par le ministère. Cependant le discours du trône à l'ouverture de la session de 1835, semblait l'annoncer en parlant *de propositions de lois qui se rattachent à l'exécution des traités.....*

[2] Cet apport en dot ne comporte que la nue propriété, puisque le Roi s'est réservé l'usufruit. S. M. aurait dû aussi par le même article, se réserver la faculté de racheter la nue-propriété, moyennant une somme fixée, payable *à ses bons points et commodités,* par lui ou ses successeurs, pour prévenir les inconvéniens d'un partage en nature. Voy. ci devant, page 121 art. 87.

A cet effet, lesdits biens demeureront grevés d'un droit de retour perpétuel' en faveur desdits princes et princesses et de leurs descendans, lequel s'ouvrira à l'extinction de la descendance de ladite princesse future épouse.

' Cette clause de retour était, après l'acte d'abandon, le seul moyen d'éviter la dépossession de la maison de France et le fractionnement de son patrimoine, au profit de princes étrangers.

NOTE SOMMAIRE

Des travaux, augmentations et embellissemens exécutés par ordre du roi et aux frais de sa liste civile, dans les palais et musées dépendans du domaine de la couronne.

On n'entreprend pas d'indiquer ici tous les travaux exécutés, ni tous les embellissemens opérés par ordre du roi et aux frais de sa liste civile depuis son avénement. On se fait aisément l'idée de ce que doivent coûter annuellement les simples *frais d'entretien* de palais et de bâtimens dont la toiture seule représente une superficie de *quinze cents arpens!* On doit même ajouter que l'extrême négligence apportée pendant plusieurs années à cet entretien dans la plupart des palais royaux, a rendu nécessaires de *grosses reparations* dont l'état aurait dû être chargé, s'il était vrai que le roi n'est qu'un *usufruitier ordinaire*. Mais ses droits sur les palais du domaine de la couronne sont évidemment plus étendus [1]; et les faits attestent que le roi s'est imposé des devoirs plus etendus encore que ses droits; car les comptes de la liste civile portent à une somme de plusieurs millions les travaux de simple réfection et entretien exécutés depuis quatre ans dans les immeubles composant la dotation de la couronne.

Le roi ne s'est pas contenté d'entretenir avec grandeur et avec luxe la dotation de la couronne, il a voulu encore *l'embellir et l'augmenter*. L'intention de cette note n'est pas d'entrer dans tous les détails; mais seulement de signaler les objets les plus importans.

1° *Palais des Tuileries.*

Construction du grand escalier; — La galerie Louis-Philippe; — La décoration de la salle des maréchaux; — Nouvelles distributions intérieures; — Galerie souterraine de communication; — Parterres; — Grilles; — douze piédestaux destinés à recevoir de nouvelles statues ou groupes commandés par le roi aux plus habiles sculpteurs.

2° *Palais-Royal.*

Déjà des travaux que M. l'intendant de la liste civile évalue à plus de onze millions avaient été dépensés par M. le duc d'Orléans avant son avénement. — Depuis on a complété le monument du côté des rues Saint-Honoré et de Montpensier et de la cour de Nemours.

[1] Voyez loi du 2 mars 1852, art. 14, et ci-devant page 98.

3° *Le Louvre.*

On a continué les salles dites du Louvre, et du musée Egyptien. — On a démoli une partie des bâtimens qui obstruaient la grande cour ; — Des constructions nouvelles commencées, mais abandonnées faute de fonds, annonçaient *l'intention* du roi de réaliser le grand projet de réunion du Louvre aux Tuileries.

Une somme de plus de six millions a ainsi été employée dans ces trois palais.

4° *Le Musée.*

Depuis quatre ans S. M. a commandé :
— Tableaux d'histoire pour une somme de . . . . . . 600,000 fr.
— Tableaux de genre historique pour la galerie
    d'Apollon. . . , ... 52,000 fr.
— Portraits historiques. . . . . 510,000 fr.
— Travaux de sculpture et ornemens. . . . . . . 560,000 fr.
— Restauration de tableaux de la collection du
    musée. . . . . 150,000 fr.
— Achats de tableaux et sculptures aux différentes
    expositions. 700,000 fr.
— Le roi a en outre saisi toutes les occasions d'enrichir par des acquisitions nouvelles toutes les collections d'art qui figurent dans les musées royaux. Parmi ces acquisitions on doit citer principalement : une collection des antiquités mexicaines ; — L'intérieur de Saint-Pierre de Rome, chef-d'œuvre de Pannini ; — La bataille d'Aboukir de Gros ; — Le sceau d'or du roi Morus ; — Une coupe du seizième siècle, ciselée en vermeil et du plus beau travail ; — Une petite statue antique, en bronze, la plus précieuse de toutes celles de ce genre que possède le musée.

— Le roi vient encore d'acheter trois magnifiques tableaux de *l'école espagnole*, tirés de la riche collection de M. le maréchal Soult, moyennant 500,000 fr. payables en cinq ans, et sous la condition qu'ils ne deviendront la propriété du domaine de la couronne, qu'après le dernier paiement.

5° *Le musée de Versailles.*

On ne peut encore donner une idée exacte de toutes les dépenses faites à Versailles pour y établir un *musée historique*. Il suffit de dire que depuis près de vingt mois, plus de cinq cents ouvriers ont été constamment employés aux travaux qui s'exécutent dans plus de cent salles ou galeries. Ce musée sera ouvert dans le courant de mai 1835.

6° *Eaux de Versailles.*

Les **rigoles** du système des eaux blanches de Versailles ont été l'objet d'un curage général sur une étendue qui n'a pas moins de *vingt-cinq lieues.*

7° *A Saint-Cloud.*

Le roi, après avoir fait amener de nouvelles sources au palais pour augmenter la masse des eaux, a ordonné le rétablissement des cascades, devant lequel on reculait depuis trente ans.

8° *à Fontainebleau.*

Cette résidence est souvent visitée par le Roi qui y fait poursuivre, avec persévérance, une restauration générale des diverses architectures qui la composent. *Chacune d'elle doit garder son caractère propre, et le cachet de son époque.* Déjà la galerie de Diane a été complétée par la construction d'un élégant pavillon; la salle des gardes a recouvré son antique magnificence; une galerie nouvelle s'élève au rez-de-chaussée.

A l'intérieur, ce palais était décoré de nombreux ouvrages d'art, dont quelques-uns sont immenses, et qui ont été souvent désignés sous le nom d'*École de Fontainebleau*. Ces ouvrages étaient dans un tel état de dégradation, que l'on désespérait presque de pouvoir les conserver; mais le roi en ayant ordonné le rétablissement, à l'aide du procédé de la *peinture à la cire*, les travaux du Primatice et du Rosso nous ont été rendus, et l'École de Fontainebleau sera conservée pour la France

Il serait trop long de détailler les divers travaux achevés ou entrepris à Fontainebleau; on se fera une idée de la dépense qu'ils entraînent, quand on saura que la restauration de la galerie de Henri II, qui est à elle seule une grande page dans l'histoire des arts, aura coûté près de 500,000 fr.

9° *Manufactures de Sèvres, des Gobelins et de Beauvais.*

Une exposition de leurs produits aura lieu incessamment, et prouvera quels sacrifices ont été faits pour soutenir et accroître la juste réputation de ces magnifiques établissemens.

10° Forêts de la Couronne.

C'est ici surtout que l'administration de la liste civile n'a pas été conduite par les sentimens égoïstes d'un simple usufruitier, et que la couronne étendant sa sollicitude sur l'avenir autant que sur le présent, a prescrit des améliorations dont le résultat ne se fera sentir qu'à un long intervalle de temps.

Dès l'année 1831, on a fait faire des semis pour 39,000 fr. [1].

En 1832, 1833, 1834, on a planté 750 hectares; 1020 hectares ont été semés.

132,000 arbres à haute tige ont été plantés; et plus de *deux millions* de pieds d'arbres verts ont été repiques [2].

Ces améliorations opérées par le roi dans les forêts de la couronne dont il n'a que la propriété viagère, donne ainsi lieu à un rapprochement curieux, entre le régime de ces bois et ceux de l'Etat.

D'après le tableau joint au code forestier, l'Etat possède 1,160,000 hectares de bois, et la couronne environ 120,000 hectares; l'Etat a donc dix fois plus de bois que la couronne. Or, dans les trois années que l'on vient d'indiquer, l'Etat a dépensé en tout 600,000 fr., c'est-à-dire 200,000 fr. terme moyen par année, et le budget de 1836 réduit même cette somme à 100,000 fr., tandis que la couronne a dépensé pour le même laps de temps 1,200,000 francs, c'est-à-dire 400,000 fr., terme moyen par année.

On ne portera ici que pour mémoire les commandes destinées à la ville de Lyon et autres villes manufacturières pour l'entretien et le renouvellement du mobilier des palais royaux; les souscriptions à presque toutes les publications de librairie et de gravures pour l'augmentation des bibliothèques qui toutes ont reçu des accroissemens considérables; les sommes consacrées annuellement sur toutes les parties du territoire, aux secours réclamés pour les malheurs et accidens publics ou privés, etc., etc.

[1] Ces semis avaient été faits dans la forêt de Rambouillet, que la loi du 2 mars 1832 a retranchée de la dotation de la couronne. La dépense profitera à l'Etat; mais elle n'en a pas moins été faite aux frais de la liste civile sans indemnité.

[2] Les replantations nécessaires au repeuplement des forêts seront continués à l'avenir avec d'autant plus d'activité que le roi a fait établir, à portée de tous les grands corps de forêts de la couronne, un système de pépinières d'arbres appropriés à la nature du sol.

TABLE DES DIVISIONS.

DES APANAGES.

—

QUATRIEME PARTIE.

LISTE CIVILE.

FIN DE LA TABLE.

www.ingramcontent.com/pod-product-compliance
Lightning Source LLC
LaVergne TN
LVHW010929180726
843502LV00004B/900